KB252828

돈 좀 모아본 언니는 뭐가 다른 걸까?

돈 좀 모아본 언니는

스물아홉, 재테크에 눈을 뜨고 돈 걱정이 사라졌다

| 권경민 지음 |

뭐가 다른 걸까?

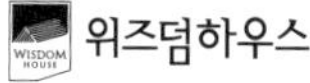

위즈덤하우스

10억은 못 벌어도 10억은 모은다

내 기억에 서울의 겨울은 무척이나 추웠다.

20대 초반, 엄마가 옆집에서 어렵게 빌려다 준 500만 원을 들고 서울에 올라오던 그날만 해도, 앞으로의 10년 뒤, 20년 뒤 서울에서의 내 생활을 상상하는 것은 쉽지 않았다.

나는 당시 대학생인 동생을 데리고 직장을 다니며 사당동 산동네, 구로공단역 주변, 홍대 앞 서교동, 잠실 새마을시장 뒤쪽으로 해마다 사글세집을 옮겨 다녔다. 서울 생활 3년 만에 겨우 '더 이상 이사 가지 않아도 되는 집'을 얻게 됐고, 서울 생활 5년 만에 반지하 작은 집이지만 지겨운 월세에서 벗어나 전셋집을 얻을 수 있었다.

내 몸 하나 편히 누일 곳을 찾기도 이렇게나 빠듯한 세상이다. 열심히 일만 하며 사는데 돈은 모이지 않고, 꼬박꼬박 받는 월급은 꼬박꼬박 통장을 스쳐 지나가기만 한다. 결혼도 해야 하고, 편히 살 집도 장만해야 하는데… 오늘도 평범한 월급쟁이들은 돈 걱정에 한숨만 내쉰다.

물려받은 재산 없이, 월급으로 먹고 사는 평범한 사람들은 도대체 어떻게 하면 부자가 될 수 있을까? 아니 돈 걱정이라도 안 하며 살 수는 없을까?

행복한 연애를 위해서는 남자친구와 잘 지내기 위해 끊임없이 노력하고 관심을 쏟아야 하는 것처럼, 돈도 마찬가지다. 돈 걱정에서 벗어나고 싶다면 자신이 가진 '돈'에 무한 애정과 관심을 쏟아야 한다. 내 돈이 어디서 어떻게 지내고 있는지, 자기 역할은 잘 해내고 있는지, 어디 숨어서 놀고 있는 것은 아닌지 꼼꼼히 확인하고, 매일매일 안부를 물어야 한다. 혹시라도 놀고 있는 돈이 있다면 3개월 이하의 예금금리를 주는 상품에 가입시켜 놀지 않고 일할 수 있도록 해야 한다. 갖은 설움 견뎌가며 한 달 동안 고생해 받은 월급, 단돈 10원이라도 놀게 해서는 안 된다.

나 역시 평범한 부모 밑에서 태어나 직장 생활의 시작은 마이너스였다. 하지만 남들보다 좀 더 부지런히 '내 돈'에 관심을 쏟았고, 그러다 보니 남들보다 좀 더 일찍 돈 관리법에 눈을 뜰 수 있었다. 푼돈이라고 생각했던 내 돈은 관심을 쏟으면 쏟을수록 점점 큰돈이 되어갔고, 그렇게 나는 돈 모으는 재미에 푹 빠지게 되었다. 돈 모으는 재미를 알고 나니 돈이 모이는 것은 물론이고, 돈 걱정이 사라졌다!

부자 부모를 못 만나도, 지금 가진 것이 없어도 누구나 부자가 될 수 있다. 나는 빚 500만 원으로 서울에 올라와 지금은 잠실의 한 대형 아파트 단지에서 가장 큰 평수의 아파트 주인이 되었다. 주식이 대박난 것도, 부동산 투자를 한 것도, 복권에 당첨된 것도 아니다. 나는 내가 번 돈을 열심히 지켰고, 열심히 굴렸다. 그러자 점점 큰돈이 모아졌다.

그래서 나는 나 같은 평범한 사람도 누구나 작은 부자가 될 수 있다고 믿는다. 작은 부자가 되는 단순한 원칙들만 지킨다면 누구나 작은 부자가 될 수 있다. 다만 그 시간이 얼마나 걸릴지는 사람마다 다를 것이다. 어떤 사람은 수십 년이 걸릴 수도 있고, 그보다 더 오래 걸리는 사람도 있을 것이다. 하지만 세월아 네월아 하며 무작정 부자가 될 때까지 기다리고 있을 수만은 없다. 이 책을 쓴 이유가 바로 그것이다. 좀 더 빨리 돈 걱정에서 벗어나기 위해서는 작은 부자가 되는 시간을 단축해야 한다.

이 책에는 그 시간을 단축하기 위한 아주 쉽고 간단한 돈 관리법이 담겨 있다. 이 책과 함께 당신의 돈에 대해 하나하나 알아가고, 공부하고, 꽃에 물을 주듯 관심을 갖고 키우다 보면 반드시 10년 뒤, 20년 뒤, 30년 뒤에 지금의 당신이 꿈꾸던 모습으로 살게 될 것이다.

2014년 5월

권경민

차례

1부

월급만으로
부자가
될 수 있다

내 돈으로
남 좋은 일 시키지 마라

●●● 부자라고 다 진짜 부자는 아니다

서울 시내, 그것도 강남권에 집을 두 채나 가지고 있는 부자 선배를 만났다. 대기업에 다니고 있고, 부자들만 산다는 강남 3구(강남구, 서초구, 송파구) 유명 아파트에 살고 있고, 그것 말고도 아파트를 한 채 더 소유하고 있는 그야말로 부자 선배였다.

그는 10여년 전 송파구의 다 쓰러져가는 재건축 대상 아파트를 1억 원도 안 되는 돈으로 매입한 뒤, 재건축에 따르는 약간의 추가분담금을 냈다. 그 아파트는 10년이 지난 지금 시세가 7억 원을 넘고 있으니 그 차익만 해도 수억 원에 달했다. 그래서인지 강산이 한 번 변하고 다시 또 변하고 있는 지금까지도 부동산 불패 신화를 믿고 있었다.

"요즘 부동산 경기가 좋지 않아서 두 번째로 구입한 재건축 아파트는 별로 재미가 없어. 그래도 시세가 4억이었던 아파트를 전세 2억 끼고 나머지 2억은 대출받아 샀으니 내 돈은 거의 안 들었고, 지금 시세가 5억 5,000은 가니까 최소 1억은 넘게 번 거지. 거기 곧 재건축 들어갈 거니까 새 아파트되고 나면 거기 전세금만 해도 4억은 넘게 받을 거니까 원금은 그대로 건지고 집은 그대로 남는 거지. 하하."

나는 호기심에 다시 물었다.

"선배, 그때 선배가 나더러 꼭 사라던 그 아파트 말이죠? 선배가 그 아파트를 4~5년 전쯤에 샀잖아요? 그때 아무에게도 안 알려주는 극비 중에 극비라며 나한테도 거기 투자하라고 그랬잖아요? 그 집 나중에 10억은 될 거라고. 나야 돈이 없어서 못 샀지만."

사실 그 당시 여윳돈은 조금 있었다. 그리고 선배처럼 내 돈 안 들이고 대출을 내서라도 무리해서 사려면 살 수는 있는 상황이었다. 하지만 선배와는 다르게 나는 부동산 불패 신화를 믿지 않는다. 내가 선배처럼 부동산 투자의 성공 신화를 직접 겪어보지 못해서 그런 것일 수도 있지만, 나는 '살기' 위해 집을 사는 것은 '투자'라고 생각하지 않지만 돈을 '벌기' 위해 집을 사는 것은 위험이 큰 '투자', 즉 '투기'라고 생각하고 있었다. 그것은 현재 내가 서울 시내 아파트 두 채를 소유하고 있는 지금도 변함없는 생각이다.

"그래, 그거. 지금 부동산 경기가 안 좋아서 10억은 안 가지만 그래도 가만히 앉아서 1~2억 벌었으니 이 정도면 성공한 거지. 너도 그때 내가 정보 줄 때 하지 그랬냐?”

“음…… 대출이자가 요즘은 몇 프로예요?”

“5%대 정도?”

“엥? 요즘 아파트 담보 대출이자 3%대도 있던데 갈아타지 왜 그러고 있어요?”

“어, 그때는 나름 제일 싼 데로 잘 고른 건데 고정금리로 한 거라서 지금 금리 조정을 못해. 고정금리인데 그걸 지금 더 싼 금리로 바꿔달라고 할 수 있는 건가?”

경제학과 출신은 아니지만 명문대를 졸업한 선배도 이 정도다.

“이자 더 싼 데 있으면 이쪽 대출받아서 저쪽 갚으면서 갈아타면 되잖아요? 혹시 중도상환수수료(대출원금을 일정기간 내에 갚을 경우 내야 하는 수수료) 있으면 갈아탈 때 수수료 내야 할 수도 있는데, 벌써 4년이나 지났으니 중도상환수수료는 없을 것 같은데요? 보통 담보 대출은 3년 이후에는 중도상환수수료가 면제되잖아요?”

“그래? 한번 알아봐야겠다.”

이렇게 말하는 선배는 하루 이틀 미루다가 또 잊어버리고, 이번 달도 다음 달도 앞으로도 쭉 5%대 정도 하는 이자를 내고 있을 것이다. 한 번 계산해보자.

2억 원(대출금액)×0.02(연 이자율) = 400만 원(1년에 내야 하는 이자 금액)

400만 원/12개월 = 333,333…(한 달에 내야 하는 이자 금액)

2억 대출에 금리 2% 차이면 이자 차이가 1년에 400만 원 정도 될 것이고, 대충 계산해도 한 달에 30만 원 이상이다. 그러니 하루라도 더 빨리 가서 바꾸면 하루에 1만 원씩을 앉아서 버는 셈이지만, 한방에 아파트로 몇 억을 벌어본 경험이 있는 선배에게 하루 1만 원 아끼는 것은 그리 와 닿지 않겠지(그래도 후배 밥 사주는 건 엄청 아끼더라…).

괜히 은행 좋은 일만 시키는 선배가 답답해 하루라도 빨리 알아보라고 잔소리했다가는 또 싸가지 없는 후배라고 혼나기만 할 것이 뻔하기에 나는 그냥 입을 다물었다. 사실 돈은 시간적 개념이 너무나도 강한 녀석이라 시간이 빠르면 빠를수록 훨씬 더 큰 이익을 가져다주는 녀석이지만 말이다.

"그런데 선배, 2억 대출에 5%대면 이자만 해도 매년 1,000만 원이 넘게 나갔겠네(2억 원×0.05=1,000만 원)? 그거 산 지 4~5년 됐으니까 이자로만 한 5,000만 원은 넘게 나간거네. 원리금(원금과 이자) 상환하고 있어요? 아니면 대출이자만 내고 있어요?"

나는 나보다 나이도 많고 직장 생활도 오래한 선배의 경제관념이 아무래도 의심스러워 물었다. 그래도 선배 대접해줘야 하니까 조심스럽게. 아무리 경제관념, 속된 말로 돈에 대한 '감'이 학벌이나 나이, 또는 직장경력과 크게 상관이 없다고는 하지만, 그래도 집을 사고파는 경험이나 그에 따른 대출 경험이 나보다는 훨씬 많으니 더 '감'을 가지고 있어야 할 텐데 말이다. 더욱이 돈에 대해서는 다른 사람들 앞에서 부동산 투자로 성공한 재테크 전문가처럼 '썰'을 푸는 사람이니 말이다.

"내가 돈이 어디 있냐? 원금 상환할 돈이 있어야 원리금 상환을 하지.

혼자 벌어서 대출이자 내고 애들 학원비 내고 하면 모을 돈도 없다. 우리 애들이 학원 몇 군데 안가는 것 같은데도 애들 학원비 장난 아니다. 내가 애들 학원 좀 줄이라고 했더니 와이프가 지금도 동네 애들 중에 학원 제일 작게 다닌다고 하소연하더라. 지난 달은 애들 영어캠프 보낸다고 마이너스 통장 내서 보냈다니까! 옆집 애들 다 가는데 우리 애들만 안 보낼 수도 없잖냐.”

음…… 그렇지. 요즘 시절에 아무리 대기업에 다니고 있다 한들 혼자 벌어서 애들 키우면서 돈 모으기는 불가능하다. 남들은 부러워하는 조건을 갖춘, 강남권에 거주하며 대기업에 다니고 아파트를 두 채나 가진 40대 가장인 선배 역시 알고 보면 그리 부러워할 만한 여유로운 생활을 하고 있지는 않은 듯했다.

하긴 이 시대 대한민국 가장 중에서 과연 몇 명이 경제적으로 여유롭다 생각하면서 살아갈 수 있겠는가? 그러나 같은 수입을 얻더라도 어떻게 돈을 바라보고 이용하는지에 따라 부자가 가난뱅이가 되기도 하고, 가난뱅이가 부자가 되기도 한다. 그런 생각을 하자 갑자기 부자 선배가 더 이상 부자 선배로 보이지 않았다.

●●● 가난뱅이 못지않은 강남 부자의 현실

“그래도 대출이자 낸 거 다 해도 한 5~6,000만 원밖에 안 되니까 지금 시세로만 따져도 1억은 번 거지.”

선배는 애써 자기 합리화하려 한다.

"그거 매입할 때 취등록세랑 부동산 복비 들어갔을 거 아냐?"

나는 또 싸가지 없이 캐묻는다.

"그래, 그때 취등록세하고 부동산 중개수수료하고 다해서 한 1,000만 원 넘게 들었다. 대출이자하고 취등록세, 부동산 수수료 다 더해도 지금 시세로 치면 몇 천은 번 거지. 그리고 이거 곧 재건축 들어갈 거야. 그럼 주변 시세 따져도 집값은 최소 6~7억 이상, 전세를 줘도 4억은 받으니 까 원금에 이자, 매입하느라 든 비용까지 다 건지는 거지."

10억 간다고 큰 소리 땅땅 치더니 이제 6억이라도 충분히 번 거라며 자신의 투자를 자랑스러워하는 선배였다.

"재건축이야, 지금 들어간다는 얘기 나와도 최소 5년에서 10년은 더 기다려야지. 거기 아직 관리처분인가도 안 났잖아요?"

나는 선배의 자랑에 찬물을 끼얹는다.

"곧 될 거야. 뭐 언젠가는 되지 않겠냐?"

조금 더 묻다가는 선배가 진짜 화를 낼 것 같았지만 그래도 난 꿋꿋 이 계속 물었다.

"그런데 선배, 거기 재건축 들어간다 해도 재건축할 때 추가분담금 있 을 거 아냐? 추가분담금은 또 대출 내서 넣어야겠네요?"

"그래야겠지. 사실 추가분담금 때문에 재건축 하지 말자는 사람도 많 이 있다. 안 그래도 요즘 이거 때문에 골치 아파 죽겠다."

이제 슬슬 자랑거리가 아닌 골칫거리가 되어가는 선배의 아파트. 재 건축이 취소되거나 많이 늦어지면 타격이 클 텐데……. 나는 이쯤에서 그만하려다가 마지막으로 한 마디만 더 하기로 한다.

"그런데 그거 재건축되어서 시세 올라도 팔 때 양도세 내고 나면 남는 것도 별로 없겠네?"

"당연하지! 사실 요즘 집도 잘 안 팔리고 양도세 내고 나면 별로 남을 것도 없을 것 같아서 오랫동안 계속 가지고 있어야 하나 생각도 하고 있어. 우리가 그 아파트 들어가서 살 건 아니니까 계속 전세 주고 있다가 나중에 돈 생길 때마다 조금씩이라도 월세로 전환하지 뭐. 그러다가 나중에 집값 더 오르면 그때 팔지 뭐."

대기업에 다닌다고 한들 월급쟁이 월급은 뻔한데 거기서 매월 대출 이자 200만 원씩 나가고, 강남권에 살면서 그 수준에 맞는 애들 교육비와 생활비를 맞추려면 마이너스 통장 쓰지 않고서는 힘들 게 당연했다. 지금도 모으기는커녕 빚만 조금씩 늘어가고 있는데 언제 돈 모아서 대출금 갚고, 언제 돈 모아서 전세를 월세로 전환해 돈을 벌겠는가? 이런 마음 가지면 안 되는 줄 알지만 나도 모르게 강북에 전세 사는 내가 강남에 집 두 채 가진 선배보다 더 부자처럼 느껴졌다.

"요즘 전세 물량이 귀해지고 월세가 많이 나오면서 월세 물량끼리도 경쟁 붙어서 월세전환비율도 많이 줄었대. 잠실 쪽은 요즘 5%대도 못 받고 4%대 받는다고 하던데요?"

눈치 없이 계속 이야기하는 나에게 결국 선배가 화를 낸다.

"야, 이제 다른 이야기하자! 너는 회사일로 뭐 물어볼 거 있다면서 자꾸 돈 이야기냐?"

"헐! 선배가 먼저 돈 이야기 꺼냈거든!"

돈 이야기는 여기서 그만하기로 했다. 그래도 선배는 다음에 만나면 또 아파트 이야기부터 시작할 것이다. 미혼의 친구들이 만나면 연애 이야기, 회사 이야기, 돈 이야기. 기혼의 친구들이 만나면 자식 이야기, 돈 이야기, 사업 이야기(가끔 연애 이야기를 하는 이상한 사람들도 있지만) 말고는 할 이야기가 없으니까.

돈 벌었다고 자랑하는 선배의 이야기를 들으면서 '앞으로 벌고 뒤로 밑지는' 손해 보는 장사를 하고 있다는 생각이 들었다.

●●● 앞으로 벌고 뒤로 밑진다

엄청나게 장사가 잘 되는 가게가 있었다. 좋은 입지조건, 싼 가격, 좋은 품질, 친절한 종업원들, 거기다 덤까지 후하게 주니 장사가 안 될 리가 없었다. 손님들이 떼를 지어 몰려왔다.

매일매일 가득 차는 금고를 보며 주인은 흐뭇했다. 그동안 가게 여느라 밤낮없이 고생한 보람이 느껴졌다.

정신없이 장사를 한 뒤 한 달째, 마감하는 날이 되었다. 첫 달 수익이 처음에 계획했던 것보다 엄청나게 많았다. 그런데 이게 어떻게 된 일인가? 그 많던 돈은 다 어디로 가고 다음 달 재료를 구입할 돈이 없었다. 높은 임대료와 품질 좋은 재료비, 종업원들 월급을 주고 나니 남는 돈이 하나도 없었던 것이다.

가게 주인은 어쩔 수 없이 대출을 해서 당장 장사할 재료를 구입했다.

어떻게 마련한 가게인데 이렇게 접을 수도 없고, 계속 하자니 손해만 늘어난다. 그렇다고 재료의 질을 낮춰 손님을 속이거나 종업원 임금을 깎아 이익을 내고 싶지는 않았다. 그렇게 하면 당장의 이익은 나올지 모르겠지만 결국 장기적으로 장사가 안 될 것은 뻔하기 때문이다. 하지만 이렇게 장사를 계속한다면 결국 주인의 노력과 돈으로 건물 주인과 손님, 그리고 종업원들만 좋은 일 시켜주는 것이다. 주인은 이렇게 앞으로 벌고 뒤로 밑지는 장사를 언제까지 계속해야 하나 하는 고민에 밤잠을 이루지 못했다.

부자가 되는 것의 기본은 돈을 많이 버는 것이다. 그러나 그보다 더 중요한 것이 버는 것보다 적게 쓰는 것이다. 한 달에 1,000만 원씩 버는 사람이 한 달에 2,000만 원씩 써버리면 부자가 아니라 노숙자가 될 가능성이 많다는 것을 우리는 누구나 알고 있다. 아무리 많이 벌어도 나가는 돈이 더 많다면 그것은 부자가 되기 위해 버는 것이 아니라, 결국 남 좋은 일만 하는 일이다.

부자가 되기 위해서 우리는 오늘도 성실히 일하며 돈을 벌고 허리띠를 졸라매고 있지만 막상 진짜 부자가 된 사람은 과연 얼마나 될까? 부자가 되기 위해 정직하고 성실하게 최선을 다해 살고 있지만 그것이 정말 부자가 되기 위한 길을 제대로 가고 있는 것인지, 혹은 더 빠른 길을 놔두고 돌아가고 있는 것은 아닌지 점검해야 할 필요가 있다.

경제 생활과 관련된 모든 선택의 문제에서 나의 선택과 노력은 '남'이 아닌 '내'가 부자가 되기 위한 가장 정확하고 안전하고 빠른 길이어야 한다.

현재가치보다
미래가치가 중요하다

집을 두 채나 가지고 있는 강남의 부자 선배는 그 집을 사서 정말 1억 이상을 번 걸까?

단순하게 계산해보면, 선배의 말대로, 당시 4억을 주고 집을 샀는데 현재 시세가 5억 5,000만 원 정도 된다고 하니 집을 사서 1억 5,000만 원을 벌었다고 볼 수 있겠지만, 실제로 하나하나 따지고 들어가면 계산은 그리 단순하지만은 않다.

시세차익을 생각하기 전에 가장 먼저, 집을 살 때 들어간 비용을 따져봐야 한다. 부동산을 살 때 내야 하는 세금과 결코 만만치 않은 부동산 수수료가 바로 그것이다.

부동산을 사고팔 때 내야 하는 세금은 정책에 따라 매우 복잡하게 달라지기도 한다. 현재 부동산 취득세는 매매가에 따라서 달라지고, 고가 주택일수록 더 높은 비율이 적용된다. 1주택자인지 다주택자인지에 따라서도 달라진다. 여기에 농어촌특별세와 지방교육세가 별도로 부가된다. 부동산 취득세 영구인하가 시행되기 이전에는 이보다 더 큰 금액을 세금으로 내야 했다.

그러나 부동산 관련 세금은 정책에 따라 세금을 감면해주기도 하고 반대로 중과하기도 한다. 부동산 거래를 활성화시키기 위해 한시적으로 부동산 취득세를 면제해주거나 무분별한 부동산 투자를 막기 위해서 다주택자에게는 양도세를 중과한다든지 하는 식이다. 이런 부동산 관련 세금은 정책에 따라 수시로 달라지고 조건도 매우 복잡하다. 그러므로 일반적인 부동산 관련 세율만 알아서 될 것이 아니라 자신의 경우에 맞는 세금을 반드시 스스로 잘 알아봐야 한다.

인터넷에는 부동산 관련 세금 계산을 도와주는 유용한 사이트들이 많이 있다. 정부에서 운영하는 위택스(www.wetax.go.kr)는 전국의 지방세 신고 납부를 도와주는 사이트다. 이곳에서 부동산 취득세의 계산 및 인터넷 납부까지 가능하니 매우 유용하게 활용할 수 있다.

이렇게 부동산을 사고팔 때 들어가는 세금과 별도로 만만치 않게 들어가는 것이 바로 부동산 중개수수료다. 부동산 중개수수료는 현재 기준으로는 매매가가 3억을 초과하면 요율(%)이 확 뛰어 그것만 해도 수백만 원이 들어간다. 어쨌든 선배의 말로는 당시 취등록세와 부동산 중개수수료를 합쳐서 1,000만 원이 넘게 들었다고 했으니, 대략 1,500만 원이 든 것으로 계산해보자. 그럼 선배가 집을 구입한 가격은 단순히 집값 4억이 아니라, 4억 하고도 1,500만 원을 더 주고 산 것이 된다.

집을 살 때 들어가는 비용 말고 또 매우 중요한 비용이 있는데, 바로 그 집을 소유하고 있음으로써 들어가야 할 비용이다. 선배는 4억 시세의 집을 2억의 전세를 끼고 2억을 대출해서 샀다. 이 말은, 기존에 그 집에 주인이 살고 있던 것이 아니라 세입자가 전세 2억에 살고 있었는데 그 세입자는 그대로 살게 두고 집을 샀다는 말이다. 결국 선배는 주인에게 집값 4억 중에 2억만 주는 대신, 현재 살고 있는 세입자에게 전세보증금 2억 원을 빼줘야 하는 부채(빚)도 같이 생기는 것이다. 당시 선배는 여윳돈 없이 집을 산 것이므로 2억은 선배가 살고 있는 아파트를 담보로 은행에서 빌리고, 2억은 세입자에게 빌려서 집을 산 것이나 마찬가지다.

이렇게 자기 돈 한 푼 들이지 않고 집을 사서 돈을 버는 형태는 부동산 호황기 시절에 흔히 있는 일이었다. 일부 부동산 전문가들은 이러한 레버리지(leverage, 지렛대) 효과를 장려하기도 했다.

좀 더 쉽게 설명하자면 이렇다. 먼저 A라는 아파트를 산다. 그리고 A아파트에 거주하면서 그 집을 담보로 대출을 받는다. 그리고 이 대출을 이용해서 B아파트를 사고 또 B아파트의 대출이나 거기서 나오는 전세금을 이용해서 C아파트를 사고, 이렇게 하면, 적은 돈으로 여러 채의 아파트를 살 수 있다. 이 아파트들의 가격이 오르면 차액을 남기고 되팔아 큰 이익을 얻을 수 있는 것이다. 이렇게 되면 실제 투자한 금액은 적은

데 비해서 수익률은 매우 높아진다. 이처럼 레버리지 효과란 빌린 돈을 지렛대로 삼아 자신이 투자한 금액의 이익률을 높이는 것을 의미한다.

부자가 되기 위해서는 투자 대비 이익률을 높이는 것이 매우 중요하다. 가진 것이 적은 사람이 빨리 부자가 되려면 적은 돈을 뻥튀기하여 큰돈을 만드는 기술이 매우 중요하기 때문이다. 내가 돈이 없다고 부자가 될 수 없는 것은 아니다. 내 돈이 없을 때는 남의 돈을 빌려서 투자를 하면 된다. 빌린 돈으로 나가는 돈보다 번 돈이 많으면 남의 돈으로 내가 부자가 되는 것이다.

하지만 문제는 이런 레버리지 효과는 최악의 경우에 발생할 위험성은 전혀 고려하지 않는다는 것이다. 빌린 돈보다 버는 돈이 많으면 당연히 부자가 되겠지만 만약 빌린 돈보다 버는 돈이 더 적다면? 당연히 빌린 돈의 이자까지 갚아야 하기 때문에 점점 더 손해만 늘어나게 될 것이다. 레버리지 효과는 좋은 시기에는 투자 대비 이익률을 높이는 효자 노릇을 하지만, 나쁜 시기에는 불난 집에 기름을 붓는 꼴이 된다. 빌린 돈의 원금을 갚을 능력도 없는데 그에 대한 이자는 투자 결과와 상관없이 계속 늘어나기 때문이다.

어쨌건 이런 레버리지 효과를 이용해 은행에서 대출을 받아 집을 산 선배는 덕분에 은행 대출 2억에 대한 이자를 매월 내야 한다. 5%대라고 했으니 5년간 들어간 총 이자는 5~6,000만 원이 훌쩍 넘을 것이다.

2억 원(대출금액)×0.05(연 이자율)=1,000만 원(1년에 내야 하는 이자 금액)

1,000만 원×5년=5,000만 원

그러니 만약 투자 목적으로 대출을 받아 집을 산다면 적어도 대출이 자보다는 집값이 많이, 아니 훨씬 많이 오른다는 100% 확신이 있어야 한다. 세상에 그 누가 미래에 일어날 일을 100% 확신할 수 있겠느냐마는, 남의 돈을 끌어들인 이상 그 위험을 감수할 만큼의 몇 배 더 확고한 확신이 반드시 필요하다.

그러나 투자 목적이 아니라 거주 목적으로 집을 사는 경우라면 달라진다. 이때는 집값이 엄청나게 오른다는 확신이 필요한 것이 아니다. 집값이 아무리 내려가는 한이 있어도, 죽었다 깨나도 이 대출을 다 갚을 수 있다는 확신이 있어야만 한다.

●●● 부동산과 관련된 비용은 한두 가지가 아니다

집을 사고팔 때만 세금을 내는 것이 아니다. 집을 소유하면서 내야 하는 세금이 있다. 바로 재산세다. 재산세는 토지, 건축물, 주택, 선박이나 항공기 등을 소유하고 있는 사람에게 부가되는 세금이다. 재산세와 별도로 부동산을 많이 소유하고 있는 사람에게는 종합부동산세가 부과되기도 한다. 다시 강조하지만, 부동산 관련 세금은 부동산 정책에 따라 자주 달라지므로 과거의 정보를 믿지 말고 부동산을 사고파는 시점과 부동산의 조건에 따라 정확한 내용을 반드시 확인해야 한다.

집을 소유함으로서 발생하는 비용에는 이러한 이자와 세금 외에 또 있다. 바로 집의 유지보수에 들어가는 비용이다. 집에 세입자를 들이게 되면 세입자가 바뀔 때마다 부동산에 줘야 하는 부동산 중개수수료 외에도 주인이 집을 고쳐주거나 도배, 장판 등 개선해줘야 하는 비용이 심심찮게 들어간다(여기서는 집을 소유하는 데 발생하는 세금이나 유지보수 비용 등은 보수적으로 계산해서 5년간 1,000만 원 정도로 계산하겠다).

여기서 끝이 아니다. 집을 사는 데 드는 비용과 소유하는 데 드는 비용 외에, 마지막으로 집을 팔 때 드는 비용까지 미리 계산해봐야 한다. 집을 팔 때는 양도소득세, 즉 집을 팔게 되면서 발생하는 이익에 대한 세금을 내야 한다. 현재는 다주택자 중과(주택을 여러 채 소유하고 있는 사람에게는 더 무거운 세금을 부과하는 것)가 폐지되었지만, 많이 가진 사람에게 더 많은 세금을 내게 하고자 하는 것은 누진세의 기본이므로, 집을 사고팔아 돈을 많이 번 사람에게는 더 많은 세금이 부가되는 것이다.

집을 팔 때 발생하는 양도소득세도 집을 살 때 내야 하는 취득세와 마찬가지로 정책에 따라서 매우 복잡하게 달라진다. 인터넷을 찾아보면 양도소득세 계산을 도와주는 유용한 사이트들이 많이 있다. 국세청에서 운영하는 홈택스(www.hometax.go.kr) 사이트에서는 양도소득세를 자동계산할 수 있는 메뉴를 운영하고 있으니 편리하게 활용해보도록 하자.

보유기간 및 조건에 따라 달라지겠지만, 선배의 말에 따라 4억에 사서 현재 5억 5,000만 원에 파는 것으로 가정해본다면 양도소득세만 수천만 원이 나온다. 정해진 조건에 맞춰진다면 1가구 1주택의 경우 양도소득세가 면제되기도 하지만, 현재 선배의 경우는 거주가 아닌 투자 목적으로 구매한 집이므로 양도소득세 면제와는 거리가 멀다. 오히려 선배가 집을 살 당시의 상황으로 계산하자면 다주택자에 대한 양도세 중과가 시행되고 있었기 때문에 그보다 훨씬 더 큰 금액을 세금으로 내야 했을 것이다. 이 밖에 집을 팔 때도 살 때와 마찬가지로 수백만 원의 부동산 수수료가 들어간다.

단순히 계산해서 (1) 집을 살 때와 (2) 집을 소유할 때 그리고 (3) 집을 처분할 때 드는 비용을 감안한다면, 선배는 집값 외에도 1억이 훨씬 넘는 돈이 추가로 들어간 것이다. 그럼 이 집이 4억에서 5억 5,000만 원으로 1억 5,000만 원이나 올랐다고 해도, 사실은 선배가 이 집을 사서 벌어들인 돈은 실제 별로 없다는 계산이 나온다. 선배가 집을 사서 돈 번 사람은 결국 부동산중개업소와 은행밖에 없다.

이밖에 계산에 포함하지는 않았지만 그 집을 알아보고, 사기 위해 들인 노력에 대한 인건비과 교통비, 그리고 은행 대출을 받을 때 발생하는 채권구입비나 설정비용, 혹은 부동산 취등록 및 담보 대출 처리를 위한 법무사 비용까지 다 하면 부동산과 관련된 비용은 한두 가지가 아니다.

참고로 '집'이라는 것은 '돈'으로 따질 수 없는 가치가 있다. 그러나 부자 선배의 경우 단순히 투자 목적으로 집을 산 경우이므로 여기서는 집의 금전적 가치만을 고려했음을 이해해주기 바란다. 또한 나는 부동산 불패 신화를 믿지 않지만 그렇다고 부동산 폭락론에 동의하지도 않는다. 단지 무리하고 위험한 투자는 멀리하자는, 평범한 소신을 지킬 뿐이다. 그러니 내가 이야기한 것들이 '부동산으로는 돈 벌기 힘드니 절대 사지 마라'는 이야기가 아님을 이해해주기 바란다.

●●● 보이지 않는 돈의 흐름을 찾아라

집을 살 때처럼 엄청난 금액의 돈의 흐름이 이루어지는 경우에는 눈에 보이는 돈뿐만 아니라 보이지 않게 추가로 발생하는 비용을 반드시 계산해야 한다.

(1) 집을 살 때 발생하는 비용

취등록세와 부동산 수수료 등을 꼼꼼하게 따져서 그 비용을 포함한 자금을 준비해야 한다.

• 부동산 취등록세: 부동산 정책과 맞물려 매매하는 시점이나 지역, 보유 또는 거주 기간 등 조건에 따라 매우 복잡하다. 반드시 해당 조건들을 꼼꼼하게 따져서 취등록세가 얼마인지 미리 확인해야 한다.

• 부동산 중개수수료: 정해진 요율(%)에 따라 미리 계산하되, 중개사와 잘 협의하면 깎아주기도 한다. 계약 전 미리 협상을 통해 수수료를 정해 놓는 것이 좋다.

그밖에 부동산 등기 등을 위한 법무사 비용 등이 추가로 들어간다. 요즘은 법무사를 이용하지 않고 셀프 등기를 하는 경우도 있다.

(2) 집을 소유할 때 발생하는 비용

부동산을 소유하고 유지함으로써 발생하는 비용이 있다.

· 부동산 관련 세금: 부동산을 소유하고 있다는 이유만으로 그에 따른 재산세를 내야 한다. 부동산을 많이 소유하고 있다면 종합부동산세도 내야 한다. 세금은 제때 내지 않으면 연체이율이 붙어 더 높아지고 계속 내지 않으면 법적으로 큰 문제가 따른다. 때문에 세금 문제는 항상 신중하게 접근해야 한다.

이러한 세금들은 부동산을 매매하기 전 미리 잘 알아봐야 한다. 그래야 부동산 세금을 줄이기 위해서 부부 공동명의를 할지, 다주택자라면 각자의 명의로 할 것인지 등에 대한 결정을 할 수 있다. 예를 들어 종합부동산세는 개인별 과세이므로 10억이 넘는 고가의 주택을 남편 단독 이름으로 가지고 있다면 종합부동산세를 내야 할지도 모르나, 아내와 공동명의로 가지고 있다면 집의 반만 소유한 것이 되어 종합부동산세를 내지 않아도 되는 경우가 발생하는 것이다.

· 금융 비용: 대출을 이용하여 집을 샀다면 그 대출에 대한 이자를 계산한다. 대출이자 외에 초기에 대출을 설정할 때 채권구입비와 법무사 수수료가 추가로 들어갈 수도 있다.

· 집의 유지보수 비용: 집에 들어가는 기본적인 유지보수 비용도 만만치 않다. 오래된 집일수록 예상치 못한 큰 금액이 들어가는 경우가 많은데, 이 또한 어느 정도는 예상하고 계산을 해야 나중에 당황하는 일이 줄어들게 된다.

그밖에 세입자가 바뀔 때마다 부동산 중개수수료를 줘야 하는데 매번 수십만 원에서 수백만 원에 달하니, 집을 사기 전 부동산 중개수수료도 꼼꼼히 계산해보는 것이 좋다.

(3) 집을 처분할 때 발생하는 비용

먼 미래의 일이라 하더라도 팔 때 발생하는 비용도 미리 따져봐야 한다. 집을 처분할 때 발생하는 비용은 소득이 있을 때 발생하는 양도소득세와 부동산 매도에 따른 부동산 중개수수료 등이 있다.

• 양도소득세: 간과하기 쉬운 부분이지만, 처분에 필요한 비용도 반드시 사기 전에 미리 알아보고 계산해봐야 한다. 양도소득세는 '얼마나 벌었느냐'에 따라 달라지므로 번 것이 없다면 부가되지 않는다. 또한 부동산 정책과 조건 등에 따라 정해지므로 감면 혜택 조건을 잘 따져봐야 한다. 구입이나 보유에 따른 비용뿐만 아니라 처분할 때의 비용도 구입하기 전 미리 감안해야 양도세 조건 등을 계산해 집의 보유기간과 명의 등에 대한 정확한 계획을 세울 수 있다. 양도세 또한 기본적으로 누진세율 구조로, 개인별로 과세되기 때문에 부부 공동명의일 경우 절세할 수 있다. 이 또한 매매 전에 잘 알아보고 결정하는 것이 좋다.

• 부동산 중개수수료: 부동산 중개수수료는 사는 사람과 파는 사람이 모두 지불하는 것이므로, 집을 살 때와 마찬가지로 팔 때도 지불해야 한다. 이 또한 정해진 요율을 잘 따져보고 중개사와 미리 잘 이야기해놓으면 좋다.

이런 비용들은 단순히 사는 가격과 파는 가격처럼 쉽게 보이지 않고 뒤로 숨겨져 있는 경우가 많다. 그리고 스스로 꼼꼼하게 알아보지 않으면 한꺼번에 비용을 계산하기 어려운 경우가 많다.

앞으로 벌고 뒤로 까지는 장사를 하지 않으려면 겉으로 벌어들이는 돈만 계산할 것이 아니라, 이처럼 그 돈을 벌기 위해 들어가는 비용까지 꼼꼼하게 먼저 계산해야 한다.

••• 숨은 비용까지 합쳐야 진짜 가격이 된다

이는 집을 살 때만 해당되는 것이 아니다. 자동차의 경우도 마찬가지다. 자동차의 경우는 다음의 비용이 발생한다.

- 자동차를 살 때 발생하는 비용: 자동차 등록세, 자동차 기본사양 외 추가 옵션 비용 등
- 자동차를 유지할 때 발생하는 비용: 자동차세, 자동차보험료, 만약 주차공간이 별도로 필요하다면 월주차료, 혹은 고급 기름만 써야 하는 고급 자동차라면 추가로 발생할 수 있는 기름값 등
- 자동차를 처분할 때 발생하는 비용: 자동차 소유권 이전에 들어가는 비용이나 폐차비용 등

이러한 비용들이 자동차의 구입 가격에 포함되어 계산되어야 하는 것이다. 부동산이나 자동차 같이 큰돈이 들어가는 지출뿐만 아니라 모든 경제 생활과 관련된 지출에 있어서 추가로 들어가는 숨겨진 지출은

없는지 생각해보는 습관은 부자가 되기 위한 매우 유용한 습관이다.

예를 들어 금값이 오른다고 하니 골드바(Gold Bar)를 사서 투자를 시작한다고 하자. 그럼 골드바를 살 때의 가격과 시세 차익 외에도 (1) 살 때 시세 외에 추가되는 수수료나 세금은 없는지 (2) 유지할 때는 골드바를 과연 집 장롱에다 숨겨두면 안전할 것인지 아니면 은행 금고 서비스를 이용해야 할 것인지, 그렇게 될 경우 서비스 비용은 얼마인지 (3) 팔 때 내야 하는 수수료나 세금은 없는지 미리 알아봐야 한다.

부동산이나 자동차 외에도 마찬가지다. 만약 비싸고 큰 고급 장롱이 사고 싶다면 (1) 살 때 장롱 가격 외에 배송비용이나 설치비용 등 추가로 들어가는 비용은 없는지 (2) 고급 장롱이라 주기적으로 해줘야 하는 기름칠 비용 등 유지를 위해 필요한 비용은 없는지 (3) 이 장롱을 처분할 때 들어가는 가구 등의 생활폐기물 처리비용은 얼마나 될 것이지 미리 계산해보는 것은 매우 유용한 생활의 지혜다.

이렇게 (1) 살 때 들어가는 비용 (2) 소유할 때 들어가는 비용 (3) 처분할 때 들어가는 비용까지 모두 합쳐야 진정한 가격이 된다.

만약 당신이 장을 보기 위해 마트에 갔다고 하자. 판매점원이 특정 상품의 프로모션을 하고 있다.

"고객님, 이 제품 1만 원이면 정말 쌉니다. 이번에 구매하시죠."

당신이 보니 정말로 1만 원이면 아주 싼 것 같았다. 그래서 구매하려고 한다. 그때 점원이 이렇게 이야기한다.

"그런데 이 제품을 구매하실 때는 먼저 수수료로 1만 원을 더 내셔야 합니다. 구매하신 후에는 매년 1만 원씩 납입하셔야 이 제품을 사용하

실 수 있습니다. 나중에 이 제품을 팔거나 폐기하실 때도 1만 원을 내셔
야 합니다."

이때 당신은 이 제품이 단돈 1만 원이라고 생각하고 구매를 결정하
겠는가? 그렇게 생각한다면 앞에 이야기한 선배와 마찬가지로 4억 원
의 집을 숨겨진 비용까지 다 합쳐 5억 몇천에 사는 것과 마찬가지인 셈
이다.

••• 세상에 공짜는 없다

이처럼 선배 방식대로라면 그 집을 사서 1억을 번 것이겠지만, 위의 세
가지 비용을 모두 적용해본다면 선배는 현재 시세라면 별로 번 것이 없
다는 계산이 나온다. 4억에 산 집을 5억 몇천에 당장 팔아도, 숨겨진 비
용이 총 1억 몇천이므로 집을 사고 유지하고 파는 수고로움에 대한 이
익은 없는 것이나 마찬가지다. 미래에 어떻게 될지는 아무도 모르는 일
이지만 말이다.

만약 그 아파트가 언젠가 재건축을 하고 나서 가치가 크게 상승한다
면 이야기가 달라지는 것이 아닐까?

하지만 재건축 예정 아파트는 이미 그 가치가 반영된 것이 시세로 적
용된다. 선배가 재건축 정보를 발빠르게 입수하여 그 아파트를 적기에
매입했다고 하더라도 이미 그 가격에는 재건축 호재의 가치가 반영된
것이며, 재건축을 하게 되면 추가분담금이 또 들어가야 한다. 추가분담

금이란 쉽게 이야기하자면, 건설회사에서 오래된 아파트를 부수고 새 아파트를 지어주는, 즉 작은 헌 집 대신 더 큰 새집을 지어주는 데 대한 비용을 분담하는 것이다. 세상에 공짜가 어디 있겠는가? 그러니 재건축 후 새집의 가치는 '현재 헌 집의 가치 + 추가분담금 = 새집의 가치'가 되는 것이다.

또한 재건축은 오랜 시간과의 싸움이다. 재건축 예정 아파트가 10년이 지나도록 진행되지 못하는 경우는 비일비재하다. 그리고 재건축과 관련된 각종 이권에 대한 문제가 생기고, 부동산 경기가 위축되면서 사업성이 나빠지면 재건축을 반대하는 사람들도 점점 더 늘어나고 소송에 휘말리기도 한다. 지금 이 작고 낡은 집에서는 그냥저냥 먹고 살 만은 한데, 어마어마한 금액의 추가분담금을 내면서 새 아파트를 받아봤자 돈이 없어 자신이 직접 살지 못하고 팔아야 한다. 결국 팔아서 남은 돈으로는 지금 살던 집 정도도 구하기 힘든 상황이라 그냥 '작은 헌 집이지만 내가 살던 이 동네 이 집에서 편하게 살겠다'고 생각하는 사람이 늘어나는 것이다. 만에 하나라도 재건축이 물 건너 가버리면, 이미 반영된 재건축 호재의 가치도 사라져버려 집의 가격은 급락하게 된다.

이렇게 큰돈이 들어가야 하고, 오랫동안 투자해야 하는 부동산 투자는 매우 큰 위험성을 내포하고 있다. 그러니 그 선배의 경우 재건축 이후에 더 큰 이익을 얻을 수 있으리라고 장담하기도 힘든 상황이다.

이제 우리는 '선배가 그 집을 안 샀더라면 어떻게 되었을까?'를 계산해 봐야 한다.

만약 선배가 그때 그 집을 사지 않았더라면, 선배는 그 집을 사고 유지하고 파는 데 들어가는 비용은 발생하지 않았을 것이다. 단순하게 생각해서 그 집을 삼으로써 은행으로 매달 들어가던 대출이자 대신 그 집을 사지 않고 매월 200만 원 적금을 들었다면?

선배가 그 아파트를 살 당시에 저축은행 금리가 최소 6% 정도에 최고금리는 8% 후반대까지 있었다(현재는 저금리 기조가 유지되면서 금리가 많이 낮아졌지만 나는 당시 그해에 저축은행에서 8.8%의 적금이자를 받은 기록이 남아 있다). 여기서는 계산을 단순하게 하기 위해 6% 금리로 계산해보겠다.

놀라지 마시라. 만약 매월 200만 원씩 5년간 적금을 들었다면, 1억 3,500만 원이 넘는 돈을 받게 된다. 만약 선배가 그 집을 안 사고 대출이자를 내는 대신 적금을 들었다면 현재는 1억 3,000만 원이 넘는 돈을 모았을 텐데, 집을 삼으로써 그 돈은 없고 현재 그 집에서 벌어들인 돈도 수중에 없으니, 내 계산으로는 선배는 그 집을 사서 1억 3,000만 원을 손해 본 것이 된다.

어떻게 된 것일까? 선배는 그 집을 사서 1억 넘게 벌었다고 생각하고 있었는데, 나는 선배가 그 집을 사서 1억 넘게 손해 본 것으로 계산하고 있으니! 누구의 계산이 옳은 것일까?

물론 모든 투자가 성공적일 수는 없다. 선배가 살고 있는 아파트를 담보로 대출까지 받아서 재건축 아파트를 매입한 것은 적어도 손해 보지는 않을 것이라는 확신이 있었기 때문이다. 손해 보려고 투자하는 사람은 세상에 없을 테니. 하지만 이렇게 중요하고 큰 결정을 '내가 산 가격보다 집값이 오르겠지'라는 단순한 빼기(-) 계산으로 결정해서는 안 된다는 것이다.

모든 선택에는 두 가지의 가능성이 있다. 그것을 선택하는 것과 선택하지 않는 것. 이 두 가지 가능성에 대해 미래가치를 따져보고 미래의 시점에 더 이익이 되는 선택을 해야 한다.

투자를 위해 집을 사는 경우라면,

(1) 집을 사고 나서 일정기간 후 팔았을 때 내가 가지고 있을 '돈'
(2) 집을 사지 않고 동일기간 후 내가 가지고 있을 '돈'

이 두 가지를 꼼꼼히 비교해서 어느 쪽 이익이 더 큰지 계산해보면 된다.

물론 몇 년 후 부동산 시세가 어떻게 될지, 은행금리가 어떻게 될지 누가 알겠는가? 엄청나게 오를 것이라고 예상하면 (1)번의 경우가 훨씬 클 것이고, 조금밖에 안 오르거나 하락할 것이라고 생각하면 (2)번의 경우가 더 클 것이다.

하지만 집값은 예측이 어려운 데 반해서 은행에 저축하는 것은 비교적 예측이 쉽다. 왜냐하면 금리는 그리 큰 폭으로 아주 빨리 변화하지도 않을뿐더러 현재 시점에서 몇 년간 정기예금이나 정기적금을 든다고 가정하면 금융기관이나 금리비교 사이트를 통해서 쉽게 찾을 수 있기 때문이다.

(1) 집을 사는 경우를 계산하자면 미래의 집값 예측도 어렵고 들어가는 비용도 많아 복잡하니, 거꾸로 (2) 집을 사지 않았을 경우를 먼저 계산해보자.

'내가 집을 안 사고 대신에 집 사려고 모아놨던 돈을 은행의 정기예금에 넣거나, 집을 사게 되면 매달 나가게 될 대출이자 대신에 그 돈을 정기적금에 넣는다면 어떻게 될까?'로 가정하는 것이다. 그럼 3년 뒤 혹은 5년 뒤 모이게 될 돈이 계산이 된다. 예들 들어 '내가 지금 집을 안 사고 그 돈을 모으면 3년 뒤 모이게 될 돈'이 5,000만 원이라고 가정해보자. 그렇다면 투자 목적의 집을 살 때 '이 집을 사서 3년 정도 있다가 팔 건데, 최소한 이 집에서 5,000만 원 이상은 벌어야겠다'는 계산을 할 수 있을 것이다. 만약 그 집을 사서 5,000만 원의 이익도 안 나온다면 그냥 은행을 이용해서 5,000만 원을 모으는 것이 훨씬 더 편하고 더 이익이니까 말이다.

다시 말해 집을 살 때 들어가는 비용과 유지할 때 들어가는 비용, 팔 때 들어가는 비용을 꼼꼼히 계산해서 그 집을 사고팔았을 때, 최후에 적어도 5,000만 원 이상의 수익이 나오는지 알아보고 그에 대한 확신이 있을 때 집을 사라는 것이다.

이런 과정을 거치지 않는다면, 단순히 '숨겨진 모든 비용을 다 계산해도 3,000만 원의 이익이 난다'면 그 3,000만 원을 벌기 위해 덜컥 투자 결정을 해버리게 되는 것이다. 사실은 더 편하게 5,000만 원의 수익을 낼 수 있는데도 몸고생 마음고생 해가며 3,000만 원을 버는 것이니 이는 2,000만 원을 손해 보는 것과 마찬가지이다.

우리는 대부분의 선택에 있어서, '선택했을 때'의 상황만 고려하는 경향이 있다. 단순히 선택을 했을 때 얻을 수 있는 수익만이 아니라, 반대로 포기하거나 잃어야 하는 부분까지 계산해야 하며, '선택했을 때' 포기해야 하는 이익, 즉 '선택하지 않았을 때' 생길 수 있는 이익을 생각해야 한다. 이런 것을 경제학으로는 '기회비용'이라고 한다.

이처럼 기회비용은 부동산처럼 큰돈의 흐름이 있는 것에만 해당되는 것이 아니다. 이는 모든 '돈'의 흐름에 다 해당된다.

••• 같은 돈이라도 가치가 다르다

열심히 일하고 알뜰히 생활하는 멋진 골드미스 E양, 이번에 나온 500만 원짜리 신상 명품백이 너무 갖고 싶었다. 마침 이번에 세일이 없기로 유명한 그 브랜드에서 할인에 들어갔다. 그래서 열심히 일한 자신에게 선물하는 의미로 은행에 들어놓은 예금을 깨고 자신을 위해 과감히 선물하기로 마음먹었다. 두 달만 있으면 예금 만기가 돌아오지만 지금 구입하지 않고서는 평생 이 명품백은 갖기 힘들 것 같다.

자, 이때 이 명품백의 진짜 가격은 얼마일까? 금고에 현금을 가득 넣어두고 사는 사람에게는 이 명품백의 가격은 그냥 500만 원이다. 금고에 있는 500만 원 현금 가져다가 명품백을 사왔으므로, 미래가치의 변화는 그저 금고에서 500만 원이 줄었을 뿐이다.

그러나 E양에게 이 명품백은 단순한 500만 원이 아닌, 사실은 훨씬 더 큰 비용을 지불하는 것이나 마찬가지다. 왜냐하면 두 달만 더 있었더라면 은행에서 몇십만 원의 이자가 나왔을 것이기 때문이다. E양이 명품백을 삼으로써, 원래 벌어야 할 돈을 못 벌게 되었으므로 이 금액까지 명품백 가격에 포함시켜야 한다. E양에게 이 명품백의 가격은 500만 원이 아닌 500만 원＋몇십만 원이 된다. 이런 식으로 계산한다면, 세일기간이 끝났다 해도 예금 만기 이후에 만기 이자를 받고 사는 것이 더 이익일 수도 있다.

물론 명품백을 하루라도 더 빨리 들고 다니는 것에 대한 가치는 여기서 계산하지 않았다. 아마도 큰맘 먹고 결심했는데 두 달이나 더 기다리라고 하면 속이 새까맣게 타버릴지도 모른다.

내 말의 요지는 "돈 아까우니 명품백은 사지 마라"가 아니라, 구매 결정을 할 때 '내가 이것을 지금 사지 않는다면?'에 대한 기회비용을 반드시 고려해보라는 것이다(물론 '명품백은 안 사는 게 낫겠다'라고 결론 내는 것이 부자가 되는 지름길이긴 하지만……).

이처럼 기회비용을 생각한다면, 같은 지출이더라도 사람마다, 상황마다 지불하는 진짜 가격이 다를 수 있다. 금고에 넣어둔 현금으로 사는 '엄청 부자' 씨에게는 단순히 500만 원이지만, 예적금을 중도해지하고 사는 '알뜰 부자' 씨에게는 500만 원＋몇십만 원(만기 시 받게 될 은행이자), 형편이 안 되는데도 너무 가지고 싶어서 신용카드 현금서비스로 빚을 내서 사는 '허당 부자' 씨에게는 500만 원＋수백만 원(카드 값을 갚는 동안 지불해야 할 이자)의 가격이 진짜 가격이 된다.

돈에 관한 선택뿐만 아니라 인생의 많은 선택에 있어서, '선택하지 않았을 때'의 이익을 같이 생각해보면 의외의 결과가 나오는 경우가 많다.

하지만 모든 선택의 문제는 어떤 선택을 하든 후회가 동반된다는 사실도 잊지 말아야 한다. 사람은 미래를 예측할 수 없다. 내가 열심히 계산하고 계획을 짜 부동산 구매를 포기했는데 갑자기 호재가 터져서 그 지역 부동산이 두세 배로 값이 오를 수도 있다. 아니면 내가 잘 계산하고 계획을 짜 은행에 예금을 넣었는데 은행금리가 자꾸 내려가서 집을 사서 월세 받느니만 못한 일도 충분히 생길 수 있다. 하지만 예측에 대한 확률을 높이는 방법은 돈에 대해 고민하고 공부한 만큼 올라가는 것이다.

현재 나의 선택이 미래에 어떤 가치를 가져올 것인지 제대로 계산하는 것, 그것이 돈을 벌고, 번 돈을 지키는 가장 기본 중의 하나다.

나만의 부자 기준을 정하라

지인 중 한 명은 평소에 보면 전혀 그렇게 안 보이지만, 강남에 몇백 억 대의 빌딩을 소유한 부자다. 그는 그냥 평범한 회사의 샐러리맨이고, 그 빌딩은 부모로부터 물려받은 것이다.

내 주변의 젊은 부자들은 대체로 부모로부터 부동산 자산이나 사업 체를 물려받아 부자가 된 사람들이다. 그리고 아직은 부모로부터 재산 을 물려받지는 않았지만 부자 부모 덕에 앞으로 부자가 될 가능성이 있 는 사람들도 있다.

이런 사람들은 우리의 삶과는 다르게 직장 생활은 그저 취미일 것 같고, 돈도 흥청망청 쓸 것 같지만, 의외로 직장 생활도 굉장히 열심히 하고 돈도 우리보다 더 아껴 쓴다. 세상은 공평하지 않다. 공평한 시나리오라면 부모가 물려준 돈 흥청망청 쓰다가 돈 다 날리고 그제야 개과천선해서 진정한 사랑을 찾고 밑바닥부터 다시 시작해야 하는 것인데…… 현실은 타고난 부자 아이들이 더 열심히 돈 모으고, 더 열심히 산다.

부자 부모 밑에서 자라면서 돈에 대한 교육을 받아왔기에 돈에 대한 '감'이 습관화되었기 때문이다. 오히려 물려받은 것도 없고 가진 것도 없는 사람들이 한탕 대박을 꿈꾸다 사기를 당하거나 사업을 말아먹거나 도박에 빠지거나 하는 경우가 비일비재하다.

이쯤에서 누구나 머릿속에 드는 생각 하나. '부자 부모를 만나지 못한 사람은 어떻게 해야 부자가 될 수 있을까?' 그 방법은 매우 간단하다. 물려받을 돈이 없으니 직접 돈을 많이 벌어 부자가 되면 된다. 부자 부모를 만나지 못한 우리는 다음과 같은 방법으로 돈을 벌 수 있다.

- 직장에서 고액 연봉을 받는 능력자가 된다

특별한 종잣돈이 없어도 건강한 신체만 있으면 누구나 할 수 있는 가장 쉬운(?) 방법이다.

- 사업을 해서 대박이 난다

일단 말은 쉽다. 그러나 큰 사업자금과 오랜 시간을 필요로 하는 방법이다.

- 주식 투자, 부동산 투자 등 돈을 벌기 위한 목적으로 투자를 한다

  종잣돈이 반드시 필요하며 원금보장이 안 되는 위험한 방법이지만 운이 아주 좋다면 한방에 부자가 될 수 있는 방법이다.
- 로또에 당첨된다

  와우~!

어쨌건 여기까지는 합법적인 방법이다.

- **각종 불법적인 방법으로 돈을 갈취한다**

  상상해보는 것은 자유지만 결코 실천에 옮기지는 않기를 바란다.

앞서도 말했지만 어떤 방법이든 '평범한' 부모 만난 '평범한' 우리가 직접 벌어서 부자가 되기란 쉬운 일이 아니다. 고액연봉을 받기 위해 직장에서 열심히 일하고 승진해 성공하려 하지만 그것도 나이를 먹어갈수록 능력의 한계를 느끼며 점점 현실에 만족하게 된다. 그렇기에 실제로 고액연봉을 받을 수 있는 사람은 그렇게 많지 않다는 사실을 직장인이라면 누구나 알고 있을 것이다.

힘들고 더러운 직장 생활 당장 때려치고 대박 나는 아이템 찾아 사업이라도 하고 싶지만 사업자금도 없을뿐더러 막상 사업 시작하면서 힘들어하는 선배들을 보면 더 엄두가 안 나는 것이 평범한 사람들의 마음이다.

2000년대 초반에는 '묻지 마' 열풍의 주식 투자, 2000년대 중반부터는 부동산 투자에 맹목적 믿음으로 없는 돈 대출까지 받아서 투자해봤

지만, 아주 소수의 사람들을 제외하고는 대부분 쪽박 차고 나와 빚만 남은 것이 평범한 사람들의 현실이다.

그래, 우리에겐 '로또'가 있었지! 그래서 매일 '로또만 당첨되면 이놈의 회사 당장 때려치운다'는 마음으로 로또를 산다. 하지만 번호를 맞춰보는 찰나의 시간이 지나면 돈 주고 산 그 로또 종이는 바로 휴지조각이된다.

돈을 '많이 버는' 것은 우리에게 매우 어려운 일이다. 그럼에도 불구하고 돈을 '많이 벌기' 위한 노력은 계속해야 하며, 그것은 당연한 이야기다. 하지만 평범한 우리가 부자 부모를 둔 사람들처럼 '큰 부자'는 못되더라도, '작은 부자'라도 되기 위해서는 '버는' 것보다 '모으는' 것이훨씬 중요하다.

●●● 돈, 버는 것과 모으는 것의 차이

얼핏 생각하면 돈을 '버는' 것과 돈을 '모으는' 것이 비슷한 것 같지만 사실은 엄연히 다른 이야기다. 돈을 '버는' 것은 내가 지금 가지고 있는 돈 외에 더 많은 돈을 외부에서 벌어들이겠다는 것이고 돈을 '모으는' 것은 내가 버는 돈이 얼마든 상관없이 내가 가진 돈을 지키고 그 돈을 굴려서 더 많은 돈으로 만들겠다는 것이다.

물론, 부자가 되는 가장 좋은 방법은 부자 부모를 만나거나 돈을 많이 버는 것이지만, 나는 여기에서 돈을 많이 버는 방법에 대한 이야기는 하지 않을 것이다. 그건 너무나 어려운 이야기이기 때문이다.

만약 돈을 많이 벌고 싶은 사람이라면, 이 책이 아니라 수억 원의 연봉을 받는 보험왕 이야기, 창업해서 성공한 사업가 이야기, 주식 투자나 부동산 경매에 관한 책, 아니면 대박 나는 로또 공식에 관한 책을 읽어야 할 것이다. 그러나 돈을 많이 벌 수 있는 정답이 있다면 누구나 돈을 많이 벌어 이미 부자가 되어 있을 것이다.

이렇게 돈을 많이 벌어서 부자가 되겠다는 것이 무척이나 어려운 일이라는 것을 잘 알면서 우리는 부자가 되고 싶은 욕심에 '많이 벌' 생각만 해왔던 것이 사실이다. 아파트 사서 몇 억씩 벌었다는 사람들 이야기가 들리면 너도나도 아파트를 사겠다고 우르르 몰려가고, 주식으로 몇 배가 뛰었다는 사람이 있으면 너도나도 주식 투자로 몰린다. 적은 투자금으로 대박을 꿈꾸는 마음에 평소 다른 사람의 말은 잘 듣지도 않는 똑똑한 사람들이 불확실한 투자 정보만 믿고 거금을 투자하다가 큰 실패를 보는 경우도 너무나 많이 봐왔다.

하지만 내가 얼마를 벌건, 내가 번 돈을 얼마나 효과적으로 쓰고, 얼마나 효율적으로 모을 수 있는지는 그에 비하면 매우 쉽고도 실천 가능한 이야기다.

나는 평범한 월급쟁이라면 누구나 작은 부자가 될 수 있다고 믿는다. '돈을 벌고 싶은' 욕심이 지나쳐 너무 성급하게 과감한 투자를 하거나 미리 포기하고 '돈 모으기'를 게을리하지만 않는다면 생활습관과 돈에 대한 마인드 변화만으로 우리는 얼마든지 작은 부자가 될 수 있다.

'돈이 많으면 얼마나 좋을까?'

나도 늘 상상해보는 질문이다. 만약 내가 돈이 엄청나게 많다면 무엇을 할까? 가장 먼저 가족과 함께 살 크고 좋은 집을 한 채 사고, 부모님 살기 편한 집 한 채 사주고, 그리고 형편이 좋지 않은 언니네와 도련님 댁에도 아파트를 한 채씩 사주고, 또 큰 빌딩을 사서 매월 수천만 원의 임대수익을 올리고……

그러고 보니, 아닌 것이 아니라 내가 부동산을 꽤나 좋아하긴 하나 보다. 돈을 맘껏 쓸 상상을 하다 보니, 가장 먼저 내가 살 집을 사고 내 가족이 편안히 살 집을 사주고 또 빌딩을 사서 임대수익을 올릴 생각부터 하는 것을 보면.

나뿐만 아니라 대부분의 평범한 사람들은 원하는 집을 장만하는 것이 부자가 되기 위한 목표이고 평생 살 집을 장만한 다음에야 진정한 부자 생활을 누릴 수 있다고 생각한다.

만약 내가 돈이 엄청나게 많다면, 필요한 집과 부동산을 산 다음, 내가 좋아하는 B브랜드의 차도 한 대 뽑고, 우리 아이들과 조카들까지 원하는 공부는 맘껏 할 수 있도록 장학금을 조성해놓고…… 나는 계속 신나는 상상을 해본다.

회사는? 계속 다닐까, 말까? 그래, 정말 돈이 많으면 오히려 회사는 취미로 다닐 수 있겠지. 그럼 회사에서 잘릴까 겁먹지 않아도 될 것이고, 더 많은 연봉과 승진을 위해 스트레스 받지 않아도 될 것이며, 그래서 마음의 여유가 생기면 오히려 직장 생활은 더 성공할지도 모를 일이다.

그게 아니라면, 돈이 아주 많으니까 내 사업을 차려서 해도 되겠지? 하지만, 사업이라는 것이 어디 그리 말처럼 쉬운가? 아무리 돈이 많아도 크게 사업 시작했다가 말아먹으면 한순간에 쫄딱 망해 먹는 것이 사업이니 아무래도 골치 아픈 사업보다는 편안한 마음으로 회사를 다니는 게 더 나을 것 같긴 하다.

그러고 보면, 내가 떼돈이 생긴다고 해도 사는 것이 지금과 그리 달라질 것은 아닌 것 같기도 하다. 집이 더 넓어지고 차가 더 좋아지고 돈벌이에 대한 스트레스가 줄어들겠지만 매일 아침 일어나서 밥 먹고 일하고 개인 생활하고 자고 또 일어나고, 이런 매일매일의 생활에서 크게 바뀔 것은 없을 것 같다. 내가 엄청 부자가 되어도 김치찌개와 떡볶이는 좋아할 것이고, 금으로 만든 밥 먹는 게 아니고 똑같이 쌀로 만든 밥 세 끼 먹을 것이고, 아마 비싼 외제차가 있다고 한들 교통체증으로 인해 지금처럼 대중교통을 더 많이 이용할지도 모를 일이다.

겉으로 보이는 생활은 크게 바뀌지 않을지도 모르겠지만, 가장 달라질 것이 있다면 아마도 마음의 여유가 생길 것이다. 세상에서 제일 불쌍한 사람이 춥고 배고프고 졸린 사람이라고 한다. '춥고 배고프고 졸리다'는 것은 기본적인 '의식주'가 해결되지 않았다는 것이다. 따뜻하게 입을 옷과 배불리 먹을 음식, 발 뻗고 편히 잘 집이 없는 것이다.

아무리 긍정적인 마인드의 소유자가 있다고 한들, 도를 닦는 사람이 아닌 다음에야 이런 상황에서 '행복'을 논하기는 어려울 것이다. 나와 내 식구들이 춥고 배고프고 졸린 상황에서 어떻게 행복을 논할 수 있겠는가? 그러니 우리는 기본적으로 '먹고 살 만한 정도'는 되어야 행복을 논할 수 있고, 또한 이것은 '기본적인 돈이 없으면 행복할 수 없다!'는 얘기가 된다.

돈이 많다고 다 행복한 것은 아니지만(만약 그렇다면 우리 시대의 재벌들은 다 행복하기만 해야 하는데 그들의 삶이 그렇게 행복해 보이지만은 않는다), 돈이 없어서 춥고 배고프고 졸리면 행복할 수가 없으니, 돈은 행복의 필요조건이다. 물론, 돈이 없어도 마음의 행복을 얻는 훌륭한 사람들이 있다. 그러나 마음의 부자가 되는 것은 어쩌면 돈이 많은 부자가 되는 것보다 더 어려운 일일 수도 있다. 그러니 우리 같은 평범한 사람들은 돈과 행복의 관계를 논하기 전에 기본적으로 '먹고 살 만한 정도'의 의식주 문제를 해결하고, 그다음 진정한 행복에 대한 고민을 해야 한다.

••• 10년 뒤 작은 부자가 될 목표를 정하라

그렇다면 이 '먹고 살 만한 정도'는 어느 정도의 '돈'이 있어야 하는 걸까? 어느 정도의 돈이 있어야 기본적인 의식주가 해결되고 행복을 논할 수 있는 것일까?

그 '먹고 살 만한 정도'가 바로 우리가 부자가 되고자 하는 첫 번째 목표치가 될 것이다. 이 '먹고 살 만한 정도'는 사람마다, 자신이 처한 상황마다 달라질 수 있다.

내가 자유로운 20대의 싱글이었을 때는 1억만 있으면 평생 내 한 몸 정도는 '먹고 살 만하다'라고 생각했다. 그래서 당시 잘나가던 직장을 때려치고 다시는 직장 생활을 하지 않겠다는 무모한 결심과 함께 감히 백수를 선택했다(결과적으로는 그 돈 다 날리고 금방 다시 생계 전선에 뛰어들긴 했지만 말이다). 하지만 지금은 결혼을 해서 아이들과 시부모님과 함께 사는 대가족인 상황에서 10억은 있어야 나와 내 식구들 함께 평생 '먹고 살 만하겠다' 싶다. 그래서 지금의 나는 10억이 있으면 부자라는 생각이 든다. 하지만 10억을 모아서 강남의 10억짜리 집에 살고 있다면 현금이 10억 정도는 더 있어야 부자라는 생각이 들 것 같다.

이렇게 부자의 기준은 사람마다, 상황마다 달라진다. 강남에 사는 어떤 이는 10억쯤 가진 사람은 '부자' 측에 낄 수도 없다고 생각할 것이고, 또 어떤 이는 지금의 나처럼 10억만 있어도 세상을 다 가진 듯한 '부자'라고 생각하는 사람도 있을 것이다.

우리나라 사람들이 생각하는 부자의 기준은 과연 얼마일까? 설문조사에 따르면 몇 년 전까지만 해도 대략 '20억' 정도의 재산을 가지면 '부자'라고 생각했는데 최근에는 '100억'도 훨씬 넘게 있어야 '부자'라고 생각한다고 한다.

이는 현재 우리 사회의 심각한 양극화로 인해 나타나는 현상이다. 매일 드라마나 뉴스에서 보는 부자들이 웬걸 죄다 대기업 회장님들이다 보니 우리 눈만 높아졌다. '저 정도는 돼야 진짜 부자'라고 생각하게 된 것이다. 막상 TV 밖 우리 현실에서는 멀쩡한 집에 잘 살고 있어도 알고 보면 아파트 담보 대출만 잔뜩 있는 '하우스 푸어'이고, 멋진 양복에 명품 가방 들고 다녀도 알고 보면 카드 값 돌려막기 급급한 게 현실인데 말이다.

　나는 개인적으로 10억과 30억을 기준으로 '큰 부자'와 '작은 부자'를 나눈다. 내가 개인적인 기준으로 30억 이상의 자산가를 '큰 부자'로 잡은 것은 예전에 읽은 기사에서 큰 부자들도 가장 행복할 때가 자산이 20~30억 정도일 때라는 것을 봤기 때문이다. 이보다 돈이 많은 사람들이 오히려 행복지수가 떨어지는 것은 그 이상의 재산이 있으면 돈을 모으는 '재미'가 점점 떨어지고 재산을 관리하기가 힘들어지기 때문일 것이라고 나는 생각하고 있다. 그리고 나는 '한탕 대박' 없이 평범한 사람들이 열심히 벌고 모아서 부자가 될 수 있는 한계가 20~30억 정도일 것이라고 생각한다.

　내가 10억 정도의 재산을 가진 사람을 '작은 부자'라고 말하는 것은, 10억이 있다고 해도 생활 자체가 '부자' 생활로 바뀌는 것은 아니지만, 마음의 여유가 생기면서 '부자' 마인드로 달라지는 시점이 10억부터이기 때문이다. 10억 재산이 모인다고 해서 먹는 것, 입는 것, 사는 것이 달라지는 것은 아니다. 하지만 땡전 한 푼 없다가 내 힘으로 10억의 자산을 모은 순간부터 예상하지 못한 마음의 여유가 생기면서 삶의 가치관도 조금씩 달라지기 시작하는 것을 경험했다. 내 주변의 많은 사람들이 부동산 활황기에 부동산을 포함해 10억이 넘는 자산을 가지고 있을 때 보여주던 마음의 여유가 부동산 하락기에 전체 자산이 10억이 되지 않을 때의 마음의 여유나 태도와 확연히 다른 걸로 봐서도 10억이라는 금액은 삶에서 큰 의미가 있는 하나의 기준이 될 수 있다고 본다.

　나는 '큰 부자'는 모르겠지만 '작은 부자'는 누구나 될 수 있다고 생각한다. 부자 부모 못 만나서 땡전 한 푼 물려받은 것 없이 오히려 가족들에게 경제적 지원을 해주며 살았지만 10억대 '작은 부자'가 된 나처럼 말이다.

월급쟁이에 지나지 않았던 나 역시 하루 아침에 10억을 모을 수 있었던 것은 절대 아니다. 땡전 한 푼 없이 가난했던 나는 작은 부자가 되기까지 '결혼 후 10년'이 걸렸다. 아마 다들 부모의 지원이나 로또에 당첨될 일이 없다면 최소한 그 정도 기간은 감수해야 한다. 10년을 기다리지도 못하고 내일 당장 부자가 되겠다는 것은 내일 당장 올림픽에 나가서 금메달을 따겠다는 것처럼 무모한 욕심이다.

사람마다, 상황마다 부자의 기준이 다르겠지만, 기혼이든 미혼이든 자신이 정한 '작은 부자'는 오늘부터 최소한 10년이 걸릴 것이라고 생각하자. 조급하게 생각하지 말자. 조급하게 생각할수록 투자수익률이 높은 위험상품에 투자하게 되어 한 발 한 발 앞으로 나아가기는커녕 뒷걸음질치게 될 것이다.

오늘 걷지 않으면 내일 뛰어야 한다. 그렇지 않으면 영원히 목적지에 도달할 수 없다. 10년 뒤의 부자, 10년 뒤의 미래가치를 위한 올바른 선택을 위해 오늘도 우리는 한 발 한 발 나아가면 된다.

마이너스 500만 원에서 시작해
10억을 모으기까지

1997년 1월, 엄청 추웠던 그 겨울, 내 나이 20대 초반에 지방에서 서울로 취직을 해서 올라왔다. 그때 가난한 우리 엄마 아빠는 옆집에서 어렵게 500만 원을 빌려서 나에게 전해주었다. 내 여동생은 이미 한 해 전에 서울에 올라와서 대학을 다니고 있었다. 동생은 가난한 살림살이 덕에 변변한 방 한 칸 마련하지 못하고 여기저기 떠돌아다니며 아르바이트를 해서 학비와 생활비를 대며 하루 살기도 빠듯한 대학 생활을 하고 있었다.

내가 그렇게도 가고 싶었고 입사 합격까지 한 대기업 취업을 포기하고, 단지 서울로 취직하기 위해 다른 기업을 선택한 것은 이런 내 동생 때문이기도 했다. 나는 다행히 서울로 발령이 났고 동생을 데리고 삭막한 서울 생활을 시작하게 되었다.

지금은 더하지만 그 당시도 500만 원으로는 서울에 변변한, 아니 변변치 못한 방 한 칸도 구하기 힘들었다. 마침 엄마의 아는 사람 딸이 사당동 달동네에 있는 방 두 개짜리 반지하방을 보증금 1,000만 원에 월 30만 원씩 내고 살고 있었다. 나와 내 동생이 큰 방을 쓰기로 하고 보증금 500만 원과 월 20만 원을 부담하기로 했다.

엄마가 옆집에서 빌려서 준 500만 원은 엄마의 빚이기 때문에 나에게도 빚이었다. 가능한 한 이 돈은 빨리 갚고 싶었다. 나는 월급을 받아 모은 돈이 500만 원이 되는 순간, 제일 먼저 엄마에게 돈을 갚아주었다. 이제 와서 생각하면 그때나 지금이나 남에게 빚지는 걸 죽어도 싫어했던 것이 돈을 모으는 데 긍정적으로 작용했던 것 같다.

그런데 사당동 집은 너무 오르막길에 있어서 겨울이면 길이 얼어 위험해 내려가지 못할 정도였다. 그것까지는 참을 수 있었다. 하지만 반지하방이다 보니 보안이 허술하고 밤이면 어떤 아저씨가 방 안을 쳐다보고 있기도 했다. 당시는 군기 바짝 든 신입사원으로 회사에 적응하기 바쁘고, 정신없이 굴러가는 회사 생활이 내 삶의 대부분이었을 때라서 집의 불편함과 위험성에 대해서는 심각하게 생각하지 않았다. 지금 생각하면 여자들만 사는 그 허술한 집이 범죄의 가능성에 그대로 노출되었던 것을 생각하니 섬뜩하기만 하다.

이 시대에 돈이 없다는 것은 남들보다 더 불편한 정도가 아니라, 각종 범죄에 노출될 가능성이 높은 무서운 일이 될 수도 있다. 어느 정도 기본적인 생활이 가능한 정도로 부를 축적하는 것은 바로 자신의 안전을 위한 일이기도 하다.

●●● 1년 후, 산동네에서 탈출하다

당시 나는 새벽같이 회사에 출근해 정신없이 일하고, 퇴근 후에는 회사 사람들과 회식 등의 자리가 매일같이 있었기 때문에 집에서 생활하는 시간은 그리 많지 않았다. 그럼에도 불구하고 가족이 아닌 사람과 한 집에서 사는 것은 불편하기 그지 없었다. 그리고 가족임에도 불구하고 내 동생과 좁은 방을 같이 써야 한다는 것 역시 너무나 불편했다. 나는 동생과 함께 그 집에서 나오기로 결정한 뒤 방 두 칸짜리 집을 알아보기 시작했다.

그 당시 신입사원이었던 나는 매일 새벽에 출근하고 밤늦게 퇴근하다 보니 사실 돈 쓸 일이 별로 없었다. 회사를 다니면서 들어가는 교통비와 약간의 점심값이 내 지출의 가장 큰 부분이었다. 서울, 그것도 강남의 밥값은 무서울 정도로 비쌌다. 밥 한 끼를 1만 원 가까이에 파는 곳이 있다는 것도 서울에 와서 처음 알게 되었다. 그리고 한 끼에 1만 원 가까이 하는 식사를 사먹는 사람들이 꽤 많다는 사실도 충격이었다. 그러나 다행히 근처에 구내식당이 있어서 싼값에 좋은 식사를 할 수 있었다.

회사 생활에 들어가는 교통비와 점심값, 그리고 집에 들어가는 월세와 생활비 외에는 돈 쓸 일이 거의 없었다. 술도 회사에서 회사 사람들과 먹었고 노는 것도 주로 퇴근 후 회사 사람들과 함께했다. 신입사원인 이유로 평일 회사에서 이루어지는 각종 유흥은 회사 경비로 처리하거나 선배들이 내는 경우가 많아 돈 쓸 일도 별로 없었고, 회사일이 바쁘다 보니 시간적 여유도 없어 돈 쓸 시간도 없었다. 돈 쓸 시간이 없으면 자연히 돈은 모이게 되어 있다.

내가 만약 당시 시간이 많아 친구들도 많이 만나고, 재미있는 곳도 많이 가고, 맛있는 것도 많이 먹으러 다녔다면 최초의 1,000만 원도 모으기 힘들었을 것이다. 최소한의 종잣돈을 모으기까지는 누가 뭐라 해도 쓰는 일보다 버는 일에 바빠야 한다.

그렇게 내가 연봉 1,000만 원대의 직장을 다닌 지 1년 정도가 되었을 때 1,000만 원이 모였다. 이미 엄마에게 500만 원을 갚아준 상태이니 내 통장에는 500만 원 정도가 있었다. 나는 보증금으로 들어가 있는 500만 원과 통장에 남아 있는 500만 원을 합친 1,000만 원으로 동생과 함께 지낼 수 있는 보증금 1,000만 원짜리 집을 찾아보기 시작했다.

●●● 아무도 초대할 수 없었던 눈물젖은 반지하살이

근처 사당동뿐만 아니라, 동생 학교가 가까우면서 집값도 싸기로 유명한 신림동 일대를 다 뒤졌지만 서울에서 보증금 1,000만 원으로 얻을 수 있는 방 두 개짜리 집은 찾기 어려웠다. 아니다, 분명히 있기는 했다.

하지만 가격이 맞는 집들은 여자 두 명이 살기에는 너무 허술하거나 좀 괜찮다 싶은 집들은 월세가 너무 비쌌다.

내 직장과 동생 학교 때문에 무조건 2호선 라인으로 찾아야 했다. 어렵게 어렵게 구로공단역(지금의 구로디지털단지역) 근처의 재건축 예정 반지하 아파트(얼마나 오래된 아파트인지 아파트임에도 반지하층이 있었다)를 보증금 1,000만 원에 월 20만 원 월세로 얻을 수 있었다. 공포영화에 나올법한 낡은 아파트였지만 그래도 이름은 마치 부자들만 살 것 같은 '강남아파트'였다. 다 쓰러져가는 반지하이긴 했지만 방도 제법 넓고 거실도 있었다. 나중에 알고 보니 이 아파트는 구로공단에서 일하는 서민을 위해 지어진 아파트였다. 건물이 노후하고 재난의 위험이 있어 이미 오래전부터 재건축을 진행했으나 그 이후로도 오랫동안 재건축이 진행되지 못했다고 한다.

서울에서 이 정도 금액으로 방 두 개짜리 아파트를 구한 것에 그럭저럭 만족하며 지냈다. 그런데 여름이 가까워오니 문제가 드러나기 시작했다. 집 전체에 곰팡이가 피기 시작한 것이다. 침대를 벽에 붙이지 못할 정도로 곰팡이가 심해 침대를 방 한가운데 섬처럼 두고 생활해야 할 정도였다. 더욱 가관인 것은 윗집과 연결된 화장실 배관이 어긋나 윗집 화장실의 오물이 그대로 우리 집 화장실 바닥으로 내려오는 것이었다. 오마이 갓!

그 집은 더 이상 내가 사는 곳이 아니었다. 단지 잠잘 곳을 찾아 들어가는 곳일 뿐이었다. 잠잘 공간마저도 곰팡이와 쓰레기로 잠식되어 갔다. 손님을 들일 수도 없었다. 고향 후배가 잠시만 같이 지내면 안 되냐고 부탁했지만 그럴만한 공간의 여유도, 마음의 여유도 없었다.

주인집에 연락을 하니, 자기가 사는 집으로 찾아오라고 했다. 그때 나는 아무것도 모르고 주인집을 어렵게 찾아갔다. 지금 같으면 '주인 아주머니가 직접 와서 보세요' 했겠지만.

주인 아줌마는 깔끔한 고급 아파트에 살고 있었다(지금 생각하면 평범한 아파트였지만 당시 나에게는 엄청난 부잣집으로 보였다). 그녀는 나를 앉혀놓고 말했다.

"거기 어차피 재건축 곧 할 거니까 나갈 거면 나가."

그렇게 나는 또다시 이사할 집을 알아봐야 했다.

••• 2년 후, 신축빌라로 이사하다! 그러나…

1년을 곰팡이와 똥과 함께 지내는 동안 내 통장에는 다시 1,000만 원이 모였다. 나는 강남아파트 보증금 1,000만 원과 통장에 모인 1,000만 원으로 보증금 2,000만 원짜리 집을 알아봤다. 이번에는 2,000만 원이나 있으니, 반지하도 No! 오래된 낡은 집도 No! 라고 생각했다. 그래서 이번에는 당시 직장 사무실이 있던 시청역과 동생 학교가 있던 신림동과 멀지 않은 2호선 라인을 알아보다가, 홍대 앞 서교동 부근의 한 빌라를 찾아냈다.

그 집은 지하철과는 꽤 멀었지만 신축건물이었고, 방 두 개에 반지하가 아닌 2층인데도 불구하고 주변 시세보다 엄청나게 쌌다. 나는 그 집이 맘에 들었다. 그래서 보증금 2,000만 원에 월 20만 원으로 계약하고 동생과 룰루랄라 신나게 그 집으로 이사했다. 작은 집이었지만 밥도 해 먹을 수 있었고 이제 손님이 와도 부끄럽지 않았다.

그런데 3층 주인집에 살고 있는 주인 할머니의 잔소리가 엄청났다. 별거 아닌 것 가지고도 주인 행세를 해댔다. 그게 집 가진 자의 특권이 며 세살이의 설움이라는 것을 그때 처음 깨달았다.

주인 할머니의 주인 행세야, 할머니를 자주 안 마주치면 그만이니 참 을 수 있었다. 그러나 그 집이 유독 싼 이유는 겨울이 오자 바로 알 수 있 었다. 그 집은 신축이었지만 날림으로 짓다 보니 주인 할머니가 공사하 는 사람에게 까다롭게 굴면서 공사비 잔금을 안 주었고, 공사비를 다 못 받은 시공업자는 단열마감을 하지 않았던 것이다.

추운 겨울에 가스보일러로는 어림도 없었고, 보일러를 아무리 빵빵 하게 돌려도 방 안에 떠놓은 물에 살얼음이 얼 정도였다. 너무 추워서 살 수가 없었다. 보다 못한 친구가 작은 전기히터를 하나 선물해주었다. 전기히터를 틀어도 추위는 가시지 않았지만, 얼어 죽을 수는 없다는 생 각에 매일 전기히터를 틀고 잠을 청했다. 결국 다음 달에 전기세만 수십 만 원이 나왔다.

그런데 문제는 또 있었다. 당시 회사 내 부서이동으로 시청 앞 본관 빌딩에 있던 우리 팀 전체가 분당 서현동의 빌딩으로 이전하게 되었다. 겨울이 지나 이제 겨우 살 만해졌는데, 이번엔 교통비가 문제였다. 다행 히 회사에서 직원복지 차원에서 운행하는 셔틀버스가 있어서 아침에 는 홍대입구역에서 셔틀버스를 타면 40분 정도 걸려 서현동 회사 앞에

도착할 수 있었다. 아침에 조금이라도 늦어서 셔틀버스를 놓치는 날은 100% 지각이었다.

서교동 우리집에서 홍대입구역까지 뛰어가면 15분, 2호선 홍대입구역에서 잠실역까지 40분, 잠실역에서 8호선으로 갈아타고 복정역에서 분당선으로 환승하여 서현역까지 30분, 이것저것 걸리는 시간을 감안하면 적어도 1시간 30분은 걸리는 거리였다. 그래서 아침에 조금이라도 늦는 날은 홍대입구역까지 뛰어가지도 못하고 집 앞에서 택시를 잡아타고 그 셔틀버스를 뒤쫓아가야 했다. 중간에라도 그 셔틀버스를 잡아서 타야 택시비도 아끼고 지각도 면할 수 있었다.

문제는 저녁이었다. 퇴근시간에는 셔틀버스 운행이 없었는데, 거의 매일 있는 회식 때문에 늦은 시간 지하철이 끊기고 나서 택시 타고 집에 오면 당시 돈으로 2만 5,000원이 넘는 돈이 들었다. 그 돈이면 당시 수준으로 서울에서 부산 가는 기차값과 비슷한 수준이었다.

한 달에 몇번씩 택시를 타니 교통비를 도저히 감당할 수 없었다. 그리고 어느새 또다시 무서운 겨울이 슬슬 다가오고 있었다. 결국 1년 만에 집을 다시 알아봐야 했다.

시골에서 올라온 이방인에게 서울의 삶은 춥고도 낯설기만 했다.

●●● 3년 후, 더 이상 이사 다니지 않아도 되는 집을 찾다

이번에는 분당 서현동까지 지하철 이용이 가능한 2호선 주변을 알아보다 보니 잠실이 가장 적당했다. 신천역 새마을시장 뒤로 방 두 개짜리 반지하를 얻었다. 이번에는 보증금을 3,500만 원까지 올릴 수 있었다. 정신없이 일만 하다 보니 이번 1년 동안에는 1,500만 원이나 모인 것이다.

보증금 3,500만 원에 월 20만 원의 잠실본동 반지하는 내가 서울 와서 살아본 집 중 그나마 제일 고급이었다. 반지하 좁은 집이었지만 지어진 지 그리 오래 되지 않아 깨끗한 편이었고 창이 길가 쪽으로 나 있어서 들여다보는 이상한 남자도 없었고 겨울에는 못 견딜 정도로 춥지도 않았다. 분당 서현동 출퇴근도 편했다. 나는 아침에 자전거를 타고 잠실역까지 가서 자전거를 메어놓고 지하철 8호선과 분당선을 타고 출근했다. 퇴근길에는 잠실에 내려서 자전거를 타고 석촌호수 한 바퀴를 돌고 퇴근하곤 했다. 서울 생활 3년 만에 이제 겨우 서울 생활에 익숙해지는 듯했다.

그러던 어느 날, 회식을 하고 택시 타고 집에 오느라 자전거를 안 찾아갔더니 그 다음 날 내 자전거가 있던 자리에는 끊어진 열쇠줄만 나뒹굴고 있을 뿐이었다. 역시 서울 생활은 만만하지 않았다.

그래도 돈이 있다는 게 이렇게 좋은 거구나 싶었다. 보증금이 3,500만 원 정도 있으니 더 이상 이사를 '다녀야만' 하는 집에 살지 않아도 되어서 좋았다. 그 정도 돈이 있으니 동생의 비싼 의대 등록금도 내어줄 여유가 생겼다. 물론 그 전에도 엄마 아빠가 급하다고 하면 통장에 있던 돈을 탈탈 털어서 내어주곤 했지만 말이다.

한 가지 재미있는 건, 나중에 알게 되었지만, 등록금을 내준 나는 생생히 기억을 하고 있는데 등록금을 부탁한 엄마 아빠나 내 돈을 받아 학기 등록한 내 동생은 그 사실을 잘 기억하지 못했다는 사실이다. 돈 빌린 사람은 발 뻗고 자고 돈 빌려준 사람은 발 뻗고 못 잔다더니, 좋은 마음으로 내 돈 쓰고도 고맙다는 소리를 못 들으니 가족 사이지만 서운한 마음이 들었다(하지만 지금은 의사가 된 동생이 10년이나 데리고 살아준 언니와 형부에게 어찌나 잘 하는지 고생한 보람이 느껴진다).

어쨌건, 나는 그때 난생 처음으로 돈이 가져다주는 삶의 질과 작은 여유를 느끼게 되었다.

하지만 2년의 전세 계약이 끝나고 만기가 되었을 때 집주인은 보증금과 월세를 올려달라고 요구했다. 나는 2년 동안 돈을 좀 더 모아 보증금을 6,000만 원 정도까지 맞출 수 있었기 때문에 이제 매월 내는 월세도 아낄겸 전셋집을 알아보기로 했다.

●●● 5년 후, 드디어 월세에서 전세로!

내가 근처에 방 두 개짜리 6,000만 원 전셋집을 찾고 있을 때, 부동산 아줌마는 그 돈에다가 몇천 더 대출해서 재건축 예정인 1단지나 2단지 아파트를 사라고 했다. 10년 뒤면 큰 이익을 얻을 수 있다고 했지만, 그 집을 가보니 구로공단역에 있던 공포의 '강남아파트'보다 더했다. 그래도 강남아파트 보일러는 가스보일러였는데 여기는 심지어 연탄보일러를 떼야 했다. 홍대입구 서교동 집에서 생긴 겨울 추위에 대한 트라우마 때문에 뒤도 안 돌아보고 거절했다.

나는 그 근처에 이전에 살던 집보다는 조금 못하지만 그래도 월세를 내지 않아도 되는 6,000만 원 전세 반지하집을 찾아서 계약을 했다.

반지하집은 늘 그렇지만 어둡고 침침했다. 어두운 반지하집보다는 높은 옥탑방집을 알아보고도 싶었지만, 여자들이 옥탑방에서 살기는 너무 독립적이라 오히려 무서웠다. 나는 그때부터 밤에 불을 끄지 않고 자는 습관이 생겼다.

한편, 그 부동산 아줌마 말이 옳긴 옳았다. 그때 부동산 아줌마가 강력 추천한 그 아파트가 바로 부자 선배가 9,500만 원에 매입한 그 재개발 아파트였다. 당시 선배는 추가분담금을 약 1억 정도 더 내고 지금 잠실의 7억짜리 아파트의 소유자가 되었으니, 내가 그 당시에 몇천만 원 대출을 받아 그 아파트를 샀더라면 나도 지금쯤 수억 원의 이익을 얻고 잠실의 7억짜리 아파트 주인이 되었을지도 모른다.

그때 그걸 샀더라면 10년 뒤 적어도 수억 원의 이익을 얻었을 테지만, 당장 오늘의 생존이 문제인 사람은 10년 뒤 수억 원보다는 당장 오늘 밤을 따뜻하게 나는 것이 더 중요한 문제다.

아무리 미래가치가 중요한들, 지금 당장 먹고 사는 문제보다 중요한 것은 없다. 미래가치를 따질 때는 적어도 내가 지금 먹고 사는 문제는 해결되어야 그 고민이 가능한 것이기에 재테크는 일단 내가 당장 먹고 살 정도의 종잣돈은 마련해놓은 다음 고민해야 한다.

●●● 놓친 돈 후회 말고, 잡은 돈 잘 지켜라

주식이 오르거나 집값이 오르면 돈을 버는 사람들도 있겠지만 그렇지 못하고 후회하는 사람들이 더 많은 법이다. 주식이 오르고 나서야 '그때 그 주식을 샀어야 했는데' 하고 후회하거나 집값이 오르고 나서 '그때 그 집을 샀어야 했는데' 하고 후회하는 것은 누구나 할 수 있다.

하지만, 그런 선택에 대한 결과는 시간이 많이 흐른 뒤에야 알 수 있는 것이기 때문에 그 누구도 자신의 선택에 100% 확신할 수 없다. 따라서 선택하지 않았을 때 후회하게 될 가능성이 있는 것처럼, 반대로 선택을 했을 때 후회하게 될 가능성도 있다. '그때 내가 그 주식을 사지 말았어야 했는데' 혹은 '그때 내가 그 집을 사지 말았어야 했는데' 하는 후회 또한 하게 될 수도 있는 것이다.

그러니 지나간 선택에 대한 후회는 하지 말아야 한다. 사람 마음이 마음대로 되는 것은 아니지만 지나간 일 후회해봤자 득될 것 하나 없다. 그 시간에 앞으로의 계획을 고민하는 것이 낫다. 특히, '그때 그 선택을 했으면 돈을 벌 수 있었는데' 하는 후회는 할 필요조차 없는 것이다. 왜냐하면 내가 손해를 본 건 하나도 없기 때문이다. 단순히 그 돈은 원래부터 내 돈이 아니었고 지금도 내 돈이 아닌 것이다.

하지만 진짜 큰 후회를 할 수 있는 선택은 '벌 수 있었는데 못 벌었다'가 아니라 '돈 벌려고 했다가 내 돈만 날렸다'에 대한 후회다. 그러니 '그때 그걸 샀으면 지금쯤 몇 배 부자가 되어 있을 텐데'라는 후회 말고, '지금까지 큰돈 안 날리고 내 돈 잘 지켜서 참 다행이다'라고 생각하는 것이 낫다.

그런데 왜 사람들은 '그때 그 주식을 샀어야 했는데', '그때 그 집을 샀어야 했는데' 하고 후회만 할 뿐, '그때 적금을 들었어야 했는데', '그때 그 예금을 들었어야 했는데' 하고 후회하지는 않을까? 주식이나 부동산에 비하면 터무니없이 작게 느껴지는 돈이겠지만, 적금이나 예금은 결코 손해를 보지 않는 후회가 없는 선택인데 말이다.

만약 내가 좀 더 빨리 이런 후회를 했더라면 조금 더 빨리 부자가 되었을 것이다. 나도 당시에는 아무것도 모르고 그저 열심히 일하고 받은 월급 최대한 아끼는 것이 내가 부자가 되는 방법의 전부였다. 그래서 나의 월급은 나의 '성실한 무관심' 속에 급여통장으로 따박따박 들어가고 있었고 이사를 다니면서 보증금을 올리는 것이 내 재테크의 전부였던 것이다.

지금은 믿기 힘들겠지만, 내가 신입사원 시절 IMF으로 인해 무려 18%짜리의 은행금리도 있었다. 1,000만 원을 은행에 넣어두면 1년 뒤에 180만 원이나 되는 이자를 주는 것이다. 1억을 넣어두면 1년 뒤에 1,800만 원이라는 이자를 받는 것이다. 그러니 그때나 지금이나 돈 있는 사람은 얼마나 돈 벌기가 쉬운가?

내가 그 당시 서울에 올라와서 1년마다 1년에 약 1,000만 원 정도를 모았으니까 [1,000만 원/12개월 = 약 83만 원/1개월]로 한 달에 약 83만 원 정도 모은 것으로 볼 수 있다. 정확히 이야기하면 내가 모았다기보다는, 내가 매월 받는 월급에서 쓸 거 쓰고 남은 돈이 매월 평균 83만 원 정도였다는 것이다.

내가 만약 그때 월급통장에 들어온 돈을 그대로 두지 않고 83만 원짜리로 18% 적금에 들었다면 1년 후 적금만기 이자만 해도 약 82만 원이 된다. 적금을 드는 것만으로도 한 달치 월급 가까이 모으는 효과가 있었을 것이었다. 그렇게 고금리의 적금으로 몇 년간 모았다면 반지하 월세살이의 설움을 조금이라도 더 빨리 벗어나서 더 좋은 집에서 더 빨리 살 수 있었을 텐데 말이다.

하지만 지금 후회해본들 무엇 하겠는가? 그때 벌지 못한 돈은 원래 내 돈이 아니었으니 아까워할 필요는 없다. 그 이후에라도 적금과 예금을 이용해서 남들보다 더 빨리 부자가 되는 방법을 알았으니 다행인 것이다.

••• 종잣돈은 얼마까지 모아야 할까?

재테크를 하려면 일단 종잣돈이 있어야 하는데, 종잣돈을 모으려면 나처럼 무작정 모으는 수밖에 없다. 나는 돈이 모이는 대로 쏙쏙 집 보증금을 올려서 이사를 다니다 보니, 빼서 쓸 돈도 없었거니와 바쁘게 살다 보니 쓸 시간도 없어 돈이 모일 수밖에 없었다.

'종잣돈을 얼마나 모아야 할까? 그 종잣돈을 모으기 위해서는 얼마나 참아야 할까?' 이렇게 매일매일을 계산하다 보면 더 조급해지고 쉽게 지친다. 그러니 '이제 이쯤이면 되겠다' 싶은 마음이 자연스럽게 들기 전에는 아무 생각 없이 그냥 아껴 쓰고 돈을 마음대로 빼서 쓸 수 없는 곳에다 묻어놓고 기다려야 한다. 아무리 수익률이 높다고 해도 위험성이 있는 곳에 함부로 투자해서는 절대 안 된다.

혹자는 1,000만 원 정도가 최소의 종잣돈이라고도 하고, 혹자는 종잣돈으로 1억은 모아야 한다고 말하기도 한다. 하지만 종잣돈이란, 내가 그 돈을 굴려서 돈을 불릴 수 있는 최소의 돈이므로 내 삶을 지배하는 돈은 종잣돈이 될 수 없다. 내가 그 당시 3,500만 원 정도를 모았을 때 더 이상 이사를 다녀야만 하는 집에 살지 않게 되었다면, 나에게 종잣돈은 3,500만 원 이상의 얼마가 될 것이다. 왜냐면 3,500만 원짜리 집을 잃지 않는 범위에서 나는 내 돈을 더 모으고 굴려서 돈을 불리든지 날리든지 할 수 있을 것이기 때문이다.

종잣돈은 1,000만 원도 아니고 1억도 아니다. 최소한의 생활이 가능한 돈이 모아졌을 때까지는 종잣돈조차도 될 수 없다. 최소한의 생계유지비, 즉 내가 당장 길거리에 나앉지 않아도 되고 몇 달 정도는 굶어 죽지 않을 정도의 돈을 모은 다음부터가 나의 종잣돈이다.

그렇게 따지자면 나에게 최소한의 생계유지비는 3,500만 원이고 그 이후 6,000만 원 전세로 옮겼을 때, 그 차액인 2,500만 원 정도가 나의 종잣돈이라고 할 수 있을 것이다.

••• 결혼 후 10년, 서울의 작은 부자가 되다

이렇게 시골에서 500만 원 빚을 내어 상경한 시골 처녀가 드디어 결혼을 하게 됐다. 전세보증금을 빼서 반은 시골집으로 보내 엄마 아빠의 생애 첫 집 장만하는 데 보태고, 나머지로 신혼살림을 시작했다. 내 돈 4,000만 원과 남편의 마이너스 통장 돈을 합쳐 8,000만 원으로 서울 변두리의 작은 아파트를 샀다. 물론 대출을 잔뜩 낀 채 말이다.

결혼을 하니 돈이 두 배로 빨리 모아졌다. 그것도 그럴 것이 둘이 벌어 한 살림을 하니 한 사람의 월급은 자연스럽게 통장에 쌓여갔다. 집 대출의 원리금을 갚으면서 생활비를 쓰고 나머지 돈은 통장에 차곡차곡 쌓아두니 몇 달만 지나도 제법 목돈을 만질 수 있었다. 그러나 돈이 빨리 쌓이면 뭐하나? 그만큼 빨리 빠져나갔다. 통장에 돈이 있으면 통장에 무슨 구멍이라도 난 듯이 어디론가 빠져나갔다.

사실 그때까지만 해도 나는 결혼 후 같이 사는 가족과 사는 집이 바뀌었을 뿐, 지방에서 서울로 올라온 자취생의 생활과 마인드에서 벗어나지 못하고 있었다. 하지만 아파트 대출의 반쯤을 갚을 때부터 나는 돈을 모으는 방법을 조금씩 터득하게 되었다.

그렇게 결혼 후 10년, 나는 10억을 가진 작은 부자가 되었고, 얼마 전 부자 선배가 살고 있는 예전의 그 재건축 아파트 단지가 새 아파트로 재건축된 단지에서 가장 큰 평수의 아파트를 '샀다'. 부자 선배의 아파트보다 훨씬 더 비싼 아파트다. 내가 아이들 학군 때문에 그 아파트를 선택하긴 했지만 그 아파트를 사면서 감개무량했던 이유는 내가 10여 년 전 반지하방에 월세로 전전하던 동네에서 제일 비싼 아파트에서 살게 됐다는 이유였다.

●●● 작은 부자가 되는 4가지 원칙

큰돈을 벌지 못해도 적은 돈을 꾸준히 모아 부자가 된다는 것, 그것은 시간이 오래 걸리긴 하지만, 가장 안전하고 확실한 방법이다. 부자가 되는 원칙은 알고 보면 너무나 쉽고도 당연한 것이지만 그것을 실천하는 것은 노력과 연습이 필요하다.

내가 터득한 부자가 되는 원칙은 다음과 같다.

첫 번째, 버는 것보다 적게 쓴다.
두 번째, 미래가치를 비교한다.
세 번째, 내 돈은 내가 지킨다.
네 번째, 평소에 공부한다.

이 단순한 원칙만 지킨다면 부자가 되는 것은 '시간문제'다. 그 '시간'이 얼마나 걸릴지는 사람마다 다르겠지만 말이다. 물론 어떤 사람은 수십 년이 걸릴 수도 있고, 그보다 더 걸리는 사람도 있을 것이다. 하지만 확실한 것은 이 네 가지 원칙만 지킨다면 언젠가는 누구나 부자가 될 수 있다는 것이다. 하지만 사람의 수명이 무한하지 않기에 무작정 부자가 될 때까지 느리게 기다릴 수 만은 없다. 그래서 우리는 이 네 가지 원칙 하에서 그 시간을 단축하는 기술에 대해서 알아야 할 필요가 있다.

나는 가진 것 없고 빽도 없는 평범한 월급쟁이지만 오랜 시간 시행착오 끝에 내가 목표한 '작은 부자'가 되었다. 부동산으로 대박 난 적도 없고, 주식으로 대박을 낸 적도 없다. 하지만 반대로 생각하면, 그렇기에 주식으로 큰 손해 본 적도 없고 무리한 부동산 투자로 돈을 잃은 적도 없으니 작은 부자가 될 수 있었던 것이다.

큰 부자가 되려면 큰돈을 벌어야 하겠지만 작은 부자가 되기 위해서는 내 돈을 잃지 않는 것이 더 중요하다. 무리한 투자로 큰돈을 벌고 싶은 욕심을 버리고, 다만 구질구질하게 살지 않을 정도로 적당히 아끼고, 나에게 맞는 가치를 찾고, 남의 이야기를 듣기보다는 내가 처한 상황에 맞게 스스로 공부해서 판단하며 내 돈을 아끼고 모은다면, 누구나 작은 부자가 될 수 있다.

2부
적금은
결코 당신을
배신하지 않는다

나는 저축은행 마니아다

●●● 줄인다, 모은다, 그 다음 굴린다

당연한 말이지만 돈을 모으기 위해서는 소득이 있어야 한다. 돈벌이가 있어야 한다는 말이다. 그러나 앞서 이야기했듯이 나는 돈을 많이 버는 방법에 대해서는 이야기해줄 수가 없다. 그저 크든 작든 소득이 있다는 가정하에서 조금 더 안전하고 빠르게 부자가 되는 기술을 함께 나누고자 하는 것뿐이다.

그 소득이 얼마인지는 중요하지 않다. 부자가 되기 위해서는 (1) 소득보다 지출을 적게 하고 (2) 그 차액만큼 잘 모으고 (3) 모은 돈을 잘 굴리기만 하면 되기 때문이다. 사실 (1) ‘지출을 줄이는 것’과 (2) ‘그 돈을 잘 모으기’만 해도 부자가 될 수 있다. 단지 ‘시간’이 많이 걸릴 뿐, 언젠가는 부자가 될 것이다. 그러나 이 시간을 단축하기 위해 우리는 돈을 (3) ‘굴린다’. 그리고 줄이고 모으고 굴리는 이 세 가지를 잘 하기 위해 우리는 (4) 평소에 열심히 공부해야 한다.

이 단순한 원리는 누구나 아는 것이지만 많은 사람들이 ‘(1) 지출을 줄이고 (2) 잘 모으고’ 와 ‘(4) 이 모든 것을 위해서 평소에 열심히 공부하기’는 무시하고 바로 (3)으로 넘어가 적은 돈으로 엄청나게 높은 수익률로 뺑튀기할 생각부터 한다.

지출을 줄인 것이 없으니 모을 돈도 없고 그러니 가지고 있는 종잣돈은 작은데다가 평소 공부를 하지 않고 남의 정보만 믿으니 적은 돈으로도 큰 수익을 올릴 수 있다는 말에 위험을 감수하고(애써 안전한 것이라고 믿으며) 무리한 투자를 시도하는 것이다.

그러나 100% 안전하면서 고수익을 보장하는 투자는 존재할 수 없다. ‘하이리스크, 하이리턴’이라고 위험성이 높을수록 돌아오는 것이 크다는 것은 돈을 굴리는 것의 기본이다. 위험이 큰 만큼 수익이 크다는 말은 반대로, 기대되는 투자수익이 높다면 그만큼 돈을 날릴 가능성도 높다는 것이다. 따라서 원금이 보장될수록 기대되는 수익률은 낮아진다.

그럼에도 불구하고 여전히 많은 사람들이 "높은 수익률과 원금보장이 동시에 된다"는 말만 믿고 투자해서 큰 손해를 보는 경우가 많다. '돈'과 관련한 각종 사건사고에는 항상 이런 상황이 등장한다.

"확실하게 믿을 만한 사람이었고 이자 높이 쳐준다고 하니 돈을 준거죠. 처음 몇 달 동안은 이자도 꼬박꼬박 잘 주고요. 그러니 믿음이 가고 그래서 더 큰돈을 주게 된 거죠. 이렇게 사기 치고 도망갈 사람인 줄 알았으면 누가 그렇게 힘들게 번 돈을 내줬겠어요?"

대부분 돈과 엮인 사기 사건에 등장하는 피해자의 말이다. 믿을 만한 사람이니 절대 내 돈 들고 도망갈 사람이 아니라는 확신이 있었기에 돈을 줬다는 것이다. 그리고 왠지 조금 불안했던 사람도 높은 이자를 몇 번 챙겨 받다 보면 쉽게 돈을 버는 그 맛에 쉽게 빠져 나오지 못한다.

최근 모 증권회사 사태도 대부분 사람들이 '원금보장'의 거짓말에 속아 위험성을 안내 받지 못하고 전 재산을 넣은 것이었다. 그들은 결코 '투기'가 아니라고 말하고 있다. 높은 수익률이 매력적이기는 했겠지만 원금이 보장된다는 거짓말에 속은 것이다. 그러나 그들이 사인을 한 계약서의 약관에는 그 어디에도 원금보장에 대한 문구는 없었고, 원금보장을 약속했던 담당자들은 내가 언제 그랬냐며 발뺌을 한다.

사람을 믿고 돈을 빌려준 것이든, 원금보장에 속아서 투자상품에 가입한 것이든 결국은 그것을 선택한 자신이 책임질 수밖에 없는 일이다. 도망갔던 사기꾼이 잡혀도 내가 빌려준 돈을 돌려받을 가능성은 거의 없고 직원이 원금보장을 안내한 상품이라 해도 이미 그 회사가 망해버렸는데 직원이 무슨 책임을 질 수 있겠는가?

그 어떤 경우에도 돈에 관한 문제는 '안전성'과 '수익률'은 반비례한다. 원금보장이 되면서 동시에 높은 수익률을 제공하는 투자상품은 존재할 수 없다. 만약 그런 상품이 있다고 해도 이미 힘 있고 돈 많은 사람들이 다 차지해서 우리에게까지 돌아올 리가 없다.

사기꾼들은 이런 사람들의 심리를 잘 이용하고 있다. 그들이 주는 정보는 항상 가장 힘 있는 사람들의 자금세탁이라거나 아주 일부에게만 공개되는 극비의 정보임을 강조하고 있다. 그런 식으로 안전성과 수익성을 동시에 강조하는 것이다. 하지만 돈으로 돈을 버는 구조에서 자신이 손해를 보고 나에게 더 큰 수익을 주거나 자신의 이익을 나에게 나눠줄 사람이나 회사는 결코 없다. 그러니 높은 수익과 원금보장을 동시에 약속하는 사람이나 기업이 있다면 반드시 자세한 확인이 필요하다.

●●● 내 돈을 지키는 가장 안전한 방법, 예금자보호법

누구나 높은 수익을 원한다. 그것은 나도 마찬가지다. 한 푼이라도 더 높은 수익을 올리기 위해 항상 고민하고 노력한다. 하지만 나에게는 높은 수익보다 더 중요한 것이 있는데 그것은 바로 내가 어렵게 번 돈을 한 푼이라도 잃지 않겠다는 것이다.

내 돈을 잃지 않으면서 수익을 낼 수 있는 방법이 과연 있을까? 있다!

그것은 바로 가장 안전하면서도 짭짤한 수익률을 올려주는 은행 예금이다. 은행에 돈을 넣어두면 약속된 금리만큼 이자를 준다. 하지만 이마저도 은행이 만약 망하기라도 하면 내 돈을 돌려받지 못하는 것 아닐까? 아니다!

우리나라는 예금자보호법에 의해 5,000만 원 이내라면 은행이 망하더라도 원금을 보장해준다. 나라가 망하지 않는 이상은 내 원금이 보장된다니 세상에 이렇게 안전한 상품이 어디 있단 말인가? 또 그 이자는 그냥 아무것도 안하고 놀고 먹으면서 벌어들이는 돈이라 생각한다면 결코 적지 않는 금액이다.

하지만 은행 예금은 다른 투자상품에 비하면 기대수익률이 낮다. 몇 배를 벌었네 하는 주식이나 펀드에 비하면 시간도 오래 걸리고 대박 날 가능성도 전혀 없다. 그래서 우리 남편은 돈을 은행에다 넣어두는 것보다 주식 투자를 더 좋아한다. 약간의 위험성을 감수하더라도 고수익을 올리고 싶어하기 때문이다. 만약 우리 집의 경제권을 내가 아닌 남편이 쥐고 있었더라면 지금쯤 우리의 자산이 어떻게 변했을지는 모를 일이다. 지금보다 두 배가 되었을지, 혹은 반토막이 되었을지.

반면 나는 은행예금 마니아다. 나는 돈만 생기면 무조건 은행에 넣고 본다. 단, 아무 은행에나 넣는 것이 아니다. 안전하면서도 한 푼이라도 더 주는 곳을 찾는다.

그러다 보면 결국 시중은행이 아닌 저축은행으로 가게 된다. 사실 나는 은행예금 마니아라기 보다는 저축은행 마니아다.

상호저축은행은 2금융권이므로 1금융권인 시중은행보다 안전성이 떨어지기는 하지만 저축은행도 예금자보호법에 의해 한 저축은행당 5,000만 원 이하만 유지할 경우 시중은행처럼 안전하기 때문이다.

●●● 2금융권, 믿고 맡겨도 될까?

금융기관은 크게 1금융권과 2금융권으로 나뉜다. 우리가 흔히 아는 것처럼, 큰 은행들은 1금융권이다. 우리은행, 국민은행, 신한은행, 기업은행 등 시중은행과 부산은행, 경남은행, 대구은행 등의 지방은행, 그리고 농협, 수협 등 특수 목적으로 설립된 특수은행이 1금융권에 포함된다.

2금융권은 1금융권을 제외한 나머지를 말하는 것으로 증권회사, 보험회사, 투자신탁회사, 종합금융회사, 상호저축은행 등이 있다. 최근에는 1금융권과 2금융권의 제도권 금융기관이 아닌 사채업 등을 3금융권이라고 부르기도 한다.

1금융권과 2금융권의 가장 큰 차이점은 1금융권 은행들은 크고 안정적이고 지점도 많아서 누구나 쉽게 이용할 수 있다는 것이고, 그에 비해 2금융권들은 비교적 작고 지점도 많지 않아서 1금융권에 비해 쉽게 이용하기가 어렵다는 것이다.

2금융권은 1금융권과 다르게 중앙은행의 금융정책의 규제대상이 되지 않는다. 중앙은행의 금융정책의 규제 대상이 되는 것과 안 되는 것의 차이는 한 마디로 '안정성'이라고 말할 수 있다. 금융정책에 따른 관리를 받는 쪽과 관리 받지 않고 마음대로 하는 쪽이 있을 때 누가 더 안정적이고 누가 더 망할 확률이 높겠는가? (원칙적으로 그렇다는 것이지, "그럼 1 금융권인 농협이 2금융권인 삼성생명보다 더 안전하다는 말인가요?" 같은 질문은 하지 않기 바란다. 그것은 "김연아랑 손연재랑 둘 중에 누가 더 예뻐요?" 혹은 "유도선수랑 레슬링선수랑 싸우면 누가 이기나요?"와 같은 종류의 질문이다. 답을 내릴 수 없다는 이야기다.)

금융회사는 결국 돈으로 장사하는 기업이다. 돈을 많이 끌어모아서 그 돈으로 투자하고 또 다른 사람이나 기업에 빌려줘서 이익을 발생시키는 기업이다. 안전성과 수익률이 반비례하는 것은 여기서도 동일하게 적용된다.

1금융권이 쉽게 이용할 수 있고 안정성이 더 높다는 말은 많은 사람들이 1금융권을 선호한다는 말이다. 이 말은 상대적으로 안정성이 떨어지는 2금융권 입장에서는 돈을 더 많이 끌어들이려면 좀 더 높은 이자를 줘야 할 것이다. 그래서 1금융권보다 2금융권이 상대적으로 예금금리가 더 높다.

내가 늘 돈이 생길 때마다 저축은행으로 달려가는 이유는 바로 이렇게 2금융권인 저축은행이 1금융권인 시중은행보다 조금이라도 더 높은 금리를 주기 때문이다. 최근에는 저축은행 같은 2금융권 은행들도 활발한 경영과 마케팅 활동을 펼침으로써 1금융권 못지않게 편리하게 이용할 수 있게 되었다. 예금자보호법으로 인해 5,000만 원 이내라면 2금융권인 상호저축은행에 들어 있는 돈도 보장해주기 때문에 안정성도 매우 높아졌다. 그래서 나는 '조금 더 높은 수익률'과 '안전성'을 같이 보장받을 수 있는 저축은행을 가능한 한 충분히 활용한다.

내가 조금이라도 돈이 생겼을 때 가장 먼저 하는 일은 현재 가장 금리가 높은 금융기관을 찾는 것이다. 그것이 큰돈이든 적은 돈이든, 오랫동안 둘 돈이든 몇 달 뒤에 쓸 돈이든 일단 가장 높은 금리를 주는 금융기관을 찾는다.

보통은 1년 단위로 금리가 주어지기 때문에 1년 예금금리를 알아보지만, 만약 몇 개월후에 써야 할 돈이라면 3개월, 6개월 단위로도 예금을 할 수 있고 그중에서도 가장 높은 금리를 주는 곳을 찾는다.

이 일은 인터넷 검색 몇 번만으로 쉽게 찾을 수 있다. 금융기관별 최고금리 정보를 제공하는 재테크 사이트나 저축은행중앙회(www.fsb.or.kr) 사이트를 방문하면 은행별 금리를 비교할 수 있다. 아무래도 여전히 시중은행보다는 저축은행의 금리가 높으므로 저축은행중앙회에 들어가면 한 자리에서 해결되긴 하지만, 시중은행이나 각 보험사 등에서도 고금리의 특판상품들을 제공하기도 하기 때문에 꼼꼼히 들어가서 찾아보는 것이 좋다. 금리정보를 제공하는 인터넷 사이트의 정보가 실시간 업데이트 되지 않는 곳도 있으므로 최고금리를 제공하는 해당 금융기관의 사이트에 들어가거나 해당 지점에 전화를 걸어서 현재 금리를 반드시 확인해야 한다. 정기예금은 최초에는 직접 방문하여 통장을 개설해야 하는데, 미리 확인하지 않고 지점을 찾아갔다가는 어제 일자로 금리가 바뀌었거나 정보가 잘못된 경우도 종종 있기 때문이다.

몇 군데 금융기관 사이트에 들어가서 금리를 확인해보고 가장 높은 금리를 제공하는 은행을 정했다면 그다음은 그 은행의 지점들이 어디에 있는지 찾아본다. 예를 들어 A저축은행과 B저축은행이 있을 때, A 저축은행이 최고금리를 주긴 하지만, 가까운 곳에 A저축은행의 지점이 없고, B저축은행은 A저축은행보다 약간 낮은 금리를 주긴 하지만 가까운 곳에 지점이 있다면, 둘 중 어느 곳을 선택할지 결정하고 움직여야 한다.

이때부터 나의 작은 고민이 시작된다. 나는 한 푼이라도 이자를 더 받기 위해서 돈이 생기는 즉시 그날 당장 예금 넣는 것을 선호하는데 그렇게 하기 위해서는 점심시간을 이용해서 은행을 다녀와야 하기 때문이다.

'A저축은행이 제일 높은 금리를 주긴 하는데 그 은행의 지점들은 다 너무 멀리 있네. 여기까지 다녀왔다가는 점심시간 이내에 다녀오기 쉽지 않겠는걸.'

이럴 경우는 최고의 금리는 아니지만 그 다음의 높은 금리를 주는 은행 지점 중 가까운 곳이 있는지 확인해본다. 그렇게 몇 군데 은행과 지점을 놓고 계산해본다. 지금의 선택이 1년 뒤 만기이자의 차이를 만들기 때문에 신중하게 결정해야 한다. 나는 주로 인터넷에서 '금융계산기'를 이용하여 계산해본다.

'A은행은 4.5%를 주니까 5,000만 원을 12개월동안 정기예금하면 이자가 일반세율로 세금 빼고 나면 194만 3,390원이고, B은행은 4.4%를 주니까 같은 조건으로 계산해보면 189만 9,310원이니까 그 차이가 약 4만 4,000원이네.'

이럴 경우, 4만 4,000원 이내에서 효율을 생각해본다. 만약 4만 4,000원 이내에서 택시비를 쓰더라도 점심시간 내 다녀올 수 있다면 나는 0.1%라도 더 주는 A은행을 찾아갈 것이다. 왜냐하면 그것이 가장 이익이기 때문이다. 그러나 안타깝게도 그 지점이 너무 멀리 있다면?

'A은행은 최고금리를 주지만 지점이 명동에 있어서 지금 갔다 오기는 사실상 너무 멀고, B은행은 0.1% 작게 주지만 지점이 삼성동에 있으니 전철로 가서 조금 걸으면 되네.'

이럴 경우 과감하게 4만 4,000원을 포기하고 B은행으로 간다. '나는 참 통이 큰 사람이야'라고 생각하면서. 하지만 4만 4,000원 더 벌자고 점심시간에 늦게 돌아왔다가 찍히기라도 하면 두고두고 4만 4,000원보다 더 큰 불이익을 받을지도 모르지 않은가?

B은행만 가도 나는 1년 뒤 약 190만 원의 이자를 받을 것이니 오늘 점심을 거르고 다녀오는 일당치고 나쁘지 않다. A은행을 가지 않고 B은행으로 간 이유로 4만 4,000원을 덜 벌었으므로 조금 아깝긴 하지만, 대신에 오늘 저녁은 소고기 등심을 먹은 후 시키는 깍두기볶음밥은 1인분만 시키면 된다.

나는 이렇게 최고의 금리를 주는 저축은행을 찾아가 예금을 들고 온 날은 남편에게 내가 제일 좋아하는 식당에서 소고기 등심을 얻어먹는다. 평소에는 비싸서 자주 가지 못하는 곳이지만, 이렇게 점심시간 거르고(비록 1년 뒤에 받을 돈이지만) 190만 원 벌어 온 날은 큰 소리 땅땅치면서 비싼 거 먹어도 된다.

사실은 그나마도 택시도 안 타고 대중교통으로 걸어가서 최고금리의 은행에 예금을 넣고 오면 그날 소고기 등심은 더 꿀맛이긴 하다. 점심도 거른데다가 몇 푼이라도 더 벌고 왔으니 그날만은 내가 가장 좋아하는 비싼 한우 등심을 맛있게 먹을 자격이 있다.

나중에 모아놓은 돈이 점점 늘어나면서 5,000만 원씩 나누어 여러 저축은행에 예금을 들어야 할 때는 소고기 등심을 먹는 날이 더 자주 돌아와서 좋았다. 돈을 모을 때 한 푼이라도 아끼고 허리띠를 졸라매는 것도 좋지만, 이렇게 작은 재미와 선물을 자신에게 주는 것은 하나의 좋은 동기부여가 된다.

••• 무조건 5,000만 원 이하로 잘게 나누어라

주의해야 할 점은, 저축은행에 적금이나 예금을 들 때는 각 은행별 5,000만 원 이내로 금액을 조정해야 한다는 것이다. 예금자보호법의 한도는 '금융기관별 개인별 5,000만 원까지'이므로 혹시라도 은행이 망하게 되면 나라에서 책임지고 돌려주는 금액이 5,000만 원까지이기 때문이다.

만약 A저축은행이 최고금리를 준다면 A저축은행에 5,000만 원을 넣고, 최고금리가 아니더라도 그 다음 금리를 제공하는 B저축은행에 5,000만 원을 넣고, 또 돈이 생겼다면 그 다음은 C저축은행에 돈을 넣어야 한다. 이렇게 해야 저축은행이 퇴출되더라도 내 돈을 다 받을 수 있다.

최고금리를 준다고 해서 A저축은행의 강남지점, A저축은행의 종로지점, A저축은행의 송파지점에 나누어 놓은 것은 아무 소용이 없다. 하지만 최고금리를 주는 A저축은행에 내 이름으로 5,000만 원, 남편이름으로 5,000만 원, 시어머니 이름으로 5,000만 원 이렇게 나누어 놓은 것은 괜찮다. 금융기관별 1인당 5,000만 원까지 예금자보호법에 의해 보호되기 때문이다.

그래서 나는 돈을 모으는 동안 저축은행별로 무조건 5,000만 원 이하로 잘게 쪼개며 새로운 저축은행을 찾았고, 이러다 보니 나중에는 저축은행이 많이 몰려 있는 테헤란로 주변을 지나갈 때마다 뿌듯한 마음이 들었다.

"저기 A저축은행에 내 돈 5,000만 원 잘 있겠지?"

"저기 B저축은행에도 내 돈 5,000만 원 잘 있겠지?"

"저기 C저축은행은 요즘 너무 금리가 낮아. 다음에는 다른 데로 옮겨야겠어."

이러다 보면 테헤란로에 우뚝 서 있는 그 저축은행 빌딩들이 내 것인양 마음이 뿌듯하다.

사실은 은행별 5,000만 원의 예금도 들여다보면 더 잘게 나누어져 있다. 무슨 말이냐 하면, A은행에 5,000만 원 예금을 하나의 예금으로 넣는 것이 아니라 1,000만 원짜리 다섯 개로 나누어서 예금을 하는 것이다. 이렇게 하는 이유는 돈이 생기는 대로 저축은행에다가 돈을 가져가는데, 혹시라도 나중에 쓸 일이 생겨서 예금을 해지해야 할 일이 있을 때, 5,000만 원 예금을 중도해지 하면 5,000만 원에 대한 만기이자를 포기해야 한다. 하지만 1,000만 원짜리 예금을 중도해지하면 1,000만 원에 대한 만기이자만 포기하면 나머지 4,000만 원에 대해서는 만기이자를 받을 수 있기 때문이다.

그렇게 따지면 100만 원 예금으로 더 잘게 나누어 놓으면 좋겠지만, 그건 관리포인트가 너무 많아져서 힘들어진다. 매번 예금 가입할 때마다 100만 원씩 수십 번, 매번 예금 해지해야 할 때마다 100만 원씩 수십 번 인터넷뱅킹을 해야 하기 때문이다.

이렇게 여러 저축은행별, 여러 명의로, 5,000만 원 이하로 잘게 돈을 나누어 놓으면 그만큼 예금 만기도 자주 돌아오기 때문에 매번 만기 때마다 엄청 바쁘다. 그래서 처음 방문 시에 인터넷뱅킹을 신청해놓으면 편리하다. 그리고 많은 경우 인터넷으로 신규 개설하는 예적금은 0.1% 정도 금리를 더 주기도 한다. 하지만 인터넷뱅킹 개설은 본인이 직접 방문해야만 가능하기 때문에 다른 사람의 명의로 나누어 놓는 것은 불가능하다.

이렇게 저축은행은 내가 조금 귀찮기만 하면 100% 안정성을 보장하면서도 시중은행보다 짭짤한 수익을 가져다주는 고마운 곳이다. 물론 시중은행보다 위험이 따르는 만큼 관리를 잘 해야 한다.

: 예금자보호법이란? :

금융기관이 영업정지·파산 등으로 인해 고객의 예금을 지급하지 못하게 될 경우를 대비하여, '예금보험제도'를 운영함으로써 예금자를 보호하고 금융제도의 안정성을 유지하려는 목적에서 제정된 법이다.

예금자보호법에 따라 우선 금융기관이 예금보험공사에 보험료(예금보험료)를 납부하면 이를 기금(예금보험기금)으로 적립해두었다가, 이후 금융기관에 예금지급불능 사태가 발생했을 때 예금보험공사가 고객에게 예금보험금을 대신 지급하는 것이다. 또한 예금보험제도의 효율적인 운영을 위해 '예금보험공사'를 설립하고, '예금보험위원회'를 통해 예금보험기금의 관리 및 운용계획 등을 심의하도록 한다.

각 금융기관별로 예금자 1인당 예금의 원리금 합계 5,000만 원까지 보호하고 있으며, 보호한도는 금융기관별로 산정, 예금자 개인별로 계산한다. 즉, 한 금융기관에서 1인이 예금한 총 금액 중 5,000만 원 한도로 보장이 가능하다는 뜻이다.

예금보험은 예금자를 보호하기 위한 목적으로 법에 의해 운영되는 공적 보험이기 때문에 만약 금융기관이 납부한 예금보험료만으로 예금을 지급할 재원이 부족할 경우에는 예금보험공사가 직접 채권(예금보험기금채권)을 발행하는 등의 방법을 통해 재원을 조성하여 예금을 지급하게 된다.

부자가 되려면
대형은행을 떠나라

●●● 내 돈이 들어 있는 저축은행이 퇴출되다

아침 출근길에 스마트폰으로 뉴스 속보를 확인한 나는 간이 철렁하면서 순간 다리가 후들거렸다. 내가 돈을 넣어놓은 D저축은행이 퇴출된다는 소식이었다. 부실 저축은행 퇴출이 무슨 말인지도 모르고 있던 시절, 처음 접하는 소식이었다.

'헉, 내 돈!'

나는 두근거리는 마음을 가라앉히려고 노력했지만 마음대로 되지 않았다. 떨리는 손으로 기사를 읽어 내려갔다.

‘5,000만 원 이하는 예금자보호법에 의해 보호받을 수 있다고……’

다행히 그 저축은행에 예금된 금액이 5,000만 원 이하이긴 하지만 그래도 불안함을 떨칠 수 없었다. 그 저축은행은 내가 근무하는 사무실에서 걸어서 10분이면 갈 수 있는 곳이었지만, 이미 인터넷 뉴스에서는 굳게 닫힌 저축은행 문 앞으로 사람들이 진을 치고 있는 상황이 보도되고 있었다. 나는 불안한 마음에 일이 손에 안 잡혔다.

예금자보호법을 염두에 두고 그 은행에 5,000만 원 미만만 넣어두긴 했지만, 그 은행이 당시에 최고금리를 주는 저축은행이었기에 ‘그냥 여기에 몰빵할까?’ 생각했던 것도 사실이었다. 왜냐하면 최고금리를 주는 저축은행과 아닌 저축은행을 비교하면 1년 만기 이자가 차이가 꽤 나기도 하고 또 여러 가지 예금을 관리하는 것이 귀찮았기 때문이었다.

하지만 만일 쉽게 생각하고 그렇게 했다면, 나는 상상하지도 못했던 저축은행 퇴출사태가 발생하면서 예금자보호법에 의해 보호받지 못하는 5,000만 원 이상의 돈을 그대로 날려버렸을 것이다.

실제로 친한 친구의 시어머니가 ‘금리를 잘 주니 가깝고 편한 저축은행을 이용하지 뭐’ 하면서 가진 돈을 털어 수억 원의 돈을 저축은행에 넣어놓고 이자를 받아서 생활하시다가 저축은행이 퇴출되면서 수억 원을 고스란히 날렸다. 몇 달을 앓아 누우셨다고 한다.

부실 저축은행 퇴출 사태로 손해를 본 많은 사람들이 예금자보호법을 몰랐거나 조심하지 않았거나 똑똑하지 않아서 그런 일이 생긴 것은 아니었다. 초기 저축은행은 아는 사람만 아는 참 고맙고 야무진 재테크 수단이었다. 은행보다 고금리를 제공하고 광고홍보도 많이 해서 꽤 안

전한 금융기관처럼 느껴지게 되었고 그래서 돈 좀 있고 돈 좀 굴릴 줄
아는 사람들은 고금리의 저축은행을 이용해 돈을 모으거나 월 이자를
받아서 생활화기도 했다.

그런데 점점 일부 방만한 경영을 하는 저축은행들의 부실 위험이 높
아졌다. 그도 그럴 것이 돈으로 돈을 버는 구조의 금융기업의 특성과 비
교적 관리를 덜 받는 2금융권의 특성상, 들어온 막대한 돈을 아무 곳에
나 투자하거나, 아무에게나 마음대로 빌려주는 등 자기들 마음대로 쓰
는 것도 더 쉬울 것이다. 그래서 나라에서는 부실한 금융기관을 퇴출시
키기 시작했다.

그런데 반대로 저축은행 입장에서는 부실이 심화될수록 부실을 메우
기 위해 더 많은 돈을 유치해야 하고 따라서 다른 저축은행보다 조금이
라도 더 높은 금리를 제공했다. 그러다 보니, 위험도가 높은 저축은행이
최고금리의 저축은행이었고 거꾸로 최고금리를 찾다 보니 그 은행이 퇴
출 가능성이 있는 은행일 수도 있는 것이다.

이러니 최고 금리를 찾아 똑똑한 재테크를 하고 있었던 사람이라면
부실하고 퇴출 가능성이 있는 저축은행에 돈을 넣었을 가능성이 매우
높은 것이다.

●●● 설마 했던 일은 언제나 일어날 수 있다

저축은행 퇴출이 우수수 일어나기 전에는 나 역시 그런 안일한 마음을

가진 적이 있었다. 예금자보호법을 알면서도 조금 귀찮다는 이유만으로 한 저축은행에 6,000만 원의 예금을 들어놓았던 것이다. 한 금융기관에 5,000만 원 이하로 나누어 놓으려면 그날 두 군데의 저축은행을 방문했어야 하는데, 너무나 바빴던 나는 그것이 귀찮았던 것이다. 그래서 '설마' 하는 마음으로 가까이 있는 E 저축은행에 6,000만 원을 한꺼번에 넣어놓았던 것이다.

나는 D저축은행의 퇴출 소식에 화들짝 놀라서 6,000만 원을 넣어놓은 E 저축은행을 찾았다.

"고객님, 저희 은행은 안전합니다."

E 저축은행 직원은 안전하다고 했고 인터넷으로 정보를 찾아보니 E 저축은행은 부실 저축은행 명단에서 빠져 있었다. 하지만 나는 그 말을 믿을 수 없었다.

"그래도 만에 하나라도 이 저축은행이 퇴출되면 저는 6,000만 원 중에 5,000만 원만 받는 거죠?"

"네, 그렇습니다. 많이 걱정스러우시면 지금 중도해지를 해드릴까요?"

E저축은행 직원은 친절하게도 중도해지를 원하는지 물어보았다.

고민의 순간이었다. 한 달 반만 있으면 만기였기 때문이다. 지금 해지를 하면 내 돈 6,000만 원은 안전하게 건지겠지만 만기이자를 못 받고 얼마 되지 않는 중도해지이자만 딸랑 받을 것이었다. 불안하긴 하지만 한 달 반만 참으면 이 예금은 만기가 되고, 나는 만기이자 몇백만 원을 받을 수 있었다.

"정말 안전한 거죠?"

나는 다시 물어봤지만, 그걸 누가 알겠는가? 그 직원이라도 정확히 알 수 있겠는가? 만약 부실 저축은행으로 퇴출되면 그녀 또한 직장을 잃게 될 상황인 것을.

나는 무거운 마음을 안고 한 달 반을 기다려 몇백만 원을 받는 쪽으로 결정을 했다. '설마' 하는 마음이 제일 위험한 마음이라는 것을 알면서도 '설마 한 달 반만에 저축은행을 또 퇴출시키겠어?' 하는 마음으로 애써 위로하고 위로하며.

다행히 E저축은행은 건전한 운영으로 나는 아무 문제없이 만기해지를 할 수 있었고, 그 은행은 지금도 여전히 건전하게 잘 운영되고 있다. 그러니 저축은행 퇴출로 인해 피 같은 돈 날리고 울며불며 자리를 뜨지 못하는 사람들의 심정을 나는 공감할 수 있다.

그리고 부자가 되기 위해서는 그 어떤 경우에도 수익을 많이 올리는 것보다는 내 돈을 지키는 안전성이 더 중요함을 나는 다시 한번 깨달았다.

●●● 저축은행 퇴출, 이자는 받을 수 있나?

저축은행이 퇴출되면, 일단 모든 거래는 정지된다. 당연히 내 돈은 찾을 수 없다. 여기서 어쩌면 한 가지 의문점을 가지는 사람이 있을지도 모르겠다.

'내가 넣어놓은 돈은 찾을 수 없고 5,000만 원 이상의 금액은 받을 수도 없게 되지만, 만약 저축은행에서 빌린 돈이 있는 사람은 어떻게 되는 거지? 은행이 망했으니까 돈 안 갚아도 되는 건가?'

당연히 그런 의문은 가질 수 있으나, 당연히 빌린 돈은 갚아야 한다. 퇴출 저축은행의 채권(돈을 받을 권리)은 어디론가 이관되어 누군가가 기필코 받을 것이니 돈을 안 갚아도 되는 행복한 걱정(?)은 하지 않아도 되겠다.

저축은행이 퇴출되면 일단 거래가 정지되므로 당장에 돈이 필요한 사람은 곤란을 겪게 된다. 그래서 퇴출 저축은행에 들어 있는 돈의 일부를 '가지급금' 형태로 미리 내어준다. 현재 가지급금의 지급 한도는 원금과 이자가 5,000만 원 이하 예금자는 원금 기준 2,000만 원까지, 5,000만 원 초과 예금자는 5,000만 원 한도에서 원금의 40%이다. 그러니까 5,000만 원을 예금한 사람은 2,000만 원까지 가지급금으로 받을 수 있고, 1억을 예금한 사람은 4,000만 원까지 가지급금으로 받을 수 있다. 그러나 안타깝게도 1억을 예금한 사람의 5,000만 원은 영원히 잃어버린 돈이 될 것이다.

가장 먼저 퇴출된 D저축은행은 이후 다른 은행에 인수되었다. 나는 불안한 마음에 2,000만 원을 먼저 '가지급금'으로 받았고 나머지 금액은 이후 인수된 다른 은행을 통해서 만기되었을 때 만기 이자를 다 받고 인출하였다.

그리고 이후로도 몇 군데 내 예금이 들어 있는 저축은행들이 줄줄이 퇴출을 당했다. 그럴 수밖에 없었던 것이, 나는 늘 최고금리만을 찾아 다녔고 부실 위험이 큰 은행이 최고 금리로 돈을 더 끌어들이는 경우가 많았기에 내가 나누어 저축해놓은 저축은행이 퇴출 대상이 되는 것은 어쩌면 당연한 일이었다.

하지만 5,000만 원 이하의 돈을 넣어둔 탓에 이후로는 마음은 조금 찜찜하지만 만기가 될 때까지 기다려서 약정금리의 이자를 챙겨 받는 쪽을 선택했다.

●●● 퇴출 위험, 잘만 이용하면 안정성과 고수익이 보장된다

부실 저축은행을 미리 알아보고 피하는 방법은 있다. 국제결제은행(BIS) 기준 자기자본비율 등을 알아보면 저축은행의 부실 여부를 알아볼 수 있다.

하지만 부실 저축은행을 미리 알아보고 굳이 피해야 할까? 현재의 예금자보호법에 따라 5,000만 원까지는 보장이 될 뿐더러, 조금이라도 더 높은 금리를 주는데 말이다. 리스크는 최소화하고 이익을 최대화하려면 부실 저축은행이라도 5,000만 원 이하의 돈을 넣으면 된다.

좀 더 만전을 기하기 위해 '5,000만 원 이하'라는 것도 자세히 한번 살펴보자. 만약 내가 한 저축은행에 5,000만 원을 예금했다고 하자. 그런데 만기가 하루밖에 남지 않은 어느 날, 이 은행이 퇴출이 되어버렸다. 만약 만기가 된다면 이자까지 5,200만 원 정도 받을 수 있었다고 하자. 그럼 나는 5,000만 원 이하 예금자이므로 전액을 돌려받을 수 있을까? 아니면 이자가 붙어서 5,000만 원 초과 예금자이므로 5,000만 원까지만 돌려받을 수 있을까?

예금자보호법의 5,000만 원의 한도는 원금과 이자를 포함한 금액이다. 즉, 원금과 이자를 합쳐 5,000만 원 이하가 되어야 한다는 말이다. 만약 무턱대고 5,000만 원씩으로만 나눠 놓는다면 혹시나 내 이자 200만 원을 날릴지도 모르는 일이다.

그래서 나는 원리금(원금+이자)의 합계를 5,000만 원에 딱 맞춰서 예금하는 버릇이 생겼다. 예를 들어, 한 저축은행의 1년 정기예금금리가 4.5%라고 하자. 그럼 5,000만 원을 원금으로 하여 1년 월복리 정기예금을 들면, 세금을 제외하고도 이자가 194만 원이 붙어 1년 뒤 만기에 5,194만 원을 받게 될 것이다. 그럼 5,000만 원이 넘어가는 194만 원이 혹시나 불안한 나는 4,812만 9,440원을 예금으로 넣는다. 그럼 만기 후에 세금을 제외하고 정확히 5,000만 원(사실은 5,000만 원에서 5원이 부족하다)을 받게 되는 것이다. 너무하다 생각할 수도 있지만 만기 때 5,194만 원을 받는 것보다 딱 5,000만 원을 받는 것이 재미도 있고 계산할 때도 여러모로 편리하다. 무엇보다도 어떤 사태가 벌어지더라도 내 돈 10원도 잃지 않을 수 있으니, 이보다 좋은 게 어디 있나.

이렇게 저축은행 퇴출의 이면에는 최고금리를 준다고 해서 '설마' 하는 마음으로 가지고 있는 돈을 맡겨 수억 원의 피해를 본 사람들도 존재하지만, 이렇게 퇴출 위험도가 올라갈수록 이율이 올라가는 것을 이용해서 한 푼의 이자라도 더 받는 사람도 있다. 안정성과 수익률은 반비례하지만 안정성이 보장되면서 고수익을 마다할 이유가 없기 때문이다.

예금은 굴릴수록 커지는
눈덩이다

●●● 눈두덩이처럼 불어나는 월복리의 힘

예금이자에 대한 계산은 포털사이트나 저축은행중앙회 등에 있는 '금융계산기' 혹은 '이자계산기'로 쉽게 할 수 있다.

먼저 '적금'에 대한 이자계산인지 '예금'에 대한 이자계산인지를 선택하고 예치금액과 기간, 연이율 등을 넣고 단리인지 복리인지, 일반세금인지 세금우대인지 비과세인지를 선택해넣으면 그에 대해서 받는 이자가 정확하게 계산되어 나온다.

먼저 '복리'라는 것은 이자에도 이자가 붙는 것을 말한다. 이와 반대로 ‘단리’라는 것은 원금에만 이자가 붙는 것을 말한다.

예를 들어 1,000만 원의 예금을 넣었는데 이 1,000만 원에 대해서만 이자가 붙으면 ‘단리’다. 그러나 대부분의 저축은행에서는 ‘월복리’로 이자를 제공하는데, 이 말은 1,000만 원에 대한 한 달치 이자를 계산하고 ‘1,000만 원+한 달 이자’에 대해 다음 달 이자를 계산하고, 그렇게 월마다 이자를 계산해서 그 금액에 대한 이자를 계산해나간다는 말이다.

당연히 원금에 대한 이자만 계산하는 ‘단리’보다 월마다 조금씩이라도 붙는 이자에 대한 이자까지 계산해주는 ‘월복리’가 더 이익이다.

1,000만 원을 6% 연이율의 12개월 예금을 들었을 때 (비과세로 계산하면), 단리로 계산하면 이자가 60만 원이고 월복리로 계산하면 이자가 61만 6,778원으로 1만 6,000원 정도 이자가 더 높다. 얼마 되지 않는 금액인 것 같지만 예치금이 커질수록, 예치기간이 늘어날수록 단리와 복리의 차이는 점점 더 커지게 된다.

예를 들어, 시중은행에 ‘단리’로 3년짜리 예금을 드는 것은 원금에 대한 이자만 3년 동안 계산되는 것이고, 저축은행에 ‘월복리’로 36개월짜리 예금을 드는 것은 매월 생기는 이자만큼에 또 이자가 붙는 것이다.

매년 1년 단위로 예적금을 들고 만기된 돈을 다시 은행에 예금하는 것은 ‘연복리’를 챙기는 것과 같다. 내가 매년 1,000만 원을 예금하는 것이 아니라, 첫 해는 1,000만 원을, 다음 해는 ‘1,000만 원 + 1,000만 원에 대한 이자’를 원금으로 예금하는 것이기 때문이다.

이렇게 예적금 상품을 선택할 때부터 ‘월복리’ 상품을 선택해야 조금이라도 더 이자를 받을 수 있으며, 만기된 예적금을 매년 다시 계속 새로운 예금으로 돌려 나가는 것은 '연복리' 효과를 가지기 때문에 돈이 모일 수록 점점 더 빠른 속도로 돈이 늘어나게 된다.

••• 목돈 만들어주는 비과세 혜택부터 챙겨라

모든 소득에는 세금이 붙는다. 유리 월급봉투를 가진 월급쟁이 입장에서 미리 세금부터 떼고 주는 급여명세서를 볼 때마다 세금이 너무 아깝기는 하지만, 그렇다고 나 같은 월급쟁이가 세금을 안 내면 우리나라는 무슨 돈으로 굴러가겠는가? 그래서 이 땅의 월급쟁이들은 다 애국자다.

그런데 일해서 버는 돈, 즉 근로소득에 붙는 세금은 그렇다 치더라도, 은행이자에도 세금이 붙는다. 은행이자에 대한 세금은 이자금액에 대해 15.4%가 원천징수된다. 원천징수라는 말은 미리 떼고 나머지를 준다는 말이다. 그러니까 내가 은행에서 받은 총 이자에 대해 15.4%를 미리 세금으로 떼고 나머지 금액만 나에게 내어주는 것이다. 내가 1,000만 원을 6% 월복리로 12개월 예금하면 이자는 61만 6,778원인데, 이중에서 15.4%를 떼고 52만 1,794원의 이자만 나에게 주는 것이다.

그런데 고맙게도 개인별로 세금을 깎아주는 제도가 있다. 바로 '세금우대'다. 개인별 1,000만 원 한도로 1년 이상의 예금이나 적금을 들 때 세금을 깎아준다. 그래서 이자금액에 대한 15.4%의 세금을 떼는 것이 아니라 좀 더 작은 9.5%의 세금만 떼고 준다.

정리를 하면, 1,000만 원을 6% 월복리로 12개월 예금을 할 때 내가 받을 수 있는 만기 이자는 다음과 같다.

   (1) 비과세(세금이 없을 때 내가 받는 이자): 61만 6,778원

   (2) 세금우대(이자의 9.5%만 원천징수): 55만 8,184원

   (3) 일반(이자의 15.4%을 원천징수): 52만 1,794원

당연히 비과세, 즉 세금을 안 내는 것이 이자가 가장 높고 그 다음이 작은 세금을 내는 세금우대, 그리고 이런 세금혜택을 받지 못할 때 일반적으로는 모두 이자금액의 15.4%를 떼고 이자를 받게 되어 이자가 줄어들게 된다.

세금우대 혜택은 1인당 1,000만 원 한도와 12개월 이상 예적금 상품에만 해당된다(과거에는 1인당 세금우대 한도가 1,500만 원이었는데 1,000만 원으로 바뀌었다).

그런데 만약 내가 1,000만 원 이상의 예적금을 여러 개 가지고 있다면 그중에서 어떤 상품을 세금우대로 하는 것이 좋을까? 예를 들어 내가 매월 80만 원의 1년짜리 적금을 들고 있고 또 1,000만 원짜리 예금을 들고 있다면 둘 중에 어느 것을 세금우대로 받는 것이 좋을까?

당연히 이자를 가장 많이 주는 상품에 세금우대를 적용하는 것이 유리하다. 예금이든 적금이든 만기 이자를 계산해보고 만기이자가 더 많은 쪽으로 세금우대를 거는 것이다.

그럼 예적금에 대하여 세금을 아예 내지 않는 방법은 없을까? 있다. 첫번째는 비과세 상품에 가입하는 것이다. '장기주택마련저축' 등 일정

기간 이상 저축을 하면 비과세 혜택을 받는 상품들이 있다. 이런 상품들은 7~10년 이상 오래 유지해야 한다는 조건이 붙긴 하지만, 이런 비과세 상품들을 잘 활용하면 장기적으로 목돈을 모으는 데 매우 유용하다.

두 번째 방법은 '생계형 비과세 저축'을 드는 것이다. 생계형 비과세 저축은 1인당 3,000만 원까지 세금을 내지 않아도 되는 것인데, 조건이 있다. 바로 만 60세 이상의 노인이나 장애인만 가입이 가능하다는 것이다. 물론 생계형 저축도 세금우대처럼 1년 이상의 상품에 한해서 가입이 가능하다.

3,000만 원에 대한 1년 만기 이자(6% 월복리, 12개월)를 계산해보면, 비과세일 경우 185만 334원이고, 일반 세금을 낼 경우 156만 5,383원이다. 무려 30만 원 가까이 차이가 난다. 이 아까운 것을 그냥 포기할 수는 없다.

부모님 연세가 만 60세가 넘으셨다면 이 생계형 비과세에 대한 내용을 알고 계신지 확인해보고, 모르고 계신다면 알려드리고 활용하시도록 한다.

'금융실명제'에 의해 내 돈을 다른 사람 명의로 예적금에 드는 것은 따지자면 문제가 될 수 있다. 그러나 가족관계증명서가 있으면 부모님을 대신해 은행에 방문하여 '생계형 비과세' 상품을 들 수 있다. 단, 중도해지는 본인이 아니면 어렵다. 인터넷뱅킹도 반드시 본인이 직접 가야 신청할 수 있다. 그리고 부모님 몰래 들어놓은 예적금을 부모님께서 알고 본인 명의 돈을 찾아가시는 것도 막을 방법이 없다.

그래서 나는 시부모님 이름으로 생계형 비과세 저축을 든 적이 있는

데, 중간에 중도해지를 해야 할 일이 생겨서 은행을 찾았으나 은행에서는 중도해지의 경우는 본인이 직접 와야 한다고 해서 고생을 한 적이 있다. 나는 시부모님이 직접 오실 수 없는 상황이라고 우겨댔고 내가 직접 와서 가족관계 증명하고 내가 가입한 건데 왜 해지는 안 되냐고 따졌다. 그러나 은행에서는 명의자 본인이 직접 올 수 없다면 통화라도 해야 한다고 원칙을 고수했고 어쩔 수 없이 당장 돈이 필요했던 나는 시부모님께 그 사실을 말씀드리고 전화통화를 연결시킬 수밖에 없었다. 나는 그 당시 여러 가지 사정으로 내가 모으는 돈을 시부모님께 다 들키고 싶지는 않았는데 어쩔 수 없이 내가 당신들의 이름으로 목돈 예금에 든 것을 알아버리셨다. 뭐 그거 아신다고 내 돈을 어쩌실 분들이 아닌 것은 알지만 왠지 마음 한 구석은 찜찜했다.

그 이후 나는 시부모님 대신 친정부모님 이름으로 생계형 비과세 저축을 들려고 했다. 그런데 친정부모님 이름으로 예금을 들 경우 부모님 명의의 금융자산이 생기면 현재 받고 있는 저소득자 혜택을 못 받게 될 수 있다고 해서 포기한 적이 있다. 내 이자 세금 조금 아끼자고 엄마 아빠가 나라에서 받는 혜택을 못 받게 할 수는 없는 노릇 아닌가?

하지만 중도해지가 아닌 기간을 다 채우고 난 후의 만기해지는 처음 가족관계증명으로 개설할 때와 마찬가지로 개설할 때의 도장과 가족관계가 증명되면 해지를 할 수 있다.

이런 세금우대나 비과세 상품은 반드시 이용해야 할 것이지만 잘 알아보고 활용할 필요가 있다. 합법적인 절세는 탈세와는 다르다. 나라에서 제공하는 세금혜택은 국민들이 잘 이용하라고 만들어준 것이다. 탈세는 범죄이지만 합법적인 절세는 생활의 지혜다.

••• 돈 모으는 재미를 위해 끝 단위를 맞춰라

열심히 모아서 적금이나 예금이 만기가 되면 하루도 지체하지 않고 그대로 예금으로 다시 들어야 한다. 그래야 하루의 이자라도 더 생기기 때문이다. 이때, 만기가 된 금액을 그대로 다시 예금을 드는 것도 좋지만, 기왕 돈 모으는 재미를 위해서 끝 단위를 맞춘다.

만약 100만 원씩 월복리 6% 12개월 적금에 들었다면, 만기에 받게 되는 정확한 금액은 세금을 원천징수하고 받는 돈 1,233만 6,065원이다. 인터넷뱅킹으로 계좌이체를 하면 원단위까지 다 이체를 할 수 있다. 그렇다고 1,233만 6,065원을 그대로 예금하기에는 좀 심심하지 않은가?

그래서 끝 단위를 맞춘다. 1,250만 원? 1,300만 원? 만약 보너스를 받았거나 연말정산에서 환급을 많아 여윳돈이 있었다면 1,500만 원으로 하면 된다.

어쨌건 만기 금액보다 더 높은 금액으로 끝 단위를 예쁘게 맞춰서 넣는다. 그래야 계산하기고 쉽고 내가 가진 자산을 대략적으로 계산하기도 편하다.

대출을 갚을 때도 마찬가지다. 매월 원리금이 나가다 보면, 남은 대출원금 잔액이 1원 단위까지 나와서 예쁘지가 않다. 만약 대출원금 잔액이 8,765만 7,923원이라고 하면, 여유가 좀 있으면 65만 7,923원을 갚아버려서 남은 대출원금을 8,700만 원으로 맞추는 것이다. 여유가 없으면 5만 7,923원이라도 갚는다. 그럼 8,760만 원이 남는다. 좀 더 여유가 있으면 265만 7,923원을 갚아버려 8,500만 원으로 만들어버린다.

이렇게 끝 단위를 예쁘게 맞춰가는 놀이는 재미도 있거니와, 조금이라도 더 빨리 돈을 모으고 대출을 갚게 하는 효과도 있다. 또한 끝 단위가 정확해지면 내 돈에 대한 이해와 계획도 빨라져서 여러 가지 편리한 점이 생긴다.

예금을 통해 착실히 모으는 돈은 결코 나를 배반하지 않는다. 처음에 얼마 아닐 것 같은 돈도 돈 모으는 재미를 붙이다 보면 시간이 지날수록 점점 그 힘이 세져 그 어떤 상품보다 나에게 착한 돈이 된다.

영리한 여자는
대출을 두려워하지 않는다

예금의 경우 상대적으로 안전한 1금융권인 시중은행이 낮은 이자를 주고 상대적으로 안전성이 떨어지는 2금융권인 저축은행이 더 높은 이자를 주는 것처럼 대출의 경우도 1금융권의 대출이자가 비교적 낮고 2금융권의 대출이자가 비교적 높다.

만약 돈이 필요해서 대출해야 하는 사람이 있다면 상대적으로 안정성이 높고 대출금리도 비교적 낮은 1금융권에서 대출을 받으려고 할 것이다. 그러나 거꾸로 은행 입장에서는 돈을 빌리고자 하는 사람 중에 돈을 못 갚거나 이자를 미룰 수 있을 것 같은 위험성 높은 고객에게는 돈을 빌려주고 싶어하지 않는다. 그래서 1금융권은 상대적으로 까다로운 대출 심사를 거치기 때문에 대출을 신청한다고 해서 모두가 대출을 받기가 쉽지 않다. 그럼, 1금융권에서 대출을 받지 못한 사람은 2금융권에서 대출을 받으려고 할 것이고, 따라서 2금융권에서 대출을 받는 것은 1금융권보다는 비교적 쉬운 반면에 대출금리는 더 높을 것이다.

만약 2금융권에도 대출을 받지 못하면 어떻게 될까? 그럴 때 급한 사람들은 어쩔 수 없이 3금융권으로 가게 된다. 1금융권과 2금융권에 속하지 않는 대부업체 등을 말한다. 당연히 3금융권으로 갈수록 더 높은 이자를 내야 한다. 만약 이것마저 어려우면 사채나 불법대출을 이용할 수밖에 없다. 따라서 같은 원리로 사채나 불법대출은 매우 높은 대출금리를 요구하게 된다.

돈을 빌려주는 은행 입장에서도 '하이리스크, 하이리턴'이라고 돈을 잘 갚을 사람에게는 낮은 이자를 받고 돈을 못 갚을 위험성이 높은 사람에게는 높은 이자를 받는 것이다. 이렇게 대출 또한 '안전성'과 '수익률'에 근거해서 이루어진다.

••• 세상에서 제일 무서운 담보와 보증

돈을 빌려야 할 일이 생겼다면 우리는 어쨌건 가장 낮은 이자로 돈을 빌려주는 곳을 찾을 것이다. 사실 빌리는 사람 입장에서는 은행의 '안전성'에는 관심이 없다. 돈을 빌려준 회사가 망하면 어떤가? 혹시 망하기라도 하면 돈을 안 갚아도 될지 모르는 일 아닌가? (혹시 망하더라도 그런 일은 결코 없겠지만) 그래서 돈을 빌리는 사람 입장에서는 오로지 대출이자에만 관심이 있다.

그럼 돈을 빌려주는 사람 입장에서는 어떨까? 앞에서 이야기한 것처럼 돈을 안전하게 돌려받을 수 있는 사람에게만 돈을 빌려주고 싶어 할 것이다. 그래서 돈을 못 갚을 위험한 사람에게는 돈을 빌려주지 않는다. 은행에서 '대출승인이 거절' 된다는 말은 이런 것이다. "당신에게 돈을 빌려주면 혹시라도 우리가 못 받을 가능성이 있을 것 같아서 돈을 빌려드리지 못하겠습니다"라고 말하는 것이다.

돈을 빌려주면서도 그냥은 잘 안 빌려준다. 지금 안전한 사람이라고 해도 혹시 어떻게 될지 모르는 일이기 때문이다. 그래서 만약의 사태에 확실히 돈을 받기 위해서 돈을 빌려주면서 담보나 보증을 요구하는 것이다. '담보'란 돈을 갚지 못하면 돈 대신 가져가겠다는 물건 같은 것이다. '보증'은 돈을 갚지 못하면 다른 사람이 대신 갚겠다는 약속이다. 그래서 집을 '담보'로 돈을 빌려주고 '보증인'을 세워서 안전성을 확보한다.

이렇게 담보와 보증은 무서운 것이다. 담보는 '돈을 갚지 못하면 내 집을 가져가시오'라는 약속이며, 보증은 '저 사람이 돈을 갚지 못하면 내가 다 갚을 테니 걱정하지 마시고 저 사람에게 돈을 빌려주시오'라고 법적인 약속을 하는 것이다. 상황이 급하다고 담보나 보증을 쉽게 생각하고 함부로 약속해서는 절대 안 된다.

이렇게 은행은 자신들의 돈을 지키기 위해 담보를 거는 사람에게 돈을 빌려준다. 이것이 바로 '담보 대출'이다.

부동산 대출은 부동산을 담보로 걸고 대출 받는 것이다. '내가 혹시 돈을 못 갚으면 당신이 이 부동산을 팔아서 돈을 가지고 갈 수 있습니다'라고 법적으로 약속해주는 것이다. 그리고 은행은 그 약속에 따라, 만약 돈을 받지 못하면 그 부동산을 경매에 넘겨 돈을 받아간다.

자동차 대출은 자동차를 담보로 대출을 받는 것이다. 혹시 돈을 갚지 못하면 자동차를 처분해서라도 갚아야 하는 것이다. 그래서 담보 대출은 담보의 가치 이내에서 돈을 빌려주게 된다.

만약 담보할 부동산이나 물건이 없을 때는 어떻게 대출받을 수 있을까? 이럴 때는 '담보' 없이 '그 사람이 돈을 갚을 만한 사람인가? 떼먹을 만한 사람인가?'를 판단해서 대출을 해준다. 이것이 바로 '신용 대출'이다. 따라서 신용 대출은 담보 대출보다 금리가 높다. 담보도 없이 신용만으로 돈을 빌리는 것은 위험성이 더 높아지는 것이며 그렇기에 더 높은 이자를 받아야 하는 것이다.

담보 대출이 담보를 근거로 하므로 금융기관마다 금리 차이가 그렇게 크지 않은 데 반해, 신용 대출은 각자의 신용에 따라 엄청난 금리차이가 난다.

예를 들어, 전문직의 의사들이 받는 신용 대출인 '닥터론'은 담보 대출하고도 크게 차이 나지 않을 정도의 낮은 금리로 돈을 빌릴 수 있다.

돈 잘 버는 의사가 돈을 갚지 못할 가능성은 극히 낮다고 판단하는 것이다. 반면 직장이 없거나 소득이 불분명한 사람은 높은 이자를 지불하고 대출을 받아야 한다. 더 위험성이 높은 사람은 아예 대출을 해주지도 않는다. '신용불량자'라고 함은 '이 사람은 지금 기본적인 생활도 어려울 정도로 돈이 없는 사람이니 돈을 갚을 능력이 안 되는 사람입니다'라고 낙인 찍는 것과 같다.

신용이 나빠질수록 더 높은 금리를 지급해야 하고 대출 자체가 거절되기도 하니 경제적으로 어려울수록 점점 더 사채나 불법대출의 악순환에 걸려들 수밖에 없다. 한번 그 덫에 걸려들면 빠져나올 방법이 없게 된다.

●●● 휴대폰 요금 연체는 신용도에 치명적이다

예전에 이사하면서 이사 날짜가 맞지 않아 잠깐 동안 대출해야 할 일이 있어서 대출을 알아보고 있을 때였다. 그리 크지 않은 금액을 아주 짧은 기간만 쓸 것이라서 편하게 '신용 대출'인 '마이너스 통장' 대출을 알아보고 있었는데, 그 과정에서 한 시중은행 담당자로부터 이상한 말을 들었다.

"어, 이상하네요. 고객님 신용도가 너무 낮아서 그 금액까지 대출이 안 될 것 같은데요?"

나는 깜짝 놀라 물었다.

"네? 지금 제가 대출하고자 하는 금액보다 제가 지금 받고 있는 연봉이 훨씬 높고, 제가 남편보다 연봉이 더 높은데, 우리 남편은 이미 그보다 더 큰 금액으로 대출승인이 났잖아요?"

담당자는 조회를 해보더니 말했다.

"남편 분은 신용도가 정말 좋으신데요. 고객님은 다른 데 대출도 전혀 없으시고 연봉도 높으시고 그런데 왜 이렇게 신용도가 낮게 나오는지 저도 잘 모르겠어요. 저도 대출상담만 해주는 거라 고객님의 신용도를 계산하는 방법까지 자세히 알지는 못하거든요."

은행에서 대출을 거부하니 결국 신용 대출을 받지 못했다. 빌려주는 사람이 안 빌려준다는데 무슨 방법이 있겠는가?

그 원인을 찾아보려 했으나 금융기관의 신용도 평가 기준은 비밀이므로 자세히 알 수는 없었다. 하지만 이후 신용도 불량의 원인을 짐작할 수 있게 되었는데, 그것은 바로 '휴대폰 요금 결제의 연체'였다.

나는 휴대폰 요금을 얼마를 썼는지도 모른 채 은행에서 그냥 자동이체되어 빠져나가는 것이 싫어서 자동이체 신청을 일부러 안 했었는데, 그 당시 은행 일을 못 챙길 정도로 너무 바빠(지금 생각해도 충격적이다. 내가 그 당시 얼마나 바빴으면 내가 은행 일도 못 볼 정도였다니……) 몇 달 동안의 휴대폰 요금이 연체되었던 것이다.

휴대폰 요금 연체는 신용에 치명적이다. 왜냐하면 요즘 같은 시대에 휴대폰은 생활에서 없어서는 안 될 필수품이며, 휴대폰 요금은 매월 몇만 원 정도의 비교적 작은 금액이기 때문이다. 그런데 '이렇게 생활에 반드시 필요한 필수품인 휴대폰 요금마저 내지 못할 정도라면 얼마나 어려운 상황에 처한 사람이겠는가?'라고 은행은 판단하는 것이다. 그래서 각 금융기관의 신용도 평가기준에 따라 휴대폰 요금 연체는 엄청난 신용도 하락에 영향을 줄 수도 있다.

평생 대출 안 받고 살 거라면 이 정도의 신용도 하락은 살아가는 데 큰 영향을 끼치지 않는다. 하지만 심각한 신용 문제는 취업이나 경제 생활에도 영향을 끼친다.

●●● 최선의 경우가 아닌 최악의 경우를 생각하라

우리가 쉽게 사용하는 '신용카드'는 담보 없이 '신용'만으로 사용할 수 있는 카드라서 이름이 '신용카드'다. 신용카드는 먼저 긁어서 돈을 쓰고 나중에 카드회사에 돈을 갚는 구조다. 그러니 돈을 쓰고 나서 돈을 갚기까지의 기간 동안은 개인의 신용을 걸고 그 돈을 빌려 쓰는 것이나 마찬가지다. 신용카드를 이용한 현금서비스 이용의 이자가 매우 높은 것은 이렇게 신용카드가 있는 사람이라면 누구나 쓸 수 있는 신용 대출이기 때문이다.

그래서 신용카드도 대출과 마찬가지로 갚을 능력이 되는 '신용'이 좋은 사람에게 개설해주는 것이다. 휴대폰도 마찬가지다. 신용불량자처럼 휴대폰 요금도 내지 못할 정도로 위험도 높은 사람에게는 통신회사에서 휴대폰을 개통해주지 않으려고 한다.

그런데 문제는 신용카드 회사에서 이런 '신용'과 상관없이 신용이 낮은 사람에게도 마구잡이로 카드를 발급해주는 것이다.

신용이 낮은 사람이라도 카드를 발급받은 사람 입장에서는 당장에 카드를 발급받는 것이 문제 될 것이 없고 오히려 유용하게 활용되어 편리한 경제 생활을 누릴 수도 있다. 하지만 결국은 위험도가 높은 사람이 카드를 마구 사용하여 카드값을 갚지 못하게 되면 거기서 심각한 문제가 발생하게 된다. 돈을 갚지 못하는 위험도가 올라갈수록 신용은 더 낮아지고, 따라서 점점 더 높은 금리로 돈을 빌려야 하고, 그럼 갚아야 할 원금에 이자까지 불어나 갚아야 할 돈은 점점 더 늘어나고 결국은 빠져나올 수 없는 늪에 갇혀 점점 더 깊숙한 곳으로 들어가게 된다.

카드회사 입장에서도 이렇게 위험한 고객들이 많을수록 기업의 위험도도 커지게 되어 부실이 발생된다. 카드사용을 해놓고도 돈을 못 갚는 사람들이 많이 생기면 카드회사는 부실해지고, 그러다 결국 망하게 되면 그에 대한 사회적 비용은 더 엄청난 금액이 발생할 것이다. 그래서 카드회사에서 마구잡이로 신용카드를 발급해주는 것을 제재하는 것이다.

이렇게 신용 대출은 담보 대출보다 더 위험한 것이다. 담보 대출은 최악의 경우에 담보만 날리면 그만이지만 신용 대출은 더 이상 날릴 것도 없는 대출이다. 그러니 현재 신용이 좋아 쉽게 돈을 빌릴 수 있다고 해도 그 돈이 미래까지 안전한 돈은 결코 아니다.

만약 어떤 상황이 닥치더라도 '확실히' 갚을 수만 있다면 대출을 내는 것이 뭐가 그리 문제겠는가? 오히려 대출을 잘 활용하면 돈을 더 잘 모으는 기술이 될 수 있다. 하지만 사람 일이라는 것이 언제 어떻게 될지 모르기 때문에 쉽게 생각한 대출이나 투자가 인생 최악의 선택이 될 수도 있는 일이다. 그래서 돈에 관한 선택은 '최선의 경우'보다는 '최악의 경우'를 가정해서 계획을 세워야 한다.

●●● 대출로도 돈을 벌 수 있다

대출에는 어쨌든 이자가 나가기 때문에 당연히 대출은 없을수록 좋다. 예금은 크든 작든 이자가 붙어 내 돈이 불어나지만 대출에는 크든 작든 이자가 붙어 내 돈을 깎아 먹는다.

하지만 대출을 받는 것이 오히려 이익인 경우도 있다. 단순히 수학적으로 계산해서 대출을 통해 버는 돈이 대출이자보다 많다면 대출을 이용해 돈을 굴리는 것이 더 이익인 것이다.

내가 직장을 다니면서 MBA과정을 밟을 때였다. 경력이 있는 직장인들을 대상으로 하는 MBA과정은 어찌나 비싼지, 매 학기마다 몇 달치의 월급을 그대로 가져다 등록금으로 내야 할 상황이었다. 물론 등록금은 마련되어 있었다. 그러나 학기마다 1,000만 원이 넘는 대학등록금, 4학기 전체 수천만 원이나 되는 돈을 그냥 입출금이 가능한 저금리 통장에 둘 내가 아니지 않는가? 나는 별도의 통장을 만들어서 1,000만 원씩 나누어 고금리 예금을 들어놓았다. 등록시기마다 하나씩 1,000만 원짜리 예금을 깨서 사용하면 어쨌건 마지막 등록금까지는 1년 반 가까운 예금 이자를 받을 수 있을 것이다.

그런데 1학기를 마치고 2학기를 등록해야 할 때쯤, 일을 하면서 공부

112

를 하는 직장인을 위한 근로자학자금대출이 있다는 것을 알게 되었다. 금리도 너무나 저렴해 거치기간 동안 연 1%, 상환기간 동안은 연 3%였다. 거치기간, 즉 돈을 갚지 않고 이자만 내는 기간은 1%의 이자를 내고, 대출원금을 갚아나가는 상환기간 동안은 연 3%라는 말이다. 그리고 별도로 '신용보증료'라는 제목으로 대출의 0.3%를 부담해야 한다. 그럼 1%만 내는 거치기간을 충분히 거치다가 3%를 내야 하는 상환기간에는 대출원금을 가능한 한 빨리 한번에 갚아버리면 가장 이익일 것이다.

그러나 이렇게 좋은 조건의 대출은 무조건 신청만 한다고 해서 다 대출을 해주는 것은 아니었다. 정해진 조건에 맞아야 하고 승인을 거쳐야 받을 수 있다.

하지만 이 얼마나 싼 대출인가? 대출금리가 1%라는 것은, 단순히 계산하면 내가 돈이 있어도 빌려서 등록금을 내는 것이 더 이익이라는 것이다. 만약 내가 1%에 대출을 받아서 그 돈을 4% 이자를 주는 은행에 넣는다면 그 차이인 3%만큼의 이자를 더 얻을 수 있다는 단순한 계산이 나온다.

물론 예금이자에는 세금이 붙으므로 금리 차이만큼 정확히 이익이 발생하는 것은 아니므로 실제로 금융계산기를 이용하여 돌려보는 것이 가장 좋다.

만약 내가 근로자학자금대출을 받지 못했다면 어떻게 해야 했을까? 그냥 1,000만 원 예금을 깨서 등록금을 내면 되는 것일까? 두 달만 있으면 예금 만기가 돌아오는데 말이다. 그렇다고 대학원 등록을 두 달 동안 미룰 수도 없는 일이다.

이럴 때는 내가 지금 1,000만 원 예금을 깨서 얼마 안 되는 중도해지 이자를 받는 것이 이익인지, 지금 예금을 담보로 해서 예금담보 대출을 받는 것이 이익인지 계산해봐야 한다.

'예금담보 대출'이란 내가 은행에 들어 있는 예금이나 적금의 돈을 담보로 해서 돈을 빌리는 것이다. '혹시라도 내가 빌린 돈을 갚지 못하면 내 예금이나 적금을 가져가가시오'라고 약속하고 돈을 빌리는 것이다. 보통 예금담보 대출은 예금금리에서 1~1.5%를 더한 것이 된다. 예를 들어, 내가 4% 정기예금에 가입하고 있다면 내가 거기에 들어 있는 돈을 빌리는 것은 4%+1%인 5%의 이자를 내야 한다. '내가 넣어둔 돈 내가 쓰는데 왜 더 높은 이자를 내야 하나'고 생각할 수도 있겠지만 그게 돈으로 돈을 버는 구조의 기본원리다.

예금담보 대출을 받는 것은 돈을 어느 기간 동안 쓸 것인가, 만기까지 얼마나 남았는가, 이율이 얼마인가에 따라 달라진다.

중도해지를 했을 때 받을 수 있는 이자와 만기까지 버텼을 때 받을 수 있는 이자의 차이를 계산하기 위해서는 가장 먼저 은행의 인터넷뱅킹에 들어가면 '해지예상조회' 메뉴를 통해 알 수 있다. '해지예상조회'에서 지금 날짜를 넣어서 계산해보면 중도해지이자를 포함한 중도해지금액을 알려줄 것이고, 만기가 되는 날짜를 넣어서 계산해보면 만기이자를 포함한 만기해지금액을 알려줄 것이다. 만약 인터넷뱅킹을 이용하지 않는다면 전화나 은행을 방문해서 은행에 문의를 하면 알려줄 것이다.

이렇게 돈이 필요한 날짜에 해지할 경우와 만기까지 유지했을 때의 이자에 대하여 각각 '해지예상조회'를 해보고 그 이자의 차이를 계산해 놓는다. 이때는 세금을 원천징수하고 실제로 받는 이자의 차이를 계산해야 한다.

다음으로는 내가 필요한 돈을 필요한 기간만큼 '예금담보 대출'로 빌렸을 때, 내가 내야 하는 이자를 계산해본다. 만약 500만 원이 두 달 동안 필요하다면 500만 원×연 5%(4% 예금금리에 1% 추가한 금리×필요한 기간)에 대한 계산해보자. 대출에 대한 계산은 역시 인터넷의 '금융계산기'를 찾아서 활용하면 된다. 그럼 내가 지금 해지를 하는 것이 이익인지, 예금담보 대출을 쓰고 만기까지 버티는 것이 이익인지 판단을 할 수 있다.

그러나 내가 1,000만 원짜리 예금을 가지고 있다고 해도 예금담보 대출로 1,000만 원을 다 빌려주는 것은 아니다. 모든 담보 대출에는 최악의 경우에 들어가는 비용을 고려하기 때문에 예금담보 대출의 경우는 보통 들어가 있는 돈의 90%까지 빌려준다. 그리고 예금담보 대출은 예금금리에 1%가 추가되는 금리이므로 고금리 예금에 들어 있을수록 다른 대출보다 더 높은 금리를 내야 하는 경우가 생길 수도 있다.

그러니 만약 다른 곳에서 더 싼 금리로 대출을 낼 수 있다면 가장 싼 금리의 대출을 이용하는 것이 가장 이익이다. 하지만 신용만으로 담보 대출보다 싼 금리의 대출을 구하는 것은 쉽지 않을 것이다.

이렇게 대출을 잘 활용하면 조금이라도 나에게 이익이 되는 경제 생활을 할 수 있다. 하지만 어떤 경우에도 대출은 언제가 갚아야 할 돈이다. 즉 절대 내 돈이 아닌 돈이기 때문에 꼭 필요할 때만 쓰고 오래 가지고 있으면 절대 안 된다.

그래서 나는 1%의 근로자학자금대출도 오래 쓰지 않고 대학원 졸업을 하면서 그냥 다 갚아버렸다. 대출을 빨리 갚지 않고 더 높은 금리에 예금을 들어놓는 것이 분명히 조금이라도 더 이익이긴 하겠지만 때로는 이렇게 확실한 이익임을 알면서도 위험한 이익을 포기하는 것이 더 좋을 때도 있는 것이다.

단돈 10원이라도
돈이 일하게 하라

우리는 돈을 벌기 위해 일을 하지만, 이렇게 어렵게 번 돈을 어떻게 쓰고 어떻게 굴리느냐에 따라 돈이 돈을 벌기도 하고, 돈이 돈을 까먹기도 한다. 작은 푼돈일지라도 돈이 돈을 벌게 하는 것, 돈이 돈을 까먹지 않도록 지키는 것, 그것이 바로 10억을 벌지는 못해도 10억을 모을 수 있는 방법이다.

돈을 모으기 위해 가장 먼저 해야 할 가장 중요한 일은 내 돈에 대해 잘 아는 것이다. 지금 한번 생각해보자. 내 돈이 어디에 얼마씩 어떻게 모아지고 있는지.

아마 어떤 이는 매월 일정 금액의 적금과 일정 금액의 예금이 들어가고 있을 것이며 어쩌면 주식을 조금 가지고 있을지도 모르고 펀드도 조금 하고 있을지도 모른다. 연금으로 얼마씩 들어가고 있을 것이며 보험도 넣고 있을 것이다. 그리고 어쩌면 금을 좀 사뒀을지도 모르고 외환통장에 달러를 좀 가지고 있을지도 모른다. 그리고 급여통장에 잔고가 얼마 정도 남아 있을 것이다.

그리고 얼마 뒤면 월급이 들어올 것이고, 그중에서 적금으로 빠지고, 카드값으로 빠지고, 또 대출이자로 빠지고, 관리비로 빠지고, 보험료로 빠질 것이다. 그리고 연금 들어가고, 부모님 용돈 좀 드리고 애들 학원비 등…… 대충 다 빠지고 나면 통장 잔고는 거의 남아 있지 않을 것이다.

대충 이 정도 생각을 했다면 자신의 돈에 대해 비교적 잘 알고 잘 관리하고 있는 것이다. 반면 '글쎄, 월급 갖다 주면 와이프가 알아서 하니까 잘 모르겠는데'라거나 '통장에 대충 1,000만 원 정도 있을 걸'이라고 생각하는 사람도 있을 것이다.

나는 나의 재산현황을 늘 엑셀로 만들어놓고 관리한다. 그리고 하루에 한 번씩은 매일 들여다본다. 아무런 변동사항이 없더라도 한 번씩 열어서 상태를 점검한다. 변동사항도 없는데 그걸 매일 들여다보면 뭐하냐고 생각하는 사람도 있겠지만 내가 내 돈을 사랑하고 잘 키우고 싶다면, 내 아이를 매일매일 들여다보듯이 관심을 가지고 들여다보면 분명 돈도 잘 크게 되어 있다.

가지고 있는 돈이 어디에 얼마만큼 있는지 정리가 되었다면 이제 그 돈들이 어떤 일을 하고 있는지 확인해보자.

먼저 급여 통장에 그대로 남아 있는 목돈이 있다면, 그 돈은 놀고 있는 놈팽이 돈이다. 만약 내가 모은 돈으로 주식 투자를 해서 그것이 주가가 내려가 손해를 보고 있다면 그 돈은 내 돈을 흥청망청 쓰고 있는 나쁜 돈이다. 만약 그 주식이 부도라도 났다면 그 돈은 이미 죽은 돈이다. 만약 내가 모은 돈이 예금에 들어 있다면 그 돈은 오늘도 성실하게 일하면서 돈을 벌고 있는 착한 돈이다. 작은 푼돈이지만 매일매일 착실히 벌고 있는 참 착한 돈이다.

주식에 들어가 있어서 흥청망청 내 돈을 쓰고 있는 나쁜 돈은 언젠가 개과천선하여 착한 돈이 될 가능성이 있는 아이다. 그러니 그 돈은 길게 보고 관리하면 된다. 하지만 늘 그렇듯이 모든 나쁜 사람이 다 개과천선하지는 않고 오히려 더 크게 배반하는 정말 나쁜 사람도 있는 것처럼, 돈도 무작정 기다려준다고 해서 다 착한 돈으로 변화하는 것은 아니다.

가장 문제는 아무 일도 안 하고 놀고 있는 돈이다. 그 돈에는 할 일을 찾아줘야 한다. 조만간 필요할 수도 있는 돈이라면 단기성 아르바이트 자리를 알아봐주고, 당장 필요할 일이 없는 돈이라면 장기적으로 안정적인 일을 할 수 있는 자리를 알아봐줘야 한다. 요즘 은행에는 3개월, 6개월 이하의 예금금리를 주는 좋은 상품도 많이 있다. 정 안 되면 중간에 중도해지를 하는 번거로움을 거치더라도 중도해지를 안 할 가능성도 있으므로 그냥 놀리는 것보다는 일을 시키는 것이 이익이다.

특히 보험금, 연금 등 장기성으로 꼬박꼬박 들어가고 있는 돈은 그 돈이 정확히 어떤 일을 하고 있는지 파악해서 필요하다면 빨리 리모델링을 해야 한다.

지인 중 한 명은 보험회사에만 매달 300만 원 가까이 들어가고 있는데, 그 보험이 그가 결혼하기 전부터 엄마가 들었던 것들이라 결혼 후에도 깨지 못하고 그대로 매달 넣고 있었다. 그런데 그는 그것이 보장성 보험인지, 저축성 보험인지, 만기가 언제인지, 어떤 혜택을 받을 수 있는지, 만기 금액은 얼마인지 전혀 알지 못했다.

모르고 기다려야 할 것이 있고 당장 구석구석 알아봐야 할 것이 있다. 만약 그가 자세히 알아보지도 않고 계속 저렇게 보험사에 꼬박꼬박 돈을 넣고 있다면 그 돈은 결국 보험사와 보험설계사를 위해 일을 하고 있는 돈이다. 무슨 일을 어떻게 하고 있는지도 모르는 돈을 내 돈이라고 할 수 있는가?

••• 내 돈은 내가 제일 잘 알아야 한다

복잡하게 엑셀까지 열 필요도 없다. 먼저 종이 하나 꺼내서 하나하나 적어보자. 부동산의 현재 시세는 정확히 계산하기 어려우므로 여기서는 부동산은 제외하고 정리해보자. 나는 종이를 하나 꺼내 이렇게 하나하나 정리해보았다.

1. 부동산

- 자가에 거주 중인 아파트: 주소, 매입금액, 현 시세

- 자가이나 세를 주고 있는 아파트: 주소, 매입금액, 현 시세, 전세금액

  (현 시세에서 내가 돌려줘야 할 전세금을 뺀 것이 나의 재산이다)

- 전세로 살고 있는 아파트: 주소, 전입일자, 만기일자, 전세금액(이 전세

  금은 내가 받아야 할 돈이므로 다 내 돈이다)

2. 예금

- ○○저축은행: 예치금액, 가입일, 만기일, 이자금리(월복리 or 세금우대),

  만기금액(세후), (만약 경제적 생활을 같이 하는 남편이나 다른 사람의 명의로

  들었다면) 예금명의자

- ○○은행: 예치금액, 가입일, 만기일, 이자금리(월복리 or 비과세), 만기

  금액(세후)

3. 적금

- ○○저축은행: 월 적금액, 가입일, 만기일, 가입금액, 이자, 만기금액,

  세후이자

- ○○은행: 월 적금액, 가입일, 만기일, 가입금액, 이자, 만기금액, 세후

  이자

4. 주식

- ○○증권, 매수일, 매수종목, 매수금액, 현재금액, 이익률

- ○○증권, 매수일, 매수종목, 매수금액, 현재금액, 이익률

5. 보험

- ○○보험, 상품명, 혜택, 만기일, 만기금액, 중도해지 시 특약사항 등
- ○○보험, 상품명, 혜택, 만기일, 만기금액, 중도해지 시 특약사항 등

6. 펀드

- ○○증권, 펀드명, 매수일, 매수금액, 현재 금액, 이익률

7. 연금

- 국민연금: 가입기간, 가입금액, 예상 연금수령 시기와 금액(*국민연금 가입내용은 국민연금공단에서 쉽게 확인 가능하다)
- 연금보험: 가입기간, 가입금액, 연금수령 시기, 금액, 기타 중도해지 시 특약사항 등

8. 통장

- 급여통장: 입출금통장 금리, 현재 잔금, 매월 들어오는 급여금액, (CMA나 MMF와 연계되어 있다면) 금리
- 지출통장: 현재 잔금, 앞으로 통장에서 빠져나갈 지출 계획 등

9. 기타

- 퇴직금: 현재일자로 퇴직할 때 받을 수 있는 퇴직금

- 꿔준 돈이나 받을 돈

10. 대출(대출은 마이너스로 계산)

- 마이너스 통장: 총 대출금액, 잔여 대출원금, 대출이자(%), 월 상환금
  액과 월 대출이자

- 주택담보 대출: 총 대출금액, 잔여 대출원금, 대출이자(%), 월 상환금
  액과 월 대출이자

위와 같은 항목으로 정리해본 나의 현재 자산은 다음과 같다(이해를 돕
고자 대략적인 금액을 예로 든 것이므로 정확한 자산상태가 아님을 이해해주기 바란다).

1. 부동산 집과 관련된 것으로 내 맘대로 당장 현금화 시킬 수 없
는 돈

- 자가: ○○아파트 현 시세 3억 5,000만 원, 전세 2억 2,000만 원

  (여기서 진짜 내 돈은 아파트 현 시세 - 내가 돌려줘야 할 전세금 = 1억 3,000만 원)

- 전세금: ○○아파트 전세 3억 5,000만 원

  (전세로 살고 있는 아파트의 전세금은 만기 때 돌려받을 돈이므로 다 내 돈)

2. 동산 어쨌든 바로 현금화시킬 수 있는 돈

- 예적금: ○○저축은행 5,000만 원 예금, ○○저축은행 5,000만 원 예
  금 등 총 3억 원

- 주식: ○○증권, ○○종목, 매입단가, 수량, 현재 단가 총 2,000만 원

- 펀드: ○○은행, ○○상품명, 매수금, 현재 단가 총 2,000만 원

- 급여통장: 내 급여통장 잔금 30만 원, 남편 급여통장 잔금 150만 원

  (카드결제로 곧 빠질 것)

- 지출통장: 잔금 60만 원(월 계좌이체 될 생활비 등)

3. 대출 대출은 마이너스로 계산

- 아파트 담보 대출: 1억 3,000만 원 대출 중 1억 상환, 잔여원금 -3,000

  만 원, 월 원리금 상환금액 70만 원

- 예금담보 마이너스 대출: 한도 1,000만 원, 현재 대출금 -200만 원

- 근로자학자금대출(대학원 다닐 때 저금리 학자금대출): -1,500만 원

4. 기타 지금 당장 받을 건 아니지만 언젠가는 받을 수 있는 내 돈

- 퇴직금: 남편과 내 퇴직금 합쳐서 5,000만 원

  (퇴직금은 이직을 하게 되면 바로 현금으로 나올 것이고 이직을 하지 않으면 점점

  늘어갈 것이다.)

- 연금: 남편과 내가 들고 있는 연금을 합쳐 4,000만 원

  (*나는 국민연금은 내용과 금액만 확인해놓고 내 자산으로 치지 않는다. 언제 얼

  마를 받게 될지도 확실치 않은 돈이므로 내 돈 같지가 않아서다.)

- 어머니에게 빌려드린 돈: 1억 원

전문적인 지식도 필요 없다. 내 돈이 현재 어디에 있고 어떤 일을 하
고 어떻게 하고 있는지만 파악한다는 마음으로 정리해보자. 그러다 보

면, 자신이 자신의 돈에 대해서 얼마나 무관심했는지 반성하게 될 것이다. 부자가 되고 싶다면서, 내 통장에 돈이 얼마가 들어 있는지도 모르고 보험회사에 내 돈이 얼마가 들어가고 있는지, 그 보험회사가 나에게 언제 얼마의 돈을 내어줄 건지도 모르고 있었다면 어떻게 부자가 되겠는가?

이렇게 정리해보면 어떤 돈이 어디에서 어떤 일을 하고 있는지 정리가 가능하며 내가 도대체 얼마만큼의 재산을 가지고 있는지도 파악이 된다. 현재 상태가 먼저 정확히 파악이 되어야 그 다음 돈을 굴리기가 가능해진다.

사람마다 그 내용이 모두 다를 것이다. 그러므로 일반적인 템플릿을 정리해줄 수는 없다. 내 돈을 가장 잘 아는 내 돈의 주인은 내가 되야 한다는 마음가짐으로 빈 종이에 차곡차곡 내 돈의 하나하나에 대해 상세히 정리해보기로 하자.

●●● 현재 자산으로 미래가치를 계산해보라

내 돈의 상태를 정확히 파악한 뒤 정리하고 나서는 이제 미래가치에 대한 정리도 해보기 시작했다. 지금 현재의 내 재산을 정리하는 것이 아니라 이 상태로 이자를 받고 이 상태로 소득을 얻고 저축할 때 1년 뒤에는 얼마의 돈이 모여 있을 것인지에 대한 계산이다.

지금 5,000만 원짜리 예금은 당장 해지하면 5,000만 원에서 약간의 중도해지이자가 붙은 약 5,000만 원쯤이겠지만 이 5,000만 원짜리 예금이 만기가 되면 몇백만 원의 이자가 붙어 5,000만 원하고도 몇백만 원이 내 돈이 된다. 현재가치는 5,000만 원이지만 만기 이후의 가치는 몇백만 원이 더 불어나는 것이다.

그렇게 내가 원하는 시점의 미래 내 재산을 계산해본다. 대부분 1년 단위의 정기예금을 들 것이므로 1년 뒤의 미래가치는 쉽게 계산해볼 수 있다. 그러나 3년 후, 5년 후의 미래가치도 계산해볼 수 있다. 지금 이 돈이 3년 후 또는 5년 후가 되었을 때의 원금+만기이자를 계산해보고, 3년 후 또는 5년 후까지 내가 지금 상태로 매월 들어갈 수 있는 적금의 만기금액을 계산해보면 그때의 미래가치가 나올 수 있다. 물론, 실제로 미래에 그 정도의 자산을 모을 수 있을지는 아무도 모르는 일이겠지만, 특별한 사건사고 없이 지금 상황 정도로만 안전하게 유지한다면 내 손에 들어올 나의 재산인 것이다.

그럼 지금보다 성큼 자라나 있는 돈을 보면서 흐뭇한 마음이 든다. 이 기특한 놈들을 더 잘 키워야지 하는 마음이 드는 것은 물론이다. 신기한 것은 그렇게 하다 보니 언제나 늘 내가 예상했던 금액보다 1년 뒤는 더 많은 금액이 모이게 되었다는 사실이다.

매일매일 내 돈이 어디에서 어떤 일을 하고 있는지를 파악하고 미래에 잘 성장하기를 바라는 것만으로도 돈은 더 잘 클 수 있다. 식물에게도 사랑한다고 매일 예쁜 말을 해주면 더 잘 자라는 것처럼 관심과 사랑을 주면 더 잘 자라는 것은 세상 모든 사물의 진리인 것 같다.

물려받은 재산이 없어도
부자가 될 수 있다

내가 늘 이렇게 예금 같은 안전한 돈 굴리기만 좋아한 것은 아니었다. 나도 한때 주식이란 놈으로 큰돈을 벌어본 적도 있다.

1990년대 말, 지방에서 올라와 잠실의 반지하방에 살고 있는 직장 3년차 26세 여성은 그해 여름 처음으로 자신을 위해 큰돈을 쓰기로 마음먹었다. 그것은 바로 여름휴가를 이용하여 인도여행을 가는 것이었다. 그 나이에 누구나 그렇듯이 각종 삶에 대한 고민과 아픔에 지쳐 있던 나는 홀로 떠난 일주일간의 인도여행에서 많은 것을 얻고 많은 것을 버리

고 왔다. 정작 버려야 할 미련은 못 버리고 만나지 말았어야 하는 사람
은 만났지만…….

어쨌건 여름휴가로 인도여행을 다녀와 직장 4년차가 되던 그 겨울,
'아프니까 청춘'이었던 이 청춘은 너무 힘든 날을 보내고 있었다. 사내
공모를 통해 200대 1의 치열한 경쟁을 뚫고 박수 받으면서 옮긴 부서생
활은 빡빡하기만 했다. 나는 인정받지 못하고 실수만 늘어갔다. 늘 아프
기만 했던 청춘사업도 더 꼬여만 가고 있었다. 어디론가 도망가고 싶었
다. 이 삶에서 벗어나고 싶었다. 다시 인도로 도망가고 싶었다.

27세의 무모한 이 여성은 결국 그렇게 잘나가던 회사를 하루아침에
때려치고 다시는 직장 생활을 하지 않으리라 다짐하며 다시 인도로 떠
났다.

그래도 나에게는 믿을 만한 구석이 있었다. 신입사원시절부터 아무
것도 모르고 주는 대로 받아온 우리사주(다니고 있는 회사의 주식을 직원이 취
득하는 것)가 꽤 큰 금액으로 성정해 있었던 것이다. IMF를 지날 때부터
싸게 받아놓은 우리 회사 주식이 이후에 엄청나게 올라 잘하면 '1억'쯤
되는 엄청난 금액이 되어 있었던 것이다.

IMF를 지날 때는 최저 3만 원대로 우리사주를 취득한 것도 있었다.
물론 그때 말고는 그보다 훨씬 더 비싼 금액으로 우리사주를 취득했다.
어쨌건 우리나라가 훌륭하게 IMF를 이겨내고 몇 년이 지나 주식 투자
열풍이 불면서 우리 회사 주식은 수십만 원이 되어 있었다.

'1억'이라는 큰돈은 그때까지 내가 살면서 보지도 듣지도 못한 금액
이었다. 나는 내가 엄청난 부자라고 믿었다. 1억이면, 돈 안 벌고 한 달에

100만 원씩 내 맘대로 마음껏 써도 8~9년은 먹고 살 수 있을 돈 아닌가? 새벽에 회사 나가 밤늦게 들어오며 돈 쓸 줄 모르고 돈 쓸 시간도 없었던 나는 한 달에 몇십만 원 정도만 있어도 충분히 살수 있을 것 같았고, 1억이면 뭘 해서든지 이 한 몸 평생 먹고 사는 것은 걱정 없을 듯했다.

주식 투자가 뭔지도 모르던 나는 아무것도 모르고 '우리사주'를 착실히 받아놓은 덕분에 1억이라는 '큰 부자'가 되어 있었다. 나는 인도로 떠나면서 내가 가장 믿는 친구에게 주식계좌를 부탁하고 갔다.

"딱 40만 원이 되면 무조건 팔아줘."

내가 남들보다 예감은 좀 정확한 편이다. 물론 늘 맞는 것은 아니지만 말이다. 역시 내 예감대로 그 주가는 40만 원까지 올랐다. 착하고 믿을 만한 내 친구는 내 주식계좌의 아이디와 비번을 가지고 내 주식을 팔려고 하고 있었고, 그날 그 주식은 40만 원의 장중고점을 찍고 내려왔으나 갑자기 그가 회의에 불려가는 바람에 그날 내 주식을 팔지 못했다. '뭐, 내일 팔면 되지' 했겠지.

그런데 그날 저녁 내 친구는 정말 엄청난 비밀 정보를 친구를 통해 입수하게 된다. 아무도 모르는 대박 정보를 가지고 그는 고민했다. 인도라는 나라는 지금도 그렇지만 그때는 더더욱 인프라가 갖춰지지 않았기 때문에 인도를 두 달 동안 거지처럼 돌아다니고 있는 나에게 연락을 할 방법은 없었고 그 정보는 너무나 확실했기에 그는 자신이 투자하고 있던 모든 주식과 내 주식까지 몽땅 팔아 그 주식에 몰빵했다. 자신의 돈이 불어나는 것도 즐거운 일이지만 인도에서 돌아온 내가 엄청나게 불어나 있는 돈에 기뻐할 상상을 하면서 그 또한 더 기뻤을 것이다.

하지만 인도에서 돌아왔을 때, 우리사주를 40만 원에 팔아 1억이 되어 있어야 할 내 주식계좌에는 내가 보도 듣도 못한 주식만 가득차 있었고 그것들은 이미 휴지조각이 되어 있었다.

내 친구는 미안함에 어쩔 줄을 몰라했다. 그러나 방법이 없었다. 그 또한 친구 말만 듣고 대출까지 해서 엄청난 금액을 끌어모아 나보다 더 큰 손실을 봤고 그도 회사 다니는 월급쟁이 주제에 무슨 방법이 있겠는가? 내 계좌를 덜컥 맡긴 나에게도 일부 잘못은 있었다. 그는 월급을 받거나 돈이 생길 때마다 나에게 조금씩 갚아주었다.

그런데 나는 그 '1억'으로 평생 먹고 살 거라고, 직장까지 이미 때려친 백수가 아닌가? 이제 나는 뭐 먹고 살지? 하루아침에 돈도 없고 직장도 없는 거지가 되어버렸다.

돈도 돈이지만 한두 달 백수로 놀아보니 심심해서 견딜 수가 없었다. 직장을 다닐 때는 시간이 없어서 하루에 여러 건 약속이 잡혀도 한 군데도 못 갈 지경이었는데 어찌 된 일인지 백수가 되니 약속도 뚝 끊겼다. 항상 내가 바빠서 전화가 와도 제대로 통화도 못했던 친구들이 어찌된 일인지 내가 전화할 때마다 회의 중이거나 다른 약속 중이었다. 나중에는 괜히 내가 미안해져 전화를 하지도 않고 잘 받지도 않게 되었다.

오전 늦게 배가 고파 잠이 깨어 대충 뭐 좀 혼자 챙겨먹거나 말거나, 그리고 컴퓨터를 좀 하고 TV를 보고, 오후 늦게 배가 고파 뭐 좀 혼자 챙겨먹거나 말거나, 그리고 컴퓨터를 하든지 TV를 보고…… 그렇게 새벽까지 잠 못 들고, 그리고 다시 다음 날 오전 늦게 배가 고파 잠이 깨는 생활의 반복이었다.

이런 생활이 반복되다 보니 죽어도 하기 싫었던 직장 생활이 그리워지기 시작했다. 돈도 없으니 다시 돈도 벌어야 했다. 나는 운 좋게 다른 회사에 다시 취업이 되었다. 그리고 그렇게 중간에 백수생활을 해본 덕분인지 이후로는 그렇게 무모하게 직장을 때려치는 일은 없었다. 물론 때려치지는 않고 그만두는 일은 그 이후로 여러 번 있었지만 말이다.

••• 결혼하면 두 배 더 빨리 부자가 된다

그 친구는 어떻게 됐을까? 나의 1억 주식을 휴지조각과 바꿔먹은 그 친구 말이다. 그 친구는 그로부터 한참 뒤에 나의 남편이 되었다. 내가 주식계좌를 맡길 만큼 믿을 만한 오랜 친구였던 그는 오랫동안 옆에서 혼자 사랑해왔던 나에게 잘해주려는 욕심에 눈이 멀어 내 돈 1억을 날리기는 했지만 여전히 나에게는 둘도 없는 좋은 친구였다. 그가 어느 세월에 내 돈 1억을 다 갚아주겠는가? 이미 그 돈 받기는 포기한 지 오래되었고 수없이 아픈 자기합리화 끝에 '그 돈은 내 돈이 아닐 돈'이라고 결론지었다. 그는 착하고 성실했고 믿을 만한 사람이지만 내가 같이 살면서 잘 잡아주지 않으면 잘 살 수 없는 사람이니 내가 잘 잡아주기로 한 것이다(그래, 맞다. 내가 꼭 잡고 살고 있다).

남자는 결혼 전에 돈 모으기가 대체로 참 힘들다. 술, 담배, 친구 좋아하는 남자들이 많기 때문이다. 그러나 결혼하면 처자식 먹여 살려야 한다는 생각에 책임감 있게 변하는 사람들이 많다. 여자도 마찬가지다. 결혼 전부터 알뜰히 모아 결혼자금 정도는 준비되어 있는 여자도 있는 반면, 명품가방이나 화장품 사고 성형수술 하느라 마이너스 통장만 있는 여자도 많다. 그러나 결혼 뒤에는 집 평수도 넓히고 싶고, 아이 잘 키우고 싶은 마음에 대부분 알뜰한 똑순이들이 된다(그러나 남자나 여자나 결혼해도 정신 못 차리는 사람들은 꼭 있다).

그래서 부자가 되기 위해서 매우 중요한 조건 중 하나는 배우자와 뜻이 맞아야 한다는 것이다. 나는 알뜰히 아껴서 생활하는데 남편이 맨날 술먹고 다니면서 돈을 펑펑 써대거나, 남편이 착실히 벌어오는데 아내가 명품과 사치를 즐긴다면 돈이 모아질 리가 있는가? 또 나는 안전하게 예적금을 들자고 하는데 남편은 어디서 자꾸 정보 듣고 와서 주식 투자 하자고 하면 그것 또한 의견충돌의 원인이 된다. 그뿐인가? 남편이 혼자 잘 먹고 잘 살자고 아내 몰래 뒷주머니를 차거나 몰래 유흥을 즐기면서 돈 쓰는 일을 즐기거나 아내가 남편 몰래 곗돈 붓다가 날리면 부자는커녕 가정도 유지되기 어렵다.

가족이 부자가 되기 위한 목적을 같이 하고 같이 계획을 짜고 같이 알아보고 같이 공부하고 노력하면 적어도 두 배는 더 빨리 부자가 될 수 있다.

우리는 이렇게 결혼 생활을 시작했다. 둘 다 돈이 없으니 신혼집을 얻기가 힘들었다. 나는 당시 의과대학을 다니고 있던 내 동생을 같이 데리고 있어야 했기 때문에 무조건 화장실 두 개 있는 집을 알아봐야 했다.

남편이 살고 있던 서울 변두리 동네에 지하철역과 가까운 어느 아파트를 구경갔다가 지은 지 얼마 안 된 새 아파트를 처음 구경한 나는 그 집에 꽂혀 버렸다. 지금 생각하면 지역적 호재가 있는 다른 동네 아파트에 꽂혔으면 더 많이 벌었을 텐데 싶지만 말이다.

주식계좌에 들어 있던 1억은 날렸지만 내가 인도에 가 있는 동안 내 동생이 살고 있었던 전셋집 보증금은 남아 있었다. 그렇다. 그래서 어떤 경우에라도 집을 걸어서 투자를 하면 안 되는 것이다!

내가 동생과 살던 잠실 집의 보증금 6,000만 원을 빼서 3,000만 원은 시골집으로 보내 엄마 아빠가 평생 첫 집을 사는 데 보태고, 그동안 내가 모은 돈까지 합치니 약 4,000만 원, 남편이 붓고 있던 평생연금 통장과 보험들을 다 깨고 마이너스 통장까지 받아서 4,000만 원을 맞췄다(아무리 그래도 여자인 내가 돈을 더 많이 내는 건 좀 그렇지 않은가? 물론, 혼수 장만 같은 것은 다 남편의 카드로 긁었지만 말이다). 그렇게 해서 총 8,000만 원을 들고 집을 알아보고 있었다.

시어머니가 그 돈으로 집을 사라고 하셨다. '2억이 넘는 집을 8,000만 원으로 어떻게 사나' 싶었지만 방법이 있었다. 바로 아파트 '담보 대출'이었다. 2억 1,000만 원짜리 집을 1억 3,000만 원 대출을 끼고 그 집을 샀다. 물론, 공동명의다.

결혼식도 예물도 예단도 모두 간단하게 했다. 그 흔한 예물 하나 없이 보이지도 않는 작은 다이아가 박힌 커플링 하나씩을 나눠 끼고 결혼을 했다. 내가 동생이랑 살던 오래된 살림살이들이 있어서 웬만한 것들은 새로 사지도 않았다.

그 이후로 몇 년 동안 우리는 둘이 같이 열심히 벌고, 열심히 모아서 마이너스 대출과 아파트 담보 대출을 모두 갚았다.

그리고 그 집에서 두 아이가 태어났고 내 동생은 그 집에서 전문의가 되어 병원 가까운 곳으로 독립했다. 그동안 부동산이 급등하면서 서울 시내 아파트값이 엄청나게 올랐지만 서울 변두리에 나홀로아파트인 우리 아파트는 거의 움직임이 없었다.

그래서 우리는 그 집을 전세 주고, 그동안 모아놓은 돈을 보태서 근처에 더 큰 집으로 전세를 가서 시부모님을 모시고 살았다. 사실 우리가 맞벌이를 하기 때문에 우리가 시부모님을 모시고 산다는 것보다는 시부모님이 손주들과 아들 며느리까지 키우고 있다고 이야기하는 것이 옳다.

●●● 모으고 쓰는 재미는 함께 누려라

그러고 보니 우리는 정말 식구들에게 들어가는 돈은 안 아껴도 우리 부부에게 들어가는 돈은 아끼며 살았다. 그러나 가족들이 그렇게 서로 돕지 않았다면 아무리 우리가 많이 벌고 허리띠를 졸라 매도 작은 부자가 되는 일은 어려운 일일 것이다.

만약에 식구 중에 누가 많이 아프기라도 했으면? 만약에 시부모님이 아이를 봐주시지 않았더라면? 만약에 내가 여러 이유로 일을 그만둬버렸더라면? 만약에 위험성 높은 상품에 투자를 해서 손실을 봤더라면?

그러니 가족들이 건강하고 서로 믿고 도와주며 힘들어도 계속 벌려고 노력하고, 안전하고 착실하게 모은 덕분에 서울에서 남들 사는 만큼은 살게 된 것이다.

가장 평범한 것이 가장 어려운 일일 수도 있다. 그러니 부자 부모 밑에 태어나지 못한 것을 더 이상 원망하지 말고 그저 부모님이 건강하신 것이 내가 부자되게 도와주는 길이라고 고맙게 생각하자. 연봉도 작고 미친 상사가 매일 갈궈도 매월 월급 주는 직장이 있다는 것을 고맙게 생각하고, 한 방에 부자될 욕심 버리고 착실히 벌고 알뜰히 아끼면서 모아간다면 누구나 언젠가는 작은 부자쯤은 될 수 있다.

남편은 여전히 작은 금액으로 주식을 즐긴다. 그리고 나 몰래 가끔씩 '로또'를 사는 것도 알고 있다. 하지만 그것 또한 그가 부자가 되고자 하는 노력의 일부이기에 그냥 알고도 모른 척한다. 혹시라도 대박이 날지 어떻게 아는가? 물론 기대는 전혀 안하고 있다.

남편은 가족을 위해 성실하고 열심히 일하고 있다. 그리고 그 누구보다 가족을 사랑하고 있고 가끔씩 주식과 로또를 즐기는 것도 자신의 유흥과 안녕을 위한 것이 아니라 가족을 위하는 마음인 것을 알고 있다. 결혼 전 그가 큰 실수를 한 것도 사실은 나를 사랑하는 마음에서 비롯된 것이었고 그것이 비록 잘못된 결과를 낳긴 했지만, 앞으로 잘못된 선택을 하지 않도록 나는 그저 감시만 잘 하면 되는 것이다.

사실 남편의 모든 금융거래는 내가 다 관리하고 있다. 그의 공인인증서와 모든 금융정보는 내가 가지고 있기 때문이다. 그래서 우리 부부 사이에 숨겨진 돈은 10원도 없다. 아, 남편은 내가 자세히 알려주지 않으면 모를 수도 있겠다. 남편은 때로는 자기 이름으로 된 예금이 얼마 있는지도 모를 때도 있다. 결혼 후 나 몰래 친구 돈을 빌려서 주식을 조금 하다가 날려서 딱 걸린 이후로 남편은 자신의 모든 금융활동의 권리를 포기했다('포기당했다'가 맞는 표현일지도 모르겠다).

하지만 신기한 것은 그가 모든 것을 포기하고 내가 모든 것을 쥐기 시작한 순간부터 우리 집의 돈이 늘어나기 시작했다는 것이다. 이제 남편은 금융활동의 권리가 없어서 오히려 편하다고 한다(진짜 편한 것인지 길들여진 것인지는 아직은 잘 모르겠다).

하지만 나는 우리의 모든 자산을 다 공유한다. 그럴 때마다 남편은 깜짝깜짝 놀란다. 언제 그렇게 돈이 모였는지 본인도 놀랄 정도다. 그리고 서로간에 신뢰가 쌓이면 돈을 벌고, 돈을 쓰고, 돈을 모으는 일에 있어서 의견이 부딪힐 일이 없다. 돈에 관한 이야기는 우리가 아이들에 관한 이야기를 하는 것 다음으로 재미있는 주제가 되었다.

가족 사이에, 특히 부부 사이에 의견이 맞지 않으면 부자가 되는 길은 멀고도 험하다. 맞벌이 부부들 중 여전히 경제적으로 합치지 않는 부부도 있다. 하지만 부자가 되기 위해서는 경제적으로 합치고 그 목표와 뜻도 같이 해야 한다. 아내는 남편이 주는 생활비를 아껴서 적금을 들고 남편은 조금씩 주식 투자를 하고 그리고 각자 알아서 잘 하고 있겠지 생각하면 10년이 지나도 모이는 돈이 없다.

둘의 뜻이 정확히 맞지 않는다면 돈 관리를 더 잘 하는 한 사람이 전권을 지고 관리하는 것이 낫다. 누구는 돈은 여자가 관리해야 한다고 하고, 누구는 돈은 남자가 관리해야 한다고 하고, 누구는 돈은 각자가 관리해야 한다고 하지만 부부 사이에도 돈을 더 잘 관리하는 사람이 반드시 있다.

서로를 믿어야 한다. 그리고 서로를 도와야 한다. 돈을 모으고 돈을 쓰는 재미도 가족이 함께 누려야 한다. 가족이 같은 꿈을 꾸고 같은 목표를 가지면 더 빨리 부자가 될 수 있다.

3부

연예기사보다
경제기사를
뒤져라

돈 빌릴 생각 전에
갚을 계획부터 세워라

●●● 빨리 갚는 게 이익일까, 나눠서 갚는 게 이익일까?

결혼할 때 아무것도 모르고 '1억 3,000만 원'이라는 돈을 은행에서 빌려서 평생 처음 집이라는 걸 사긴 했는데, 처음에는 아무 생각이 없었다. 그저 '30년 동안 갚으면 되는 대출이니까 살다 보면 언젠가는 빚 다 갚아지겠지'라는 생각뿐.

그러나 대출이라는 것이 내가 갚고 싶다고 해서 마음대로 갚을 수 있는 것도 아니었다. 30년 장기대출은 30년간 나누어서 매달 갚아가는 원금과 이자 외에 더 빨리 갚으려면 '중도상환수수료'라는 것을 내야 했다.

　중도상환수수료는 말 그대로 대출기간 중간에 대출원금을 갚을 때 은행이 수수료를 받겠다는 것이다. 돈을 빌린 사람 입장에서는 '내가 내 돈을 갚겠다는데 왜 수수료까지 내야 해?'라고 생각할 수도 있겠지만(물론 나도 그렇게 생각했다), 돈을 빌려준 사람 입장에서 생각해보면 그 이유를 이해할 수 있다. 돈을 빌린 사람이 너무 일찍 돈을 다 갚아버리면 은행에서 이자를 받을 수 없고 그렇게 되면 은행에서 얻을 수 있는 최소한의 이익이 줄어들기 때문이다.

　은행에서 돈을 빌려주면 돈을 빌려주는 은행 입장에서도 나름의 비용이 발생한다. 대출승인에 대해 신용조사도 해야 할 것이고, 담보에 대한 설정비도 들 것이고, 담보를 진행한 직원의 인건비도 줘야 할 것이다. 그런데 만약에 어떤 사람이 한두 달만 쓰고 너무 일찍 원금을 갚아버리면, 은행 입장에서는 한두 달 이자를 받아서는 들어간 비용만큼도 안 되기 때문에 오히려 돈을 빌려주는 것이 더 손해를 보는 것일 수도 있다. 그래서 어느 정도 기간까지는 대출을 유지하도록 하고 이자를 챙겨 받기 위해서 중간에 중도상환수수료를 내도록 한다.

　중도상환수수료는 대출상품마다 다르지만, 보통 3년이 지나면 면제가 된다. 대출을 시작한 지 3년이 지나면 중도상환수수료 없이 언제든지 원금을 갚을 수 있다.

　보통 중도상환수수료가 1.5%라고 하면, 내가 갚고자 하는 돈의 1.5%를 수수료로 같이 내야 한다는 뜻이다. 만약 내가 1,000만 원의 목돈이 생겨서 매월 정기적으로 나가는 원리금 외에 별도로 대출원금을 갚고자 한다면, 1,000만 원×1.5%=15만 원을 수수료로 내야 한다는 것이다. 결코 작은 돈이 아니다. 하지만 이 중도상환수수료가 아깝다고 중도상환수수료가 면제될 때까지 기다릴 것인가 하는 것은 생각해봐야 할 문제다. 1,000만 원을 미리 갚음으로써 앞으로 내야 할 대출이자를 15만 원이상 아낄 수 있다면 중도상환수수수료를 내더라도 미리 갚는 것이 더이익이기 때문이다.

만약 3년 이후 중도상환수수료가 면제되는 대출을 가지고 있는데 대출을 시작한 지 2년 6개월쯤 되는 시점에 돈 1,000만 원이 생겼다고 하자. 이럴 때는 6개월을 더 기다려서 수수료 15만 원을 아끼고 6개월 후에 1,000만 원을 갚는 것이 나은지, 아니면 지금 당장 중도상환수수료를 내고 갚는 것이 나은 것인지 잘 계산을 해보고 선택을 해야 한다.

이것 또한 바로 선택의 문제다. 미래가치에 대한 계산을 해봐야 한다. 대출이자는 임의로 5%로 계산하겠다.

• 대출 후 2년 6개월 시점에 1,000만 원을 원금 상환하는 경우
중도상환수수료 1.5% 15만 원 발생. 하지만 1,000만 원을 미리 갚음으로써 향후 6개월 동안 이자 25만 원 절약 → 15만 원 내고 25만 원 아끼므로 10만 원 이익.

• 6개월을 더 기다렸다가 중도상환수수료 면제 시 1,000만 원을 원금 상환하는 경우
중도상환수수료 0원. 하지만 1,000만 원에 대한 6개월 이자 25만 원을 계속 내야 함. 그러나 이 1,000만 원을 6개월 단기예금에 넣을 경우 (5% 금리

로 계산했을 시) 세후 21만 원 이자 발생 → 대출이자 25만 원 내고 예금이자 21만 원 받으므로 전체적으로 4만 원 손해.

이럴 경우는 중도상환수수료를 내더라도 미리 갚는 것이 이익이다. 그러나 중도상환수수료율과 면제기간까지 남은 기간, 그리고 은행에 단기예금을 들었을 때의 이율에 따라 어느 것이 더 이익인지는 달라진다. 하지만 대부분의 경우 대출은 중도상환수수료를 내더라도 최대한 빨리 갚아나가는 것이 앞으로 내야 할 이자를 아끼게 되어 더 이익인 경우가 많다.

요즘은 보통 1.5%에 3년 이후 면제되는 중도상환수수료는 대출상품에 따라 다양해지고 있다. 중도상환수수료를 일부 면제해주는 상품도 있고 중도상환수수료율 자체가 점점 낮아지는 상품도 있다. 하지만 이런 상품들도 자세히 살펴보면 중도상환수수료가 일부 면제되는 대신 금리가 약간 더 높다. 그래서 이래저래 머리를 굴려봐도 어느 것이 더 이익인지 계산하기가 정말 어려운 경우가 많다. 금융기업에서 대출상품 만들어서 대출로 돈을 버는 일을 하는 전문가들이 쉽게 상품을 만들었을 리가 없다. 그래서 대출을 받기 전에 미리 자신에게 맞는 대출 상환 계획을 세우고 그에 맞는 상품으로 꼼꼼하게 알아봐야 한다.

요즘은 대출상품만 전문적으로 상담해주는 대출전문 사이트들이 많이 있다. 그런 사이트를 이용하면 친절하고 자세한 상담을 통해 현재 가장 좋은 조건의 대출을 안내해서 연결해준다. 스스로 알아볼 시간이나 배경지식이 부족하다면 이런 서비스를 이용하는 것도 매우 유용하다.

하지만 각 대출상담전문 사이트마다 자신들이 강력 추천하는 대출상품의 종류들이 조금씩 다를 수 있다. 결국 여러 가지 상품들 중에 자신에게 가장 맞는 상품을 결정하는 것은 본인의 몫이 될 수밖에 없다.

가장 중요한 것은 대출을 받기 전에 대출금액과 상환계획을 세우고 그에 맞는 상품을 찾는 것이고, 그 다음은 선택에 대한 미래가치를 계산해서 현명하게 갚아나가는 것이다.

●●● 만기 일시 상환 vs 원리금 균등 분할 상환 vs 원금 균등 분할 상환

만약에 내가 신혼집을 장만할 때 대출 받기 전 미리 상환계획을 세웠더라면, 30년의 장기대출을 받지는 않았을 것이다. 왜냐하면 나는 결혼해서도 계속 일을 할 생각이었으므로 다달이 더 큰 금액을 갚아나갈 수 있었는데, 30년 장기로 기간을 정함으로써 매달 갚아나가는 원금이 작아지고 그래서 그 외에 더 큰돈을 갚을 경우는 중도상환수수료를 내야 했기 때문이다.

내가 1억 3,000만 원을 30년 장기로 은행에서 담보 대출을 받았을 때, 한 달에 내야 하는 돈은 얼마나 될까? 먼저, 아주 단순하게 계산해보자. 1억 3,000만 원을 30년, 즉 360개월(12개월×30년=360개월) 동안 나누어서 갚는다면 한 달에 약 36만 원 정도를 갚으면 된다. 그럼 나는 매달 36만 원씩만 은행에 주면 30년 뒤에는 대출원금을 다 갚을 수 있다.

여기서 끝일까? 아니다. 만약 단순히 무이자 할부로 갚아가는 것이라면 은행은 돈 빌려주고 뭐 먹고 살겠는가? 그래서 은행은 이자를 받아야 한다. 편의상 연이율 5%로 계산해보면, 1억 3,000만 원을 빌린 이자로 매년 650만 원의 이자를 은행에 줘야 한다. 이 650만 원을 월로 나누면 매달 54만 원 정도의 이자를 은행에 내야 한다.

그렇다면, 1억 3,000만 원 대출에 대해, 30년 동안 매달 원금 36만 원씩에 이자 54만 원씩을 내야 하니 매달 90만 원씩을 꼬박꼬박 은행에 내야 하는 것이다.

그런데 계산은 그렇게 단순하지 않다. 왜냐하면 내가 대출에 대한 원금을 매월 36만 원씩 갚아갈수록, 대출원금이 조금씩 줄어드는 것이고, 대출원금이 줄어들면 그에 대한 이자도 조금씩 줄기 때문이다.

그래서 대출이자 계산은 엄청나게 복잡하다. 하지만 걱정하지 않아도 된다. 요즘 인터넷에서 제공하는 금융계산기를 이용하면 편리하게 계산이 가능하다. 대출금액과 대출기간, 그리고 대출금리를 넣으면 매월 갚아가는 원금과 내야 할 이자가 자동으로 계산이 된다.

여기서 대출상환 방식에서 고민하게 된다. '원금 균등 분할 상환'과 '원리금 균등 분할 상환', 그리고 '만기 일시 상환'이 뭘까?

먼저 '만기 일시 상환'은 만기가 되었을 때 한꺼번에 갚겠다는 것이다. 이것은 내가 30년 동안은 이자만 계속 내다가 30년 뒤에 1억 3,000만 원의 원금을 한꺼번에 갚겠다는 것이다.

'원금 균등 분할 상환'은 원금을 똑같은 금액으로 매달 갚겠다는 것이다. 1억 3,000만 원을 30년, 즉 360개월로 나눈 금액 약 36만 원을 매월 갚겠다는 것이고, 따라서 원금을 갚아나가는 만큼 이자는 조금씩 줄어들 것이다. 그래서 30년에 걸쳐서 내가 내야 할 돈은 조금씩 줄어들어

마지막 달에는 결국 다 갚게 되는 것이다.

그럼, '원리금 균등 상환'은 무엇일까? 그렇다. 원금과 이자를 합친 금액을 매월 똑같은 금액으로 내겠다는 것이다. 따라서 '원리금 균등 상환'의 경우 30년 상환기간 동안 매월 똑같은 금액의 돈을 은행에 내지만 그 내용을 살펴보면 매월 원금과 이자의 비율이 조금씩 달라진다.

실제로 금융계산기를 이용하여 계산을 해보면 다음과 같다. 대출금액은 1억 3,000만 원, 대출기간은 30년, 대출금리는 5%로 동일하게 계산하겠다.

• 만기 일시 상환: 매월 55만 원 정도의 이자만 내고 30년 후에 1억 3,000만 원을 한꺼번에 갚는다. 30년 동안 내는 이자의 총 합계는 1억 9,500만 원이다.

• 원금 균등 분할 상환: 대출원금 1억 3,000만 원을 360개월로 나누면 매월 36만 원 정도의 원금을 동일하게 갚아나간다. 이자는 첫 달에는 1억 3,000만 원 대출원금에 대한 55만 원 정도이고, 30년 후 마지막 달에는 원금을 거의 갚아 얼마 남지 않았기 때문에 이자는 겨우 몇천 원 정도다. 그러니 첫 달 내는 돈은 원금 36만 원+이자 55만 원＝91만 원 정도이고 원금을 갚아나가는 만큼 이자는 점점 줄어들어 30년 뒤 마지막 달은 마지막 남은 원금 36만 원 정도만 내면 끝이다. 30년간 내야 하는 이자의 총 합계는 9,780만 원 정도다.

• 원리금 균등 분할 상환: 매월 똑같은 금액의 원리금을 갚아가는 것이므로 매월 약 70만 원 정도를 30년간 동일하게 내게 된다. 매월 70만 원 중 첫 달은 원금 14만 원을 상환하고 이자가 55만 원 정도 되는 것이고, 원금을 다달이 갚아가면서 30년 뒤 마지막 달 내는 약 70만 원 중에는 거의 대부분이 원금이고 이자는 얼마 되지 않는다. 30년간 내는 이자의 총 합계는 1억 2,140만 원 정도다.

대출원금 외에 은행에 내야 하는 이자로만 계산한다면 '만기 일시 상환'이 가장 많고 '원금 균등 분할 상환'이 가장 적다. 하지만 대부분 '원리금 균등 분할 상환'을 택하는 경우가 많은데 이는 매월 동일한 금액을 은행에 내는 것이므로 소득과 지출에 따라 대출 상환 계획을 세우기가 편리하기 때문이다.

어떤 것이 더 좋은지는 돈을 빌리는 사람의 상황에 따라 다르다. 빌린 돈의 용도와 상환 계획에 따라 결정을 해야 한다.

하지만 빌려주는 사람 입장에서는 조금이라도 위험도를 줄이기 위해 만기 일시 상환보다는 처음부터 매달 원금을 갚아나가는 것을 선호한다. 만기 일시 상환은 30년간 이자만 받아야 하기 때문에 30년 뒤에 원금을 못 받을 가능성이 조금이라도 커지기 때문이다. 그래서 대부분 은행에서는 대출을 해줄 때 '거치 기간'이 길어지는 것을 선호하지 않는다. '거치 기간'이란 대출을 받은 후, 원금을 갚지 않고 매달 이자만 납부하는 기간이다.

만약에 30년 장기대출을 내면서 만기 일시 상환 방식을 택한다면 거치 기간이 30년이 되는 것이다. 만약에 내가 30년 장기 대출에 3년 거치 기간을 가지고 원리금 균등 상환을 하겠다고 하는 것은, 3년까지는 원금을 안 갚고 이자만 내고 지내다가 3년 이후부터 만기 때까지 매월 똑같은 일정금액을 내겠다는 이야기다.

그리고 이자는 일단위로 계산되므로 매월 내야 하는 이자만 보면 매월의 일수(28일인지, 30일인지, 31일인지)에 따라 조금씩 달라진다.

••• 무리한 상환 계획은 위험성만 더 높인다

그래서 나도 내 생애 첫 아파트를 담보로 1억 3,000만 원을 30년 장기로 대출을 받으면서 '원리금 균등 분할 상환' 방식을 선택했다. 내가 선택했다기보다는 당시 은행에서 권유해주는 대로 30년 장기에 원리금균등 분할 상환을 선택한 것이다.

만약 대출이자가 5%라면, 나는 매월 약 70만 원씩을 은행에 냈을 것이고, 이 금액 외에 내가 여윳돈이 생겨서 대출원금을 상환해 대출이자를 낮추고 싶을 때는 상환금액의 1.5%에 해당하는 중도상환수수료를 내야 했을 것이다.

그런데 만일 내가 매월 70만 원 이상을 은행에 낼 수 있는 상황이었다면, 대출기간을 30년이 아니라, 10년으로 했으면 더 좋았을 것이다. 왜냐하면, 대출기간을 10년으로 했을 경우, 원리금 균등 분할 상환 방식으로 매월 140만 원 정도를 내게 된다. 그럴 경우 매월 70만 원을 내는 것보다 두 배로 원금 상환 속도가 더 빨라지고 나는 중도상환수수료를 더 아낄 수 있었을 것이기 때문이다.

하지만 무조건 빨리 갚겠다는 계획을 세운다고 해서 은행에서 다 들어주는 것은 아니다. 예를 들어, 월수입 100만 원인 사람이 아파트 담보 대출을 받으면서 "원리금 균등 상환 방식으로 매월 300만 원씩 갚겠습니다" 하면 은행에서 "안 됩니다"라고 거절할 수도 있다.

대출에 대한 연체가 발생하면, 즉, 돈을 빌려간 사람이 매월 내기로 약속한 돈을 내지 못하면 갚지 못한 이자에 대하여 연체이자가 또 붙는다. 처음 빌린 돈에 대한 이자는 계속 연체되고, 내기로 한 돈에 대한 연체 이자도 또 늘어나니 점점 더 위험한 상황으로 갈 가능성이 높아지는 것이다. 결국, 무리한 상환계획은 위험성만 더 키울 뿐이다. 그러니, '무조건 빨리 갚아야지' 하는 생각에 너무 빠듯한 상환계획을 세워도 안 된다.

그래서 대출을 받을 때는 자신의 수준에 맞는 상세한 상환계획이 먼저 세워져야 자신에게 딱 맞는 현명한 대출을 받을 수 있다.

돈을 갚기 힘들어도,
방법은 있다

●●● 최악의 경우 가정하기

만약에 내가 집을 담보로 은행에서 돈을 빌리면 은행은 내 집에 근저당 설정을 걸어놓는다. 이 근저당 설정이라는 것은 내가 혹시라도 원리금을 상환하는 데 문제가 생기면 은행 맘대로 이 집을 팔아서 자기 돈을 챙겨 갈 수 있는 권리이다.

그런데 나는 은행에서 1억 3,000만 원을 빌렸는데, 은행은 나에게 빌려준 돈보다 20% 정도 더 많은 금액인 1억 5,600만 원을 근저당 설정으로 걸어놓는다. 만약 내가 은행의 돈을 갚는 데 문제가 생기면 은행은 1

억 5,600만 원 이내에서 돈을 챙겨갈 권리를 가지는 것이다.

왜 그런 것일까? 나에게 빌려준 돈보다 더 큰 금액을 근저당 설정으로 잡아놓는 것은?

나중에 최악의 경우 은행이 내 집을 팔아서 자기 돈을 챙겨갈 때 들어갈 비용, 즉 내가 그동안 연체한 이자와 집을 처분할 때 드는 경매 비용까지 미리 잡아놓는 것이다. 한마디로 내가 돈을 갚지 못하는 최악의 경우에도 은행은 한 푼도 손해보지 않고 자기 돈을 챙겨가겠다는 것이다.

그럼, 최악의 경우를 한번 가정해보자.

만약 내가 매월 내야 하는 70만 원의 원리금 상환을 하지 못하게 되면 어떻게 될까? 그에 대한 연체가 계속된다면, 은행은 결국 내 아파트를 경매에 넘길 것이다(이런 상상은 하기 싫지만, 여러분의 이해를 돕기 위해서 기꺼이 상상 속의 파산을 맞이하겠다).

내 아파트의 시세가 2억 1,000만 원이라고 하자. 그리고 은행은 나에게 1억 3,000만 원을 빌려주면서 근저당 설정을 1억 5,600만 원을 했다고 하자. 내가 원리금을 상환하지 못하고 연체를 하기 시작하면 은행은 고민할 것이다. 가장 먼저 경고와 독촉으로 제대로 상환을 하도록 유도할 것이다. 그러다가 도저히 안 되겠다고 판단하면 내 아파트를 경매에 넘긴다. 그리고 경매에 낙찰되면 은행이 받을 돈부터 챙기고 남는 돈은 나에게 줄 것이다.

하지만 이미 경매로 넘어가게 되면 돈을 빌려준 은행이나 돈을 빌린 사람이나 손해를 보는 경우가 거의 대부분이다.

집이 경매에 넘어가게 되면 가장 먼저 그 집에 대한 감정을 받아 감정가를 계산한다. 감정가라는 것은 그 집의 가치를 산정하는 것이다.

만약 감정가가 시세와 동일하게 2억 1,000만 원이 나왔다고 하자. 그럼 경매에서는 "자, 여기 2억 1,000만 원짜리 아파트가 나왔습니다. 살 사람 있나요?" 하고 1차 경매에 들어간다.

만약 누군가 내 아파트를 2억 1,000만 원에 산다면, 은행은 나에게 빌려준 원금과 내가 그동안 내지 못했던 이자와 경매에 들어간 비용 등 자기가 챙겨갈 것을 계산하여 챙겨가고 나머지 돈은 내가 받을 수 있을 것이다. 하지만 나는 그 돈을 받고 집을 비워줘야 한다.

이렇게만 되도 솔직히 나에게 큰 손해는 없다. 왜냐하면, 처음부터 내 돈은 8,000만 원 밖에 없었고 1억 3,000만 원은 은행에서 빌린 돈이었다. 따라서 내 집이 없어져도 수천만 원을 건질 수 있다면 그동안 아파트에서 살았던 시간을 생각하면 그나마 아주 큰 손해는 아니기 때문이다.

문제는 경매에 넘어간 내 아파트를 시세인 2억 1,000만 원을 다 주고 사는 사람이 없다는 것이다. 시세대로 살 것 같으면 누가 경매에서 집을 사려고 하겠는가? 부동산 가서 편하게 2억 1,000만 원 주고 사면 되지, 경매까지 해가면서 복잡하고 힘들게 사려고 하겠는가?

그래서 1차 경매에서 "제가 살게요" 하는 사람은 거의 없고, 그렇게 되면 1차 경매는 유찰이 되는 것이다. '유찰'은 경매에서 살 사람이 없어서 무효가 되는 것이고, '낙찰'은 누군가가 "제가 살게요" 하고 약속하는 것이다.

경매에서 1차 유찰이 되면, 즉 1차 경매에서 사려고 하는 사람이 없으면 2차 경매의 최저가는 20%가 내려간다. 그러니까 2억 1,000만 원에서 20%가 다운되면 이제는 "자, 2억 1,000만 원짜리 아파트를 1억 6,800만 원에 살 수 있습니다. 살 사람 있나요?" 하고 물어보는 것이다.

경매에서 최저가란, 경매에 참여하는 사람이 적어낼 수 있는 가장 낮은 가격이다. 예를 들어 2차 경매에 참여하는 사람들은 적어도 1억 6,800만 원보다는 높은 가격을 적어내야 하며, 적어낸 사람 중에 가장 높은 금액을 쓴 사람이 '낙찰' 받는 것이다.

만약 2차 경매에서 누군가가 1억 6,800만 원으로 낙찰을 받았다면 어떻게 될까? 은행은 근저당 설정이 되어 있는 1억 5,600만 원 이내에서 원리금과 경매비용 등을 포함해서 자기 것을 챙겨가고 남는 것이 있으면 내가 받을 수 있을 것이다. 그럼 나는 아주 약간의 돈만 챙기고 집을 넘겨줘야 한다.

진짜 심각한 문제는 이제부터다. 만약 2차 경매에도 낙찰 받은 사람이 없다면? 그럼 3차 경매의 최저가는 이전보다 또다시 20%가 떨어진 1억 3,440만 원이 된다. 이렇게 되면 이제 은행도 자기가 받아야 할 돈을 다 받는다는 보장이 없게 된다. 받아야 할 원금과 연체이자, 그리고 경매에 들어간 비용까지 다 해서 은행이 받아야 할 돈보다 낙찰가가 더 낮다면 은행도 손해를 보게 되는 것이다.

집주인인 나는? 한 푼도 받지 못하고 집에서 쫓겨나는 상황이 된다. 말 그대로 길거리에 나앉아야 하는 상황이 오는 것이다.

이렇게 대출은 정말 무서운 것이다. 쉽게 빌려준다고 쉽게 받아쓸 것이 아니다. 그래서 은행도 이런 상황에 대비해서 돈을 빌려줄 때 쉽게 돈을 빌려주지 않는다.

조금 어려운 이야기로 들어가자. 만약 채무자, 즉 돈을 빌린 사람이 돈을 갚지 못해서 담보가 경매로 넘어가게 되어 3차 경매까지 가면 감정가의 약 50% 정도까지 최저가가 낮아진다. 그럼 쉽게 이야기해서 은행이 손해를 안 보려면 적어도 집값의 60% 정도까지만 대출을 해줘야지, 그보다 더 대출을 해주게 되면 나중에 손해를 볼 가능성이 더 높아진다.

그래서 은행은 아파트를 담보로 돈을 빌려줄 때 아파트 시세 대비 일정 비율 이상은 빌려주지 않으려고 하고, 여기서 LTV(주택담보인정비율)이 적용된다.

만약 LTV가 60%라고 한다면, 집값의 60% 내에서만 돈을 빌려주겠다는 말이다. 그러니까 2억 1,000만 원의 아파트를 담보로 대출을 받을 때, 집값의 60%인 1억 2,600만 원까지만 빌려주겠다는 이야기다. LTV가 40%라고 한다면 2억 1,000만 원의 40%인 8,400만 원까지만 빌려주겠다는 말이다. 이 말은 만약 내가 대출을 했을 때 LTV 60%가 적용되었다면 내가 2억 1,000만 원의 아파트를 담보로 1억 3,000만 원의 대출을 은행에서 빌리는 것은 불가능하다는 이야기다.

이렇게 집값 대비 빌려주는 돈에 제한을 두는 것과 동시에 '이 사람이 돈을 갚을 만한 능력이 되는가?'를 따져서 그 한도만큼만 돈을 빌려준다. 은행이 이자를 더 받을 욕심에 그냥 막 빌려주고 싶다고 해도, 정부에서 돈을 빌리는 사람과 빌려주는 은행의 부실의 막기 위해서 무분별한 대출을 방지하고 있다.

DTI(총부채상환비율)는 'Debt to Income'의 약자로 소득 대비 대출, 즉 돈을 빌린 사람의 소득 대비 대출 상환 능력을 말하는 것이다. 내가 버는 총소득에서 부채의 연간 원리금 상환액이 차지하는 비중이다.

예를 들어, 내가 연봉이 3,000만 원인데, 매월 원리금 상환을 70만 원씩 하고 있다면, 총소득 3,000만 원 대비 연간 원리금 상환액은 70만 원×12개월=840만 원이므로 840만 원/3,000만 원=28%로, DTI비율은 28%가 된다.

만약, 은행에서 DTI 비율을 50%로 설정한다면, 연봉이 3,000만 원인 사람은 연간 1,500만 원 내에서만 원리금 상환이 가능하며, 즉 매월 125만 원씩 원리금을 내는 것 이상은 대출이 불가능한 것이다.

이 말은 또, 만약 DTI 비율이 50%고 내 연봉이 3,000만 원이라면, 1억 3,000만 원을 은행에서 빌리면서 대출기간을 30년으로 하여 매월 원리금 70만 원을 갚아나가는 것은 되지만, 대출기간을 10년으로 하여 매월 140만 원을 원리금으로 갚겠다고 하면 안 된다는 뜻이다. 왜냐하면, 내가 매월 140만 원을 원리금으로 내겠다면 DTI비율은 140만 원×12개월/연봉 3,000만 원=56%로 DTI비율 50%를 초과하기 때문이다. 그래서 DTI 비율을 맞추려면 일정기간 이상의 장기 대출을 받아야 한다.

이렇게 DTI나 LTV를 강화하느냐, 완화하느냐 하는 것은 돈을 더 어렵게 빌려줘야 하는지, 더 쉽게 빌려줘도 되는지 하는 문제와 동일한 것이다.

이 같은 금융규제를 강화하여 사람들이 돈을 빌리기 어려워지면 부동산을 사기가 더 어려워진다. 대출이 어려워질수록 돈을 많이 가진 사람들만 부동산을 살 수 있기 때문이다. 반대로 이런 금융규제를 완화하여 더 많은 돈을 빌릴 수가 있다면 사람들이 더 쉽게 부동산을 살 수 있다. 하지만 쉽게 사는 만큼, 부실이 커질 수도 있으니 이는 우리 생활과 밀접한 관계가 있다.

참고로 아래에 난 기사를 한번 보자. 이제 이 기사가 의미하는 내용을 제대로 이해할 수 있을 것이다.

정부가 부동산 시장 활성화 방안의 하나로 거론되던 주택담보인정비율(LTV)과 총부채상환비율(DTI)을 완화하지 않고, 현 수준에서 유지하기로 했다. DTI는 매달 갚아야 하는 대출 원리금 상환액이 월 소득의 50~60%를 넘지 못하도록 규제하는 제도이며, 집값에서 대출금이 차지하는 비율인 LTV는 40~60% 이하로만 대출이 가능하도록 돼 있다.

▲ 출처: 2014년 2월 27일, 〈조선일보〉

부동산 담보 대출에 관한 문제는 대출을 이용해서 집을 사는 집주인에게만 해당되는 문제는 아니다. 집을 전월세로 사는 세입자 입장에서도 이런 구조를 잘 알아두어야 내 돈을 떼일 염려가 없다.

그래서 전셋집으로 이사하고 제일 먼저 해야 할 일은 확정일자를 받아놓는 것이다. 대부분 전세살이하는 사람들이 동사무소에 가서 확정일자를 받아놓긴 하지만 왜 받는 것인지 정확하게 이해하는 사람들은 그리 많지 않다.

확정일자를 받는 것은 '우리가 이 집에 전세 계약을 하고 이사 왔어요!'라고 그 집에 '찜'을 해놓는 것이다. '우리가 이 집에 이만큼의 돈을 주고 들어왔으니 우리도 이 집에 대한 권리가 있어요'라고 표시해놓은 것이다.

원래 법적인 권리를 보장받으려면 그 집에 대해 '전세권 설정'을 해야 한다. 은행에서 담보 대출을 해주고 근저당 설정을 해놓는 것처럼 전세금에 대한 권리 설정을 하는 것이다. 만약 2억 전세로 이사를 갔다면 그 집에 대해서 2억의 권리가 있다는 '전세권 설정'을 해야 하는데, 집주인이 자기 집에 전세권 설정을 하는 것을 좋아할 리가 없다. 원래대로라면 돈을 받았으니 해줘야 당연한 것 같지만, 집주인이 '나는 전세권 설정을 해주기 싫으니 다른 집 알아보세요'라고 하면 전세 계약을 할 수가 없다.

전 세계적으로 우리나라에만 있는 이 독특한 전세 제도 아래에서, 대부분 전셋집 설정은 하지 않는 것이 관행이다. 그래서 우리나라의 수많은 전세살이 사람들을 보호하기 위해서 이사날짜를 확정받아 놓으면 그 날짜를 기준으로 우선적으로 전세보증금을 보호받을 수 있도록 하는 제도를 만들었는데 그것이 바로 '확정일자'다.

이 '확정일자' 또한 집에 대한 담보 대출과 밀접한 관계가 있다. 이 확정일자는 일종의 '순서'에 대한 권리다. 만약 '확정일자'를 받기 전에 집주인이 미리 집을 담보로 대출해 놓은 것이 있다면, 나중에 혹시라도 이 집이 경매로 넘어갔을 때 전세금을 받을 수 있는 순서는 앞서 받아놓은 대출보다 뒤가 된다. 그러나 '확정일자' 이후에 집주인이 이 집을 담보로 대출을 받았다면, 나중에 이 집이 넘어갔을 때 그 대출보다 우선적으로 돈을 받을 수 있다.

예를 들어보자. 집주인이 A은행에서 1억을 빌렸다. 그리고 세입자가 그 집에 1억의 전세를 주고 들어가서 확정일자를 받았다. 그리고 그 이후에 다시 집주인이 B은행에서 1억을 빌렸다. 그런데 만약 이 집이 경매에 넘어가게 되면, 제일 먼저 A은행이 1억을 챙겨 받고, 그 다음에 확정일자를 받은 세입자가 1억을 돌려받고, 그 다음에 B은행이 빌려준 1억을 받게 되는 것이다.

그런데 경매로 낙찰된 금액이 총 3억이 안 된다면? 마지막 순서인 B은행은 돈을 다 받지 못하게 된다. 만약 낙찰된 금액이 2억도 안 된다면? B은행이 돈을 받지 못하는 것은 물론이고 세입자도 전세금 1억을 다 돌려받지 못하게 된다.

이렇게 대출 순서는 매우 중요하다. 그래서 대출이 많이 있는 집에는 전세를 들어가면 안 된다. 전세 계약할 당시에는 대출이 없더라도 혹시 이후에 주인이 집을 담보로 대출을 받을 수도 있으니 그 순서를 정하기 위해서 반드시 '확정일자'를 받아놓아야 한다. 만약 확정일자를 받아놓지 않는다면, 이후 집주인이 대출을 무리하게 받아 집이 경매로 넘어가면 그 대출보다 순서가 뒤로 가기 때문에 전세금을 날리는 수가 생긴다.

이렇게 항상 큰돈이 오가고 내 재산과 지출의 가장 많은 부분을 차지하는 집에 대해서는 항상 더 조심하고 더 공부를 해야 할 필요가 있다.

●●● 100% 안전한 임대는 없다

확정일자를 받는다고 모든 전세가 다 안전한 것은 아니다. 일단 대출이 있는 집은 그 위험성 때문에 사람들이 들어오기를 꺼려하고 다음 세입자가 정해지지 않으면 대부분의 주인들은 전세금을 내어주지 않기 때문이다.

전세 만기가 끝나면 법적으로 주인은 전세보증금을 돌려줘야 하지만 사실은 대부분 다음 전세 세입자가 들어오면 그 돈을 받아서 전 세입자를 주게 된다. 몇천 또는 몇억이나 되는 돈을 들고 있는 집주인이 그리 많지 않기 때문이다. 수억씩 들고 있는 부자 집주인이 있다고 해도 집이 나가기도 전에 자기 돈을 빼서 보증금을 먼저 돌려주는 사람은 그리 많지 않다.

그러니 대출이 많아서 집이 안 나가면 집주인은 세입자에게 전세보증금을 돌려주지 못 하는 것이고, 이럴 때 세입자는 전세 계약이 끝난 후 전세보증금 반환 소송을 통해 전세보증금을 돌려받을 수도 있지만 시간이 많이 걸린다.

이렇게 집에 딸린 전세와 대출을 합친 금액이 그 집의 시세를 넘어가는 집을 흔한 말로 '깡통주택'이라고 한다. 주인이 그 집을 팔아도 대출을 갚고 전세금을 빼주고 나면 남는 것이 하나도 없는 것이다. 그런 깡통주택에 전세를 사는 것을 '깡통전세'라고 한다.

최근 집값 하락이 이어지면서 이런 깡통주택과 깡통전세가 늘고 있다. 집값이 올랐을 때 5억인 아파트가 있다고 하자. 주인은 이 아파트를 담보로 2억의 대출을 받았고 1억 5,000만 원의 전세를 내었다. 이때 세입자는 대출과 전세금을 다 합쳐도 3억 5,000만 원밖에 되지 않으므로 그리 위험하지 않다고 판단해 전세를 들어갈 수도 있을 것이다. 그런데 전세를 사는 2년 동안 집값이 하락하면서 현재 아파트 시세가 3억 5,000만 원이 되었다면? 집주인 입장에서는 이 집을 팔아도 은행 빚을 갚고 전세금 내어주면 남는 것이 하나도 없을 것이고, 이렇게 대출이 많은 집은 다음 전세 세입자도 구하기가 힘들어지는 것이다. 그럼 전세를 살고 있는 사람은 만기가 되어서도 전세보증금을 돌려받지 못하게 되고 집주인과의 분쟁이 발생하게 된다.

그래서 최근에는 이런 깡통주택에서 전세보증금을 떼일까봐 일부러 월세를 선호하는 사람도 늘고 있다. 은행금리가 너무 낮아 집주인이 은행금리보다 더 높은 이자를 받기 위해서 월세를 선호하기 때문에 전세는 점점 더 귀해지고 월세 물량만 늘어나는 것이지만, 이런 이유로 전세보다 월세를 선호하는 사람들도 있어 점점 전세는 더 귀해지고 월세 위

주로 재편되고 있다.

만약 집값이 5억인 아파트가 있다고 하자. 한 집은 3억의 전세를 받고, 한 집은 보증금 1억에 월세 120만 원을 받는다고 하자. 둘 다 대출이 없는 아파트라고 하면 당연히 전세 3억의 집을 선호할 것이다. 왜냐하면, 내가 돈이 있다면 3억의 전세를 얻는 것이 1억 보증금에 월세 120을 내는 것보다 더 이익이기 때문이다. 내가 3억을 가지고 있는데 보증금 1억에 월세 120짜리에 들어간다면 나머지 2억은 은행에 넣어놓아야 하는데, 요즘 금리에 2억을 은행 예금에 넣어놓은들 한 달에 120만 원 이자가 안 나온다. 그러니 3억 전세로 들어가는 것이 더 이익이다.

하지만 집값이 5억인 그 두 아파트 모두 대출을 2억씩 끼고 있다면 어떻게 될까? 만약 집주인이 그 아파트를 담보로 2억의 대출을 받고 있다고 하면, 3억의 전세를 주고 그 집에 전세로 들어갈 수는 없다. 혹시라도 주인이 그 대출을 갚지 못해 집이 경매에 넘어가게 되면 전세금을 떼일 수도 있기 때문이다. 그러나 오히려 1억 보증금에 120만 원 월세는 더 안전할 수 있다. 만약 집주인이 대출을 갚지 못해 경매에 넘어가더라도 집값 5억 중 3억 이상으로만 낙찰되면 대출 2억을 제외한 전세보증금 1억을 받을 수도 있기 때문에 오히려 월세가 더 안전할 수도 있다.

이러니 확정일자를 받는다고 해도 100% 안전한 임대는 없다고 봐야 한다. 법대로 하면 안 되는 게 없겠지만 법으로 하면 시간도 오래 걸리고 부수적인 비용도 많이 든다. 우리나라의 전세 제도 아래에서 이런 전세 관련 분쟁은 수없이 많다. 전세와 관련된 각종 사례와 법적인 해결방법은 쉽게 찾을 수 있겠지만, 항상 집에 관한 문제의 가장 좋은 해결책은 '집주인과 세입자 간의 원만한 협의'다.

요즘 전셋집 구하기가 하늘의 별따기처럼 어렵다 보니, 이런저런 자세한 내용은 알아보지도 않고 덜컥 계약을 하는 사람들도 있다. 하지만 그랬다가 아차 하는 순간 귀중한 전세금이 날아갈 수도 있다.

이렇게 집에 있어서는 항상 큰돈이 왔다갔다 하는 문제이기 때문에 언제나 신중하고 어렵다. 평소에 기본적인 원리와 정책을 공부해놓아야 내 돈 떼일 일 없이 더 안전한 집을 구할 수 있다.

연예기사 뒤지면 쪽박차고,
경제기사 뒤지면 대박난다

나는 매일 뉴스를 본다. 요즘 같이 스마트폰이나 컴퓨터로 수시로 인터넷에 접속하는 시대에 매일 뉴스를 안 보는 사람이 이상할 정도이니 이건 당연한 이야기다.

나는 매일 경제 뉴스도 본다. 나도 그렇지만, 보통은 포털사이트 메인에 나오는 뉴스를 클릭해서 그 뉴스 사이트를 따라 인기 있는 화제의 뉴스들을 보다가 더 이상 볼 게 없으면 뉴스 사이트를 빠져나온다. 그러나 나는 메인에 나오는 화제의 뉴스를 따라 뉴스 사이트에 들어가는 것

까지는 똑같지만, 일부러 경제 뉴스를 따로 꼭 챙겨본다. 그래서 그중에
나에게 영향을 줄 수 있거나 내가 알아야 할 내용이 있는지 꼭 살펴보는
편이다.

얼마 전, 경제 뉴스를 읽다가 이런 기사가 눈에 딱 들어왔다. "월세
50만 원 세입자 전세금 2,500만 원 홀딱 날린 사연". 전세 사는 사람들
은 전세금 안 날리려면 이런 기사는 꼭 읽어둬야 한다. 나는 기사를 클
릭했다.

서울 양천구 목동 A빌라에 세들어 사는 장 모 씨(47세). 2011년 1월 보
증금 2,500만 원에 월세 50만 원으로 임대차 계약을 했다. 당시 집주인
이 매매가(1억 5,000만 원)의 60%인 9,000만 원을 은행에서 대출받는 과
정에서 근저당이 설정됨에 따라 반전세 계약을 한 것이다.집이 경매로
넘어가 1억 1,500만 원 이하로 낙찰되면 보증금을 떼일 수 있는 위험부
담이 따랐지만 소액임차인에 해당, 최우선변제금을 우선 받을 수 있다
는 계산에서였다.

주택임대차보호법이 개정돼 2010년 7월26일 이후 서울은 7,500만 원
이하 보증금 범위 내에서 2,500만 원까지 최우선변제를 받을 수 있었
다. 하지만 우려한 대로 2013년 초 세들어 산 집이 경매에 부쳐졌고 장
씨는 소액임차인 신분으로 최우선변제를 받고자 신청했다가 적용대
상이 아니라는 얘기를 듣게 됐다. 가장 먼저 설정된 은행 근저당권이
1994년이어서 해당 법의 적용을 받지 못한다는 게 법원의 설명이었다.

(중략)

부동산등기부에 최선순위로 설정된 저당권은 부동산 경매권리분석시 말소기준으로서의 역할을 하며 말소기준이 되는 저당권 설정일자에 따라 소액임차인의 최우선 배당시 최우선변제보호금액이 달라지는 것이다. 이를테면 같은 아파트에 같은 날 계약을 하고 세들어 산다 하더라도 집주인의 저당권 설정일자가 언제인지에 따라 최우선변제금액이 달라지게 된다. 서울의 경우 △1984년 300만 원 이하~300만 원까지 △1987년 500만 원 이하~500만 원 △1990년 2,000만 원 이하~700만 원 △1995년 3,000만 원 이하~1,200만 원 △2001년 4,000만 원 이하~1,600만 원 △2008년 6,000만 원 이하~2,000만 원 △2010년 7,500만 원 이하~2,500만 원 등 보증범위와 최우선변제금액이 계속 늘었다. 올 1월 1일부터는 주택임대차보호법 개정으로 서울 기준 9,500만 원 이하 보증금에 한해 3,200만 원까지 최우선변제를 받을 수 있다. 수도권과밀억제권역과 광역시·안산·용인·김포·광주시, 그밖의 지역으로 세분화돼 지역별 보증범위와 최우선변제금액이 달라 꼼꼼한 확인이 필요하다는 게 경매전문가의 조언이다.

(후략)

▲출처: 2014년 1월 3일, 〈머니투데이〉

'뭐지? 그래서 전세금 안 날리려면 어떻게 해야 된다는 말임?'

나는 누가 왜 전세금을 날렸나 그 이야기를 알고 싶은 건데, 무슨 말인지 잘 모르겠다. 그래서 뭐 어쩌라는 말인지?

대부분의 돈에 관한 용어들은 어렵다. 배울 만큼 배우고 알 만큼 안다고 생각하는 나도 돈에 관한 이야기는 읽고 또 읽으면서 때로는 용어검색을 해봐야 할 만큼 어려운 것들이 많다. 먼저 앞서 경제 기사의 앞 부분만 떼어서 해석해보자.

일단은 대부분이 애매한 한자 용어로 되어 있다. 과거에나 한자로 표기해도 쉽게 이해될 용어들이 아직까지 부연설명 없이 그대로 한자 용어로 쓰여지고 있다. 그래서 내 돈이나 내 생활과 직접적인 관련이 있는 경제 관련 용어들은 너무 어려운 것들이 많다. 일단 내 상식선 내에서 저 기사를 해석해보기로 하자.

'아, 그러니까, 목동에 사는 장 모 씨가 A빌라를 보증금 2,500만 원에 월세 50만 원으로 집을 계약했구나. 임대차 계약은 전세나 월세로 집을 빌릴 때 하는 계약을 말하지. 그런데 반전세로 들어갔구나. 반전세는 최근 들어 새로 생긴 말로 전세와 월세 사이에 있는 제도를 말하지.

보증금만 많이 내는 전세 제도와 보증금은 적게 내고 매월 월세를 지불하는 월세 제도 사이에 있는 것으로, 보증금을 많이 내면서도 월세를 따로 주는 제도를 말하지. 최근에 전셋값이 워낙 급등을 하니 오르는 전세금을 다 마련하지 못해서 전세금 일부만 월세로 전환하는 데서 반전세라는 말이 나오기 시작했지.

그런데, 왜 반전세로 계약을 했냐 하면, 집이 1억 5,000만 원짜리인데 주인이 그에 60%에 해당하는 9,000만 원이나 은행 대출을 받았기 때문이네. 주인이 대출을 많이 받았네. 집값의 반이 넘는 금액이니 집이 제값에 팔려도 주인한테 남는 돈은 얼마 안 되니, 이 집이 주인 집이냐 은행 집이냐? 주인이 빌린 돈의 원금과 이자를 제때 잘 갚기만 한다면야 아무 문제가 없겠지만 사람일은 아무도 모르는 것이니 항상 최악의 경우를 대비해야지.

어쨌건 은행이 돈을 그냥 빌려주지는 않지. 은행은 집을 담보로 돈을 빌려준 것이고 빌려준 돈을 갚지 못하면 은행이 빌려준 돈만큼 집을 팔아서 가져가겠다고 하는 것이 바로 '근저당 설정'이지. 그래서 만약 주인이 은행 대출을 갚지 못하면 언제건 집이 넘어갈 수가 있으니 반전세 계약을 한 것이구나.'

겨우 한 단락을 해석했을 뿐인데도 이렇게 많은 해석이 따른다. 일단 여기까지는 웬만한 사람들도 해석이 가능하리라고 생각한다. 그런데 그 다음 단락부터 어려워진다.

집이 경매로 넘어가 1억 1,500만 원 이하로 낙찰되면 보증금을 떼일 수 있는 위험부담이 따랐지만 소액임차인에 해당, 최우선변제금을 우선 받을 수 있다는 계산에서였다. 주택임대차보호법이 개정돼 2010년 7월 26일 이후 서울은 7,500만 원 이하 보증금 범위 내에서 2,500만 원까지 최우선변제를 받을 수 있었다.

'집이 경매로 넘어가 1억 1,500만 원 이하로 낙찰되면?'

여기서 왜 갑자기 '1억 1,500만 원'이라는 금액이 나오게 되었을까? 집이 경매로 넘어가는 절차는 앞에서 설명했지만 복습의 차원에서 다시 한번 설명하겠다.

만약 집주인이 집을 담보로 은행에서 빌린 돈을 갚지 못할 경우 은행은 '근저당 설정'에 의해 그 집을 처분해 돈을 가져 가려고 할 것이다. 그럼 은행은 그 집을 경매에 넘긴다. 집이 경매로 넘어가면, 누군가 그 집을 경매를 통해서 살 것이고, 그 금액 중 은행이 가져갈 돈을 먼저 챙기고 나머지는 주인에게 가든지 이후 권리를 가지고 있는 사람들에게 순차적으로 돌아갈 것이다.

그런데 경매로 넘어가면 그 집의 시세가 1억 5,000만 원이라고 해서 1억 5,000만 원에 사는 사람은 없다. 그래서 1차 경매가 유찰되면 다음으로 넘어갈 때마다 최저가는 20%씩 내려간다. 즉, 1회 유찰되면 2회 경매 때는 1억 5,000만 원의 20% 깎인 금액, 즉 1억 2,000만 원이 최저가가 되어 경매에 나오게 되는 것이다. 그래도 사려는 사람이 없어 또 한 번 더 유찰이 되면 2회 유찰되어 3회 경매 때는 다시 한 번 최저가의 20%가 깎이면서 최저가는 9,600만 원이 된다.

그런데 계산해보자. 이 집주인이 은행에서 9,000만 원을 이미 빌렸고 세입자에게 보증금 2,500만 원을 받았는데, 이 대출금과 보증금의 합이 바로 1억 1,500만 원이다. 만약 경매낙찰금액이 1억 1,500만 원 이상이라면 은행이 먼저 9,000만 원을 가져가고, 세입자는 전세보증금 2,500만 원을 받을 수 있겠지만 그 이하의 가격이라면 주인은 집을 잃고 한 푼도 못 건지고 세입자는 보증금을 돌려받지 못하게 될 수도 있다. 여기서 "집이 경매로 넘어가 1억 1,500만 원 이하로 낙찰되면"이라는 내용이 나오게 된 것이다.

그런데 이 기사에 의하면 다행히 우리나라 주택임대차보호법, 즉 전월세로 집을 빌리는 사람들을 보호하기 위한 법에서 소액임차인, 즉 싼 가격에 집을 빌리는 사람(싼 가격에 집을 빌리는 사람들은 경제적으로 더 어려운 사람일 수 있으므로 이런 사람들을 더 보호하자는 것이다)의 경우 서울 지역에서는 7,500만 원 이하 보증금 안에서 2,500만 원을 최우선변제, 즉 가장 먼저 돌려주는 제도가 있다고 한다.

그래서 이 이야기의 주인공인 목동에 사는 장 모 씨는 만약의 사태를 대비하여 보증금을 2,500만 원으로 정하고 나머지는 월세로 내는 똑똑한 선택을 한 것이었다. 왜냐하면 대출이 많은 집이라 혹시라도 경매로 넘어가게 되더라도 법적으로 2,500만 원을 우선 변제 받으면 손해 없이 보증금을 건질 수 있다는 판단이었기 때문이다.

그런데! 이후 기사를 해석해보면, 이렇게 똑똑한 장 모 씨도 결국은 보증금 2,500만 원을 다 챙기지 못하고 일부 금액을 날리게 되었는데, 왜냐하면, 은행근저당권이 처음 설정된 것이 오래전 일이라, 당시의 최우선변제금액은 2,500만 원을 보호해주지 못한다는 것이 이 기사의 내용이다.

그래서 결론은 집 얻을 때 보증금 안 떼이고 안전하게 내 돈을 지키려면 잘 알아보고 해야 한다는 그런 좋은 내용의 기사다. 참고로, 기사에 따르면 2013년 1월 1일부터는 주택임대차보호법이 개정되어 서울 기준 9,500만 원 이하 보증금에 한해 3,200만 원까지 최우선변제를 받을 수 있다고 한다.

이런 내용의 기사들은 한번 읽어놓으면 향후 집을 얻을 때에 큰 도움이 될 만한 유익한 내용이다. 솔직히 이 기사를 읽기 전에는 나도 주택임대차보호법의 소액임차인에 대한 최우선변제권에 대해서는 알지 못했다. 하지만, 아무리 좋은 정보라도 도무지 이런 어려운 단어들을 소화해가면서 이해하기란 쉬운 일이 아니다.

●●● 돈에 관한 이야기는 뭐가 이렇게 어려워?

얼마 전, 집을 살 때 이사날짜가 맞지 않아 당분간 대출 조금 끼고 월세를 주려고 아파트 담보 대출을 알아보고 있을 때였다. 가장 좋은 조건으로 대출을 구해야 하기에 시중은행과 2금융권인 보험사까지 대출상품을 다 알아봤지만 마땅한 것이 없었다. 마침 내가 주로 거래하던 시중은행에 대출금리도 가장 낮고 조건도 매우 좋은 '인터넷전용' 대출상품을 찾았다. 평소에 대부분의 금융활동을 인터넷으로 처리하고 있던 나는 '이 정도는 껌이지' 하는 마음으로 인터넷을 통해 대출신청을 시작했다.

그런데 대출신청을 하면서 무슨 말인지 몰라 신청 페이지를 닫고 나와 다시 공부하고 다시 로그인해서 들어가기를 수차례, 결국 너무 어려워서 혼자 신청하기는 포기하고 상담원과 대여섯번 통화를 했고, 상담원과 통화를 하면서 인터넷 신청을 진행하는 데도 너무나 어려워서 결국은 인터넷 대출신청을 포기하고 말았다.

이 대출상품은 모든 것을 인터넷을 통해서 대출신청자가 직접 입력하게 되어 있었는데, 입력해야 할 것들이 한 두 가지가 아니었고 더구나 무슨 말인지도 모를 용어들로 가득했다. 가장 먼저 내가 헷갈렸던 건 너무나 기본적인 용어들로부터 시작했다.

"가만 있어봐라. '매도인'이 사는 사람이야, 파는 사람이야? 매도인의 주민번호와 주소를 넣으라는 것은 파는 사람의 정보를 넣으라는 건가?"

신청화면까지는 상담원과 통화하면서 어떻게 어떻게 넘어갔는데, 담보 설정과 관련된 부분까지 넘어가니 나중에는 아예 처음 보는 단어들이 등장, 그리고 신청을 완료한 후에도 정보를 잘못 입력했다며 승인이 거절되었다고, 다시 신청하라는 메시지가 오기를 수차례, 결국은 시간에 쫓겨 포기하고 말았다.

나는 그제야 이 상품의 대출금리가 가장 낮은 이유를 깨닫게 되었다. 나는 상담원에게 물었다.

"저도 평균 정도는 알만큼 아는 사람인데요, 대출신청이 너무 어려워요. 이렇게 부동산 담보 대출을 인터넷으로 신청하는 사람들이 많이 있나요?"

상담원은 대답했다.

"네, 고객님. 인터넷으로 신청하시는 대출상품의 금리가 제일 좋다 보니 인터넷으로 신청하는 고객분들이 많이 계십니다."

'음…… 정말 그럴까? 이렇게 돈에 관해 나보다 잘 아는 전문가들이

많다니. 그런데 정말 그렇게 신청하는 사람이 많단 말이야?'

나는 결국 약간의 이자를 더 주더라도 은행에서 근무하는 대출상담사를 통해 빠르고 편하게 대출을 신청했다. '내 인건비 정도만 나오면 10원이라도 아껴야 한다'는 내 생활방식과는 다소 거리가 있는 선택이라 인터넷 신청을 포기한 것이 못내 아쉽기는 했지만 인터넷 신청으로는 잔금일까지 신청이 불가해서 어쩔 수 없었다.

은행에서 만난 대출상담사는 말했다.

"고객님, 그렇지 않아도 인터넷 대출 신청하시다가 너무 어려워서 포기하고 오시는 분들 많으세요. 자, 제가 하나하나 설명해드릴게요."

그는 친절하고 자세하게 설명해주었다. 나는 이미 '기본 이상은 아는 사람'이므로 그의 설명을 쉽게 다 알아들을 수 있었다.

집을 사고팔 때는 '매도인'이 파는 사람이고 '매수인'이 사는 사람이다. 집이나 주식을 사고파는 일이 거의 없는 사람들은 모르는 것이 어쩌면 당연하다. 나도 여전히 전월세 계약을 할 때마다 '임대인'과 '임차인'이 헷갈린다. 임대인이 집을 빌려주는 집주인이고, 임차인이 전월세 사는 사람이다.

이렇게 직업적으로 금융과 관련이 없는 사람이 경제 용어나 내용에 익숙하기는 쉽지 않다. 하지만 내 돈을 잘 지키고 더 많이 모으기 위해서는 내 생활과 밀접하게 관련된 경제에 대해서는 공부해야 한다.

연예인의 가십거리도 재미있긴 하지만, 뉴스를 볼 때는 반드시 경제 기사를 살펴보자. 나와 연관이 있는 기사가 있는지 제목만 먼저 살펴보고, 그리고 내용을 읽어보자. 만약 좀 어려운 용어가 나오면 미루지 말고 인터넷 검색으로 용어를 익혀놓자. 그렇게 계속하다 보면 비슷한 용어는 반복되고 어느새 어려운 용어도 입에 착착 달라붙는 경제 전문가가 되어 있을 것이다.

: 부동산 매매계약서와 부동산 임대차계약서 :

집을 사고팔거나, 전월세 계약을 하는 것은 생활의 기본 중의 기본이므로 여기에서는 부동산 매매계약서와 임대차계약서를 간단히 설명하고자 한다.

부 동 산 매 매 계 약 서

매도인과 매수인 쌍방은 아래 표시 부동산에 관하여 다음 계약 내용과 같이 매매계약을 체결한다.

1.부동산의 표시

① 소 재 지						
토 지	지 목		대지권		면 적	㎡
건 물	구조·용도		면 적			㎡

2. 계약내용

제 1 조 (목적) 위 부동산의 매매에 대하여 매도인과 매수인은 합의에 의하여 매매대금을 아래와 같이 지불하기로 한다.

② 매매대금	금	원정(₩)
③ 계 약 금	금	원정은 계약시에 지불하고 영수함. 영수자(㉑)
④ 융 자 금	금 원정(은행)을 승계키로 한다 ⑤ 임대보증금 총	원정 을 승계키로 한다.
⑥ 중 도 금	금	원정은 년 월 일에 지불하며
	금	원정은 년 월 일에 지불한다.
⑦ 잔 금	금	원정은 년 월 일에 지불한다.

제 2 조 (**소유권 이전** 등) 매도인은 매매대금의 잔금 수령과 동시에 매수인에게 소유권이전등기에 필요한 모든 서류를 교부하고 등기 절차에 협력하며, 위 부동산의 인도일은 _____ 년 _____ 월 _____ 일로 한다.

제 3 조 (**제한물권 등의 소멸**) 매도인은 위의 부동산에 설정된 저당권, 지상권, 임차권 등 소유권의 행사를 제한하는 사유가 있거나, 제세공과 기타 부담금의 미납금 등이 있을 때에는 잔금 수수일까지 그 권리의 하자 및 부담 등을 제거하여 완전한 소유권을 매수인에게 이전한다. 다만, 승계하기로 합의하는 권리 및 금액은 그러하지 아니하다.

제 4 조 (**지방세** 등) 위 부동산에 관하여 발생한 수익의 귀속과 제세공과금 등의 부담은 위 부동산의 인도일을 기준으로 하되, 지방세의 납부의무 및 납부책임은 지방세법의 규정에 의한다.

제 5 조 (**계약의 해제**) 매수인이 매도인에게 중도금(중도금이 없을때에는 잔금)을 지불하기 전까지 매도인은 계약금의 배액을 상환하고, 매수인은 계약금을 포기하고 본 계약을 해제할 수 있다.

제 6 조 (**채무불이행과 손해배상**) 매도자 또는 매수자가 본 계약상의 내용에 대하여 불이행이 있을 경우 그 상대방은 불이행한자에 대하여 서면으로 최고하고 계약을 해제할 수 있다. 그리고 계약당사자는 계약해제에 따른 손해배상을 각각 상대방에게 청구할 수 있으며, 손해배상에 대하여 별도의 약정이 없는 한 계약금을 손해배상의 기준으로 본다.

제 7 조 (**중개수수료**) 부동산중개업자는 매도인 또는 매수인의 본 계약 불이행에 대하여 책임을 지지 않는다. 또한, 중개수수료는 본 계약체결과 동시에 계약 당사자 쌍방이 각각 지불하며, 중개업자의 고의나 과실없이 본 계약이 무효·취소 또는 해제되어도 중개수수료는 지급한다. 공동 중개인 경우에 매도인과 매수인은 자신이 중개 의뢰한 중개업자에게 각각 중개수수료를 지급한다.(중개수수료는 거래가액의 ________%로 한다.)

제 8 조 (**중개대상물확인·설명서 교부등**)중개업자는 중개대상물 확인·설명서를 작성하고 업무보증관계증서(공제증서등) 사본을 첨부하여 ____ 년 ____ 월 ____ 일 거래당사자 쌍방에게 교부한다.

특약사항

본 계약을 증명하기 위하여 계약 당사자가 이의 없음을 확인하고 각각 서명·날인 후 매도인, 매수인 및 중개업자는 매장마다 간인하여야 하며, 각각 1통씩 보관한다.　　　　　년　　월　　일

⑧ 매도인	주　　소						
	주민등록번호			전　　화		성　명	㉑
	대　리　인	주 소		주민등록번호		성　명	
⑨ 매수인	주　　소						
	주민등록번호			전　　화		성　명	㉑
	대　리　인	주 소		주민등록번호		성　명	
⑩ 중개업자	사무소소재지		사무소소재지				
	사무소명칭		사무소명칭				
	대　　표	서명및날인 ㉑	대　　표	서명및날인 ㉑			
	등　록　번　호	전화	등　록　번　호	전화			
	소속공인중개사	서명및날인 ㉑	소속공인중개사	서명및날인 ㉑			

① **소재지** 사고팔 집의 주소와 내용으로 등기부등본에 적힌 대로 쓴다.

② **매매대금** 사고팔기로 정해진 금액.

③ **계약금** 보통 매매대금의 10%로, 계약서 작성하는 날 지불한다.

④ **융자금** 전 주인이 집을 담보로 융자를 받은 융자금을 인수할 경우 작성한다.

⑤ **임대보증금** 집을 사면서 세입자가 살고 있는 집을 세를 끼고 인수하는 경우 작성한다.

⑥ **중도금** 매매대금이 큰 경우 잔금을 치르기 전까지 여러번에 나누어서 중도금을 주기도 한다.

⑦ **잔금** 전체 매매금액의 마지막 금액을 지급하는 것으로 보통 잔금 지급일이 매매일이 된다.

⑧ **매도인** 파는 사람.

⑨ **매수인** 사는 사람.

⑩ **중개업자** 부동산중개수수료를 받을 사람.

부 동 산 임 대 차 계 약 서

□ 전세   □ 월세

임대인과 임차인 쌍방은 아래 표시 부동산에 관하여 다음 계약내용과 같이 임대차계약을 체결한다.

1.부동산의 표시

① **소 재 지**					
토 지	지 목		면 적		㎡
건 물	구조·용도		면 적		㎡
임대할부분			면 적		㎡

2. 계약내용

제 1 조 (목적) 위 부동산의 임대차에 한하여 임대인과 임차인은 합의에 의하여 임차보증금 및 차임을 아래와 같이 지불하기로 한다.

② **보 증 금**	금		원정 (₩	)
③ **계 약 금**	금	원정은 계약시에 지불하고 영수함. 영 수 자(	㊞)	
④ **중 도 금**	금	원정은	년 월 일에 지불하며	
⑤ **잔 금**	금	원정은	년 월 일에 지불한다.	
⑥ **차 임**	금	원정은	매월 일에 선불로 지불한다.	

제 2조 (존속기간) 임대인은 위 부동산을 임대차 목적대로 사용·수익할 수 있는 상태로 ＿＿＿＿년＿＿＿월＿＿＿일까지 임차인에게 인도하며, 임대차 기간은 인도일로부터 ＿＿＿＿년＿＿＿월＿＿＿일까지로 한다.

제 3조 (용도변경 및 전대 등) 임차인은 임대인의 동의없이 위 부동산의 용도나 구조를 변경하거나 전대·임차권 양도 또는 담보제공을 하지 못하며 임대차 목적 이외의 용도로 사용할 수 없다.

제 4조 (계약의 해지) 임차인이 계속하여 2회 이상 차임의 지급을 연체하거나 제3조를 위반하였을 때 임대인은 즉시 본 계약을 해지 할 수 있다. 기한 내에 임대차물건을 명도하지않는경우에는 임대인은 임차인소유의 물건을 적절한 장소로 헐거할 수 있는 것을 상호간에 협의하며 승낙한다. 이 경우에 발생되는 모든 비용은 임차인의 부담으로 한다.

제 5조 (계약의 종료) 임대차계약이 종료된 경우에 임차인은 위 부동산을 원상으로 회복하여 임대인에게 반환한다. 이러한 경우 임대인은 보증금을 임차인에게 반환하고, 연체 임대료 또는 손해배상금이 있을 때는 이들을 제하고 그 잔액을 반환한다.

제 6조 (계약의 해제) 임차인이 임대인에게 중도금(중도금이 없을때는 잔금)을 지불하기 전까지, 임대인은 계약금의 배액을 상환하고, 임차인은 계약금을 포기하고 이 계약을 해제할 수 있다.

제 7조 (채무불이행과 손해배상) 임대인 또는 임차인이 본 계약상의 내용에 대하여 불이행이 있을경우 그 상대방은 불이행한 자에 대하여 서면으로 최고하고 계약을 해제 할 수 있다. 그리고 계약 당사자는 계약해제에 따른 손해배상을 각각 상대방에 대하여 청구할 수 있으며, 손해배상에 대하여 별도의 약정이 없는 한 계약금을 손해배상의 기준으로 본다.

제 8조 (중개수수료) 부동산중개업자는 임대인과 임차인이 본 계약을 불이행 함으로 인한 책임을지지 않는다. 또한, 중개수수료는 본 계약체결과 동시에 계약 당사자 쌍방이 각각 지불하며, 중개업자의 고의나 과실없이 본 계약이 무효취소 또는 해약되어도 중개수수료는 지급한다. 공동중개인 경우에 임대인과 임차인은 자신이 중개 의뢰한 중개업자에게 각각 중개수수료를 지급한다.(중개수수료는 거래가액의 ＿＿＿＿%로 한다.)

제 9 조 (중개대상물확인·설명서 교부등)중개업자는 중개대상물 확인·설명서를 작성하고 업무보증관계증서(공제증서등) 사본을 첨부하여   년   월   일 거래당사자 쌍방에게 교부한다.

특약사항

1.
2.
3.

본 계약을 증명하기 위하여 계약 당사자가 이의 없음을 확인하고 각각 서명·날인 후 임대인, 임차인 및 중개업자는 매장마다 간인하여야 하며, 각 1동씩 보관한다.

＿＿＿＿년＿＿＿월＿＿＿일

⑦ **임대인**	주 소						
	주민등록번호		전 화		성 명		㊞
	대 리 인	주 소		주민등록번호		성 명	
⑧ **임차인**	주 소						
	주민등록번호		전 화		성 명		㊞
	대 리 인	주 소		주민등록번호		성 명	
⑨ **중개업자**	사무소소재지		사무소소재지				
	사무소명칭		사무소명칭				
	대 표	서명·날인	㊞	서명·날인			㊞
	등 록 번 호		전화	등록번호		전 화	
	소속공인중개사	서명·날인	㊞	서명·날인			㊞

---

① **소재지** 전세나 월세를 살 집의 정보로 등기부등본에 적힌 대로 쓴다.

② **보증금** 전월세를 살면서 지급할 보증금 금액.

③ **계약금** 보통 보증금의 10%로, 계약서 작성하는 날 지불한다.

④ **중도금** 보증금이 큰 경우 잔금을 치르기 전까지 여러 번에 나누어서 중도금을 주기도 한다.

⑤ **잔금** 보증금의 마지막 금액을 지급하는 것으로 보통 잔금 지급일이 이사일이 된다.

⑥ **차임** 월세를 지급할 경우 매월 지급일과 금액을 적는다.

⑦ **임대인** 집주인.

⑧ **임차인** 전세나 월세를 사는 사람.

⑨ **중개업자** 부동산중개수수료를 받을 사람.

부동산 중개업소를 이용할 경우 책임지고 작성해주겠지만, 기본적인 사항은 미리 숙지하고 가는 것이 만일의 사태에 대비할 수 있다.

부동산 계약을 할 때는 조금이라도 이상하거나 궁금한 것이 있으면 계약서를 작성하기 전에 충분히 확인해야 하며, 체결이 완료된 부동산 계약을 취소하기 위해서는 취소를 원하는 사람이 계약금의 두 배를 물어주게 되어 있다. 또한 계약금의 두 배에, 계약이 취소되더라도 중개수수료를 요구하는 중개사무소도 많기 때문에 계약서는 항상 신중하게 접근해야 한다.

부동산 관련 계약뿐 아니라 세상 모든 계약은 계약서 조항을 꼼꼼히 읽어보고 조심, 또 조심해서 접근하는 것이 좋다.

월급쟁이의 꿈, 월세부자

시부모님은 우리와 살림을 합치시기 전, 오래된 다가구주택에 살고 계셨다. 이미 마흔이 훌쩍 넘은 남편과 시동생들이 태어난 집이니 얼마나 오래된 집인지 알 수 있다. 시부모님은 아주 오래전 그 조그만 단칸방에서 세를 얻어 신혼살림을 시작하셨고, 장남인 우리 남편이 태어나고, 시동생이 태어나고, 돈을 모아 그 집을 사고 또 알뜰히 돈을 모아 옆집의 작은 집을 사서 그 두 집을 합쳐서 아이들 방을 만들어주었다. 이후에는 이층을 올려서 일층은 세를 주고, 또 옥상에 작은 옥탑방도 만들어 몇

집을 세를 주고 그렇게 사셨다.

어쨌건 살 집이 있고 몇집이나 세를 주는 집주인이니, 작은 집 한 채 못 가지고 고생하시던 우리 엄마 아빠에 비해서 가난하다고 볼 수는 없다. 그렇다고 오래된 낡은 집 한 채 가지고 있는 것이 결코 부자라고 말할 수도 없었다.

"그 집에서 전세, 월세 나오는 것보다 그 집으로 들어가는 돈이 훨씬 많아. 어떻게 좀 해야 하는 거 아냐?"

나는 늘 남편에게 불평했다. 그렇다고 시부모님이 고향을 떠나 제2의 고향으로 삼아 평생 살아오신 그 집을 팔라고 할 수도 없는 노릇이고 그냥 남편에게 궁시렁거리는 것으로 끝날 일이지만, 실제로 집으로 들어가는 돈이 집에서 나오는 돈보다 더 많았다.

먼저, 집이 오래되다 보니 싼 맛에 들어온 세입자들도 오래 살지 못하고 이사를 나가는 통에 새로운 세입자를 구하느라고 부동산으로 들어가는 돈이 많았다. 집이 오래되다 보니 세를 올려 받을 수도 없었다. 여기저기 집을 한 번 고칠 때마다 목돈이 들어갔다. 비가 세면 옥상 방수, 보일러가 오래되어서 고장 나면 바닥까지 다 뜯어서 수리해야 하고, 세입자 바뀔 때마다 도배, 장판을 해줘야 집이 나가니, 나가는 돈은 매번 끊임없이 발생하는데, 전세로 받는 돈은 받아서 앞 사람 빼줘야 하니 더 들어오는 돈은 사실상 하나도 없는 것이다. 2,000만 원 전세금 받아서 앞사람 2,000만 원 전세금 빼주고 나면 남는 것은 없지만 대신 그에 대한 부동산 중개수수료와 도배, 장판비용, 그리고 수리비용 등은 계속 발생했다.

그럼 언젠가 예전에 최초에 전세금으로 받았던 돈들은 다 어디로 간 것일까? 아마 어디론가 갔겠지. 그걸로 살림도 살고 집 지을 때 생긴 대출도 갚고 아이들 공부도 시키고 사셨겠지. 이미 그 돈은 사라진 돈이다. 그 집에서 더 이상 돈이 나올 구멍은 없다. 언젠가 팔게 된다면 땅값은 나오겠지만 그걸로 세입자들 전세금 빼주고 나면 남는 것도 거의 없다. 그러니 낡은 집이지만 내 집 가지고 살고 계시는 것이 시부모님으로서는 최선의 방법이다.

40여 년 전, 시부모님이 자리 잡으실 때, 기왕 단칸방 신혼집 자리 잡는 거, 그 당시 가격이 비슷한 저기 대치동이나 압구정 미나리밭 같은데 자리 잡았으면 지금쯤 그 땅만 팔아도 부자가 되었겠지. 하지만 그건 이미 40년 전에 물 건너간 일이고, 집값도 땅값도 오르지도 않는 서울 변두리 동네에 낡은 다가구주택 한 채는 그렇게 같이 늙어가고 있었다.

•••• 다세대 주택 vs 다가구 주택

'다가구 주택'이란 한 주택을 나누어서 여러 가구가 모여 사는 집을 말한다. 그럼 '다가구 주택'은 '공동 주택'일까, '단독 주택'일까?

공동 주택은 말 그대로 하나의 건축물 안에서 여러 세대가 생활하는 구조로 된 주택을 말한다, 대표적인 공동 주택이 아파트다.

그럼 공동 주택과 반대되는 개념인 '단독 주택'은 무엇일까? 바로 '한 가구가 독립하여 살 수 있는 구조의 주택'이다. 아파트에 살지 않는 부자들이 많이 사는, 성북동에 많이 있는 마당이 딸린 큰 집이 바로 대표적인 단독 주택이다. 한 건축물에 여러 세대들이 모여 살면 공동 주택, 한 건축물에 한 집만 살면 단독 주택이라고 생각하면 되겠다.

그렇다면, 한 집에 여러 세대들이 모여 사는 다가구 주택은 공동 주택일까, 아닐까? 그리고 다가구 주택과 다세대 주택은 같은 것일까, 다른 것일까?

정답부터 이야기하자면, 다세대 주택은 공동 주택이고 다가구 주택은 단독 주택이다. 신기하지 않은가? '세대'와 '가구'는 같은 뜻인데 말이다. 그리고 다세대 주택과 다가구 주택은 겉으로 보기에는 큰 차이가 없다.

그 둘의 차이는 건축법 상의 정의에 나와 있지만 복잡하기 때문에 쉽게 설명하겠다. 다가구 주택은 한 명의 집주인이 집을 여러 채로 나누어 여러 사람들에게 나누어서 세를 주는 것이고, 다세대 주택은 여러 사람이 사는 집 하나하나를 별도로 사고팔 수 있는 것이라고 보면 된다.

그러니까, 여러 세대가 사는 집에 주인이 한 명이면 다가구 주택이고 집집마다 주인이 다르면 다세대 주택이다. 그러니 다가구 주택은 전체 집을 한번에 사고팔아야 하고, 다세대 주택은 집집마다 따로 나누어서 사고팔 수 있는 것이다.

주로 서민들이 사는 3층 이하의 건물은 거의 대부분 다가구 주택이고 아파트는 아니지만 잘 분리가 되어 있는 빌라의 경우는 대부분 다세대 주택인 경우가 많다. 하지만 건물의 겉모습만으로 판단하기는 어렵다.

나도 결혼하기 전에는 다가구 주택, 그중에도 가장 싼 반지하방만 주로 얻어서 살았고 싼 집을 찾다 보니 살기가 불편해 거의 1년마다 이사를 해야 했으니 매번 오래 살지 못하고 이사 가는 세입자의 심정을 모르는 것이 아니다.

그런데 오래된 다가구 주택을 가지고 계신 시부모님을 보니 집주인이라고 다 부자는 아니라는 것을 알았다. 그 집에서 돈 나오는 건 없고 자꾸 돈만 먹고 있으니 집주인도, 집주인의 며느리(바로 나다)도 골치가 아팠다.

●●● 월세부자가 된 어머니

어느 날 남편이 슬그머니 말을 꺼냈다.

"어머니가 그러시는데 갑자기 옥탑방 총각이 급하게 나가야 된다고 해서 전세금 빼줄 돈 3,000만 원이 좀 필요하다고 하시네. 일단 전세금 빼주고 집 나가면 바로 돌려준다고 하시는데 어떡할까? 그냥 우리 없다고 말씀 드리고 은행에서 대출 받으시라고 할까?"

나는 대수롭지 않게 대답했다.

"우리 다음 달에 중도상환수수료 면제기간 시작되면 한꺼번에 갚으려고 모아놓은 돈 있잖아. 그 돈 먼저 쓰시라고 빼서 드리지 뭐. 집 나가면 금방 주신다고 하니. 은행 대출 받으시면 그 이자도 만만치 않을 텐데."

그래서 나는 즉시 3,000만 원을 보내드렸다. 그리고 얼마 뒤, 어머니가 (며느리 들으라고 일부러 그러신 것인지?) 남편에게 지나가는 소리로 말씀하셨다.

"거기 옥탑방, 전세 들어온다는 사람이 없어서 월세 냈다. 월세 받아서 너네 줄게."

남편은 그게 무슨 말인지 알기나 하는지 냉큼 대답했다.

"아니에요, 급하게 안 주셔도 돼요. 천천히 주세요."

나도 얼핏 듣기는 한 것 같은데 내가 대화에 직접 참여한 것이 아니라 그냥 넘어갔다. 그리고 한참 뒤 어느 날이었다.

"집이 오래 돼서 그런지 계속 사람들이 이사를 나가고 들어오지를 않나 봐. 어머니가 아랫층 사람들 이사 나간다고 해서 전세금 맞춰줘야 하는데 돈이 부족하다고 좀 빌려줄 수 있는지 물어보시네. 이번 주 토요일에 이사 나가야 해서 좀 급하다고 하시는데 어떻게 할까?"

나는 뭔가 좀 이상했지만 그래도 급하다는데 어쩔 수 있나. 마이너스 통장까지 내서 5,000만 원을 보내주었다.

그리고 얼마 뒤, 아파트 담보 대출을 갚으려고 내가 남편에게 물었다.

"지난번에 그 총각 살던 옥탑방 있잖아, 아직 집 안 나간 거야? 집이 너무 낡아서 그런가? 집이 오래 비어 있으면 더 잘 안 나가는데 빨리 나가야 할 텐데 걱정이네."

남편이 대수롭지 않게 대답했다.

"거기 보증금 500만 원에 25만 원으로 월세 놓으셨다던데?"

"뭐???!!! 그럼 우리 3,000만 원은?"

남편은 그때까지도 내가 무슨 말을 하는지도 모르고 멀뚱멀뚱 대답했다. (진짜 모르는 건지, 모르는 척을 한 건지!)

"나중에 주시겠지."

어이쿠 속이 탄다, 정말.

"그럼 그 보증금 500만 원이라도 먼저 주셔야지. 월세 받는 거라도 조금 주셔야 하는 거 아냐?"

남편은 내가 이해가 안 된다는 듯이 대답했다.

"저번에 어머니가 그런 비슷한 말씀하셨는데 내가 그냥 됐다고 그랬는데? 나중에 전세 나가면 천천히 달라고 했지. 우리 그렇게 급한 돈 아니잖아. 대출 조금 더 천천히 갚으면 되고."

어이쿠, 답답해. 그 돈이 어떤 돈인데. 대출을 천천히 갚는 만큼 들어가야 하는 이자는 또 어쩌고? 그게 다 돈인데!

그리고 그 뒤로 들어간 5,000만 원도 다시 돌아오지 않았다. 전세 5,000만 원이었던 아랫층은 보증금 1,000만 원에 월세 40만 원으로 월세를 낸 것이다. 그리고 또다시 방 하나짜리 문칸방 아가씨가 나가야 한다고 해서 다시 2,000만 원이 추가로 들어갔다. 그 집에 총 1억이 들어간 것이다.

결국 내가 명품 안 사고 비싼 거 안 먹고 회사에서 야근해가면서 모은 목돈은 다 그 집으로 들어가고 나는 매월 이자 비용만 늘어나게 생겼다. 완전 새된 것이다.

나는 그 돈을 생각할 때마다 화가 나고 답답했다. 그렇게 들어간 돈은 앞으로 받을 수 없는 돈이기 때문이다. 나는 시어머니께는 아무 말도 못 하고 애꿎은 남편만 매일 잡았다.

혹자는 그렇게 말하겠지. "어차피 그 집 언젠가는 큰아들에게 주겠지. 뭐 그 정도 가지고 그러냐"고. 그러나 나는 그 집에 관심이 없다. 나중에 주시면 받기는 하겠지만 안 주셔도 상관없다. 돈 되는 집도 아니다. 나는 그 집이 아니라 내가 모은 '내 돈'이 필요할 뿐이다.

"그래, 다 좋다고. 내가 다 양보할게. 월세 받으시면 좋지 뭐. 거기서 나오는 돈 매월 80만 원 용돈 드린다고 생각할게. 어차피 아이 맡길 거니까. 그런데, 그럼 보증금으로 받으신 1,500만 원이라도 먼저 받아와. 그리고 월세 계약한 거 끝나면 다시 전세로 돌린다는 약속만 받아와. 아니면 영원히 그 돈은 내가 못 받는 거잖아!"

나는 매일 남편을 쥐 잡듯이 잡았지만, 대한민국의 모든 아들들이 그렇듯 효자아들인 남편은 어머니에게 '찍~' 소리 한번 못했다.

●●● 경제적으로 합쳐야 진짜 가족이다

그렇게 우리 시어머니는 월세부자가 되셨다. 매월 받는 80만 원으로 얼마나 부자가 되겠냐마는, 내가 목돈을 날린 대신 돈을 까먹기만 하던 집이 월세를 내어주는 착한 집으로 변신한 것이다. 그리고 이후 시부모님은 우리와 합치시면서 사시던 그 집을 결혼할 시동생에게 살게 하셨다. 그 집이 아니었다면 아들 둔 죄로 집 구할 돈이라도 보태주셔야 하셨을 테니 여러모로 내가 그 집에 큰일했다!

그래서 그 뒤로는 가능한 한 시부모님에게 티 안내고 몰래 돈을 모았다. 내가 목돈 있는 걸 아시면 혹시 또 남은 보증금도 다 월세로 바꾼다 하실까봐 덜컥 겁이 났다. 그러니 우리가 10억이 넘는 잠실 아파트를 샀을 때 시부모님이 그렇게 놀라신 것도 당연한 일이었다.

하지만 내가 시부모님과 같이 산 지 횟수로 10년이 다 되어가는 지금, 이제는 내가 드린 것보다 받은 것이 훨씬 더 많아 그 돈이 전혀 아깝지 않다. 같이 산 지 10년 가까이 되니 이제 생활비도 그렇고 용돈도 그렇고 시부모님 돈과 우리 돈의 개념이 희미해졌다. 그렇게 진짜 한 가족이 된 것이다. 경제적으로 서로 돕고 합치지 않으면 진정한 가족이라고 보기 어렵다.

결혼을 하면서 맞는 가장 큰 변화 중의 하나도 나와 남편의 재산이 공동소유가 된다는 것이다. 아내가 집에서 일하고 남편이 밖에서 돈을 벌어와도 그 돈의 일부는 아내의 것으로 법적으로 인정받는다. 이렇게 가족은 경제적으로 서로 도움이 되는 존재여야 한다. 만약에 가족 중에 자기 돈만 따로 챙기고 어떻게든 가족에게 경제적으로 도움만 받으려고 하는 사람이 있다면 가족이라기보다는 골칫덩어리가 된다.

시어머니가 비록 우리 돈을 가져가서서 월세를 받긴 하지만 그렇게 받으신 월세와 우리가 드리는 용돈은 어차피 생활비와 우리 아이들에게 다 돌아온다. 그러니 그 집으로 들어간 돈 1억이 지금 나에게 있다고 해도 은행에 넣어두면 얼마 받지도 못할 텐데, 어머니가 월세로 전환해서 80만 원이나 받으니, 개인적으로 따지면 내가 손해이고 어머니가 이익이지만, 가족 단위로 따지면 은행에 두는 것보다 더 큰 이익이다.

그리고 두 집 살림을 합침으로써 (물론 불편해지는 점은 말로 다 설명할 수 없을 정도로 엄청 많겠지만) 경제적으로 절약되는 비용은 엄청 많다. 일단 어머니는 낡은 집에서 매월 수십만 원씩 내던 난방비를 내지 않으셔도 된다. 지금 사는 집에서 나오는 관리비는 다 우리가 내니 말이다. 대신 어머니가 시골에서 쌀을 받으시고 장을 보시는 경우가 많아 우리의 생활비도 많이 줄었다. 물론, 우리 입장에서는 아이들만 데리고 30평대에 4인 가족으로 사는 것보다 시부모님을 모시고 50~60평대에 6인 가족으로 사는 것이 훨씬 생활비가 많이 들겠지만, 각각의 두 집에서 쓰던 것들을 합친 것과 비교하면 지금 살림을 합치고 난 후의 지출의 합이 훨씬 작은 것이다.

●●● 월세전환비율이 높아지는 이유

이렇게 집을 가지고 있는 집주인이라면 목돈을 모아 전세를 월세로 전환하는 것은 수익을 올리기에 좋은 하나의 방법이 될 수 있다. 목돈을 은행에 넣어놓고 받는 이자보다 더 큰돈을 월세로 받을 수 있기 때문이다.

그래서 돈이 있는 집주인은 전세보다 월세를 선호하는 것이다. 그러나 최근에는 월세전환비율이 많이 낮아져서 수익성이 많이 낮아졌다.

과거에만 해도 흔히들 전세 1,000만 원당 월세 10만 원씩으로 계산하곤 했다. 만약 3,000만 원짜리 전셋집을 월세로 살고자 한다면, 보증금 1,000만 원이면 월 20만 원, 보증금 2,000만 원이면 월 10만 원을 내는 것이다. 이렇게 따지면 1,000만 원에 대한 연 이익은 120만 원으로 연이율로 따지면 무려 12%나 된다.

당시는 금리가 높아 저축은행에 맡기면 연 10%에 가까운 이자를 주기도 했으니, 집주인 입장에서는 전세금 받아 은행에 넣어두는 것보다 2~3% 더 받는 월세가 좋은 것은 당연하다.

최근에는 어떤가? 2금융권이라도 예금 이율 3~4%대도 받기가 힘들다. 1억을 은행에 넣어놓으면 1년 동안 300만 원 이자도 받기 힘든 것이다. 그리고 최근 전세가 점점 귀해지고 월세가 늘어나면서 월세끼리도 경쟁하기 시작했다. 그러다 보니 월세전환비율은 점점 낮아지고 있다.

10년 전 같으면 3억짜리 전셋집을 월세로 전환하고자 하면, 1억 보증금에 200만 원씩 월세를 내야 했다. 그러나 요즘은 3억짜리 전세를 월세로 전환하면, 1억 보증금에 100만 원 월세도 받기가 쉽지 않다.

만약 3억 전세의 집을 보증금 1억에 100만 원 월세를 받을 경우, 총 월세는 1년에 1,200만 원이고 줄어드는 보증금 2억에 대해 계산하면 연 6%의 이율이 된다. 그러니까 전세금을 2억 덜 받는 대신에 월세를 매월 100만 원 받으니 2억을 은행에 넣어놓고 6%의 이자를 받는 것과 동일한 것이다.

동네마다 상황마다 차이가 있지만, 요즘 월세 경쟁이 치열한 동네에서는 6%대도 아니고 4~5%대의 월세를 받는다. 이 말은 1억 원의 전세 보증금을 월세로 전환할 때 월 40만 원 정도로 계산을 하는 것이다.

만약 은행금리가 올라 집주인 입장에서 월세 받는 것보다 은행에 넣어두는 것이 더 이자가 많이 나오면 월세 안 받고 전세금 받아 은행에 그 돈을 넣어두려 할 것이다. 하지만 그런 일은 잘 일어나지 않는다. 오히려 은행금리가 오르면 집주인 입장에서는 은행에 넣어놓는 것보다 더 많은 돈을 월세로 받기 원할 것이며 그에 따라 월세전환비율도 같이 올라갈 것이다.

이렇게 월세는 금리와 매우 밀접한 관계가 있다. 따라서 단순하게 계산하면 요즘 같은 저금리 시대에는 집을 사서 월세를 받는 것이 은행에 돈을 넣어두는 것보다 더 이익일 수도 있다. 하지만 집을 사고, 유지하고, 팔 때 드는 비용과 부동산 가격 상승 가능성을 잘 생각해서 선택해야 한다.

●●● 금리가 우리 생활에 미치는 영향

이렇게 우리 생활 경제 속 돈의 흐름은 금리와 매우 밀접한 관계가 있다. 만약 은행금리가 높다면 사람들은 돈을 은행에 넣어놓고 높은 이자를 받으려고 할 것이다. 만약 은행금리가 낮다면 사람들은 은행에 돈을 넣어두기보다는 은행보다 더 높은 수익을 내는 투자처가 없는지 눈을 돌릴 것이다. 만약 은행금리가 낮은데 주가가 오르고 있다면 사람들은 주식을 살 것이고, 주가는 크게 오르지 않지만 부동산이 오르고 있다면 집을 사려고 할 것이다.

금리에 따라 대출금리도 달라진다. 은행은 돈으로 돈을 버는 기업이므로 예금금리보다 대출금리가 항상 높다. 그래서 은행금리가 올라가면 대출금리도 따라서 올라간다.

만약 대출금리가 낮으면 사람들이 대출 부담이 적어 집을 사는 데 더 적극적일 것이고, 대출금리가 높으면 집을 사는 데 더 부담이 커져서 집을 사는 데 주저하게 될 것이다. 이렇게 금리의 변화는 우리 생활에 큰 영향을 미친다.

정부에서는 경제상황에 따라서 금리정책을 펼친다. 금리가 낮으면 사람들이 돈을 많이 빌려 쓰므로 통화량이 늘어나 경기가 활성화될 것이고, 반대로 금리가 높으면 사람들이 저축을 많이 하게 되어 소비가 감소할 것이다. 그렇다고 금리정책이 이렇게 간단하게 돌아가는 것만은 아니다.

복잡한 경제정책 문제는 나랏일 하시는 분들이 알아서 하겠지만 우리는 기본적인 금리동향과 그들이 만드는 정책에 대해서는 항상 관심을 가지고 있어야 한다. 그것이 현재 내가 보유하고 있는 집값이나 내가 살고 있는 집의 전세나, 월세에 깊은 관계가 있고 경제 성장, 물가 등과 밀접한 관계를 가지기 때문이다.

●●● 돈에 대한 관심과 사랑은 돈을 살찌운다

부자가 되기 위해서는 돈과 관련된 정보들에 관심을 기울이고 평소에 공부를 해야 한다. 돈도 관심을 줘야 잘 자란다. 관심과 사랑이 많으면 잘못된 판단을 내릴 가능성도 줄어든다. 내가 진정으로 내 아이에 대한 관심과 사랑이 있으면 내 아이가 좋아하는 것이 무엇인지, 무엇을 잘하는지 알게 되고 무리한 강요로 아이를 불행하게 만들지 않는 것처럼, 돈에 대한 관심과 사랑도 무리한 투자를 강행하지 않고 내가 가진 돈의 범위 내에서 안전하게 투자할 수 있는 제대로 된 방법을 찾을 수 있는 것이다. 그래서 이제 나는 시어머니의 그 다가구 주택을 리모델링하거나 신축하기 위한 10년 장기 계획을 짤 것이다. 물론 내 명의의 집도 아니고 돈이 많이 들 것이다. 하지만 지금 당장 돈이 들어가는 것보다 미래 가치가 더 많이 올라간다면 시부모님을 설득하여 투자를 결정할 수 있을 것이다.

리모델링이나 신축을 할 때 들어가는 돈보다 공사가 끝나고 난 후에 건물의 가치를 올리고 전세 보증금과 월세도 더 늘여서 건축비와 내 돈 1억을 받아내고, 어머니도 지금 받는 월세보다 더 많이 받을 수 있다면 모두에게 더 좋은 일인 것이다.

단순하게 계산해서 건축비가 3억이 들어갔을 때 이후 그 집에서 현재 받는 보증금보다 4억 이상의 보증금이 나오고 월세 수백만 원이 나온다면 그것은 충분히 투자할 가치가 있을 것이다. 만약 리모델링이나 신축에 들어갈 건축비만큼의 보증금이 나오지 않거나 월세가 증가되는 것도 없다면 그것은 투자를 하지 않는 것이 나을 것이다.

그 선택은 경제상황에 따른 금리와 부동산 등의 각종 정책, 그리고 전월세를 사는 사람들의 인구동향이나 트렌드 등과 밀접한 관련이 있다. 그래서 나는 이제는 틈틈이 주택의 리모델링이나 신축에 대해서 공부하려고 한다. 신문기사를 볼 때 관련 내용이 있으면 놓치지 않고 읽어보고 알아볼 것이다. 숨어 있는 돈의 흐름도 잘 찾고, 선택에 대한 미래가치를 잘 계산해보고 그에 대한 목표금액을 정하고 실천 계획을 짤 것이다. 그렇게 꾸준히 공부하고 계획을 세우다 보면 언젠가는 실행에 옮길 수 있을 것이다.

집값 하락에 대처하는
똑똑한 방법

나에게는 양극과 음극 같은 두 선배가 있다. 한 선배는 앞서 등장한 부동산 불패 신화를 믿고 잠실에 살고 있는 부동산 부자. 한 선배는 부동산 폭락론을 믿고 상도동에 살고 있는 현금 부자. 이 두 선배는 친한 친구이면서도 서로 다른 생각과 삶의 방식을 가지고 있다.

부동산 부자는 여전히 부동산에 대한 믿음을 가지고 잠실 20평대 아파트에서 대출을 갚으면서 열심히 살고 있고, 현금 부자는 여전히 부동산은 폭락할 것이라는 생각에 돈이 있어도 집을 사지 않고 상도동에서

40평대 전세를 살고 있다. 두 선배는 모두 아들만 둘이다. 비슷한 회사에 다니며 비슷한 월급을 받으며 비슷한 삶을 살고 있는 두 선배, 다른 것이 있다면 집에 관한 것뿐이다.

집을 소유하고 소유하지 않고, 혹은 작더라도 내 집에 살고 전세라도 큰 집에 살고. 과연 누가 옳고 누가 그른 것일까?

나는 부동산 부자 선배에게 늘 말한다.

"선배, 아들이 둘이나 있는데 비싼 잠실에서 작은 집에 대출 끼고 있지 말고 거기 전세 주고 강북에 큰 집으로 전세가서 편하게 애들 키워요."

그럼, 부동산 부자 선배는 말한다.

"글쎄, 나도 그럴까 생각해봤는데 우리 와이프가 애들 학교도 그렇고 강북 가서는 안 살겠다고 하니 어쩌겠냐?"

나는 현금 부자 선배를 만나면 늘 말한다.

"선배, 애들도 이제 크고 중학교도 가야 하니 그 동네 전세 옮겨 다니지 말고 괜찮은 동네에 집 사서 눌러앉아요. 돈도 있으면서 뭐하러 전세 살아요? 그냥 편하게 좋은 동네에서 내 집 살지."

그럼 현금 부자 선배는 말한다.

"글쎄, 나도 그럴까 생각해봤는데, 혹시 아파트값 더 떨어지면 어떡하냐? 애들 학교가 좀 걱정이긴 한데 지금 여기 생활도 나쁘지 않으니까 더 떨어지면 그때 사지, 뭐."

부동산이 미친 듯이 오르던 2000년대 중반에도 현금 부자 선배는 부동산은 언젠가는 떨어질 거라며 집을 사지 않았다. 버블세븐지역 부동

산이 반값이 되던 2000년대 후반에도 부동산 부자 선배는 아파트는 언
젠가 오른다는 신념을 버리지 않았다.

이 두 선배 중 누가 옳다고 어느 누가 말 할 수 있겠는가?

●●● 큰맘 먹고 잠실 중대형 아파트를 사다

나는 현금 부자 선배 못지않게 현금을 사랑한다. 하지만 집이 가져다 주
는 의미와 자산으로써의 가치도 매우 중요하게 생각한다. 그래서 부동
산 부자 선배 못지않게 부동산도 사랑한다.

인구가 점점 줄어들고 있고 베이비부머 세대가 은퇴를 본격화하면서
그들이 보유하고 있던 부동산이 대거 시장에 나오면서 가격은 더 떨어
질 것이고 1인 가구가 늘어나면서 중대형 집은 계속 더 하락할 것이라
는 의견에도 나는 전적으로 동의한다. 하지만 그럼에도 불구하고 나는
잠실의 중대형 아파트를 큰맘 먹고 샀다.

전셋값이 너무 올라서 그 동네 그 아파트에서 살려면 전셋값도 만만
치 않았기 때문이다. 전세물량도 별로 없어서 그 아파트 들어가서 살려
면 월세로 살아야 하는데, 한 달에 수백만 원씩 되는 월세를 내면서는
살 수 없었기 때문이다. 무엇보다 나는, 초중고가 다 모여 있는 아파트이
기 때문에 아이들이 고등학교를 졸업할 때까지 최소한 10년 이상은 그
집에서 살 계획이었기 때문이다. 맞벌이를 하기 위해서도 그렇고 앞으
로도 쭉 우리는 시부모님을 모시고 살 것이기 때문에 더욱이 큰 집이 필

요했기 때문이다. 그래서 우리는 오랫동안 신중하게 공부하고 알아보고 집을 살 계획을 잡아왔던 것이다.

앞으로 우리가 살아갈 10년 동안 집값이 오를 수도 있고 내릴 수도 있다. 하지만 우리는 집값의 변화에 대해서 큰 신경을 쓰지 않기로 했다. 돈을 벌기 위한 투자가 아니라 삶의 만족도를 위한 선택이므로 집값의 변동은 그리 중요하지 않다.

그런데 우리가 아파트를 계약하고 난 직후부터 전셋값 폭등으로 매매로 전환하는 사람이 늘어난다는 기사와 함께 부동산 상승론이 슬슬 올라오고 있고 아직 거래는 활성화되지 않았지만 호가도 많이 뛰었다. 하지만 앞으로 어떻게 될지 누가 알겠는가? 앞으로 오른다고 한들 10년 뒤 가격이 어떻게 될지 모르는 일이고, 앞으로 내린다고 한들 10년 뒤 가격이 어떻게 될지는 아무도 모르는 일 아닌가?

••• 집은 투자 이상의 가치를 생각해야 한다

결국 집을 '돈'으로만 본다면 어떤 결정이든 너무 위험성이 크기 때문에 결정을 내리기가 힘들다. 집을 산다면 집값이 내릴까 걱정이고 집을 안 산다면 전월세살이의 불편함과 서러움이 있다.

경제적인 가치로만 따진다면 결코 좋은 집을 사기가 힘들 것이다. 왜냐하면 강남에 10억짜리 집을 사는 대신에 강북에 4억짜리 전세에 산다면 그 차액인 6억을 은행에 넣어놓고 이자만 받아도 (5%로 계산하면) 연간 3,000만 원의 이자를 얻을 수 있기 때문이다.

또 집을 살 경우 취등록세와 이것저것 들어가는 비용을 계산할 때, 집을 사는 가격보다 적어도 1~2억은 올라줘야 본전인 것이다. 그런데 요즘같이 집값 상승을 장담하기 어려운 시기에 집을 사서 손해 보지 않는다는 보장이 없으므로 집을 사려는 사람들보다 전세로 살고자 하는 사람들이 더 많은 것이고 그러다 보니 전셋값도 따라서 폭등하고 있다.

하지만 이런 식의 경제적인 가치로만 생각한다면 나는 영원히 내가 원하는 좋은 집에서 편안히 살 수 없을지도 모른다. 가능하면 더 싼 집에서, 가능하면 전세로 사는 것이 가장 이익인 것으로 계산이 될 테니 말이다. 그래서 '주택 구입은 강남에, 거주는 강북에' 사는 것이 재테크의 비법이라고 말하는 사람도 있지만, 그렇게 하다 보면 부자가 되고 싶은 우리는 영원히 강남 좋은 집에 살지 못하고 싼 집만 전전하면서 열심히 돈만 모으다가 죽어야 할지도 모른다. (누구 좋으라고?)

그러니 투자 목적으로 사는 집이 아니라 내 가족과 거주하기 위해 사는 집은 경제적인 가치 이상의 가치를 생각해야 한다. 그래서 나는 집을 투자 개념으로는 보지 않는다.

물론 내가 살고 있는 집값이 오르기까지 한다면 그보다 더 좋은 일은 없을 것이다. 그것은 내가 투자가치가 있는 집을 샀다는 의미보다는 남들도 살고 싶어하는 좋은 동네 좋은 집에 살고 있다는 자부심과 같은 것이다. 내가 산 집값이 오른다고 그걸 홀랑 팔고 다른 동네를 찾아 헤매는 것은 아이들과 가족들의 정서상으로도 그리 좋지 않을 것이 분명하다.

1999년 말에서 2000년 초반쯤, 만나는 사람마다 주식 이야기를 할 때가 있었다. 정말이다. 그때는 세 명 이상만 모이면 주식 이야기를 했다. 집에 있던 주부들도 주식장에 나와 묻지 마 투자를 할 때였다. 그리고 다들 주변에 주식으로 떼돈 벌었다는 사람들의 이야기가 넘쳐났다. 그러나 얼마 후 주식거품이 꺼지면서 많은 사람들이 큰돈을 날렸다. 그때가 내가 인도를 갔을 때 우리 남편이 내 주식을 날린 바로 그때다.

그리고 2000년대 중후반에는 만나는 사람마다 아파트 이야기를 할 때가 있었다. 이것도 정말이다. 돈이 있든 없든 집을 사려고 하지 않은 사람이 없었다. 그리고 얼마 후, 그때를 정점으로 부동산 거품이 꺼지기 시작했다. 부동산 투자로 가장 각광받던 지역이었던 버블세븐지역은 고점 대비 40% 이상 떨어진 곳도 속출했다. 집값이 꺼지면서 대출금을 갚지 못해 하우스푸어가 양산되고 이후 부동산 가격을 올리기 위한 정책이 계속 이어지고 있다.

내가 잠실의 아파트를 사기로 결심한 때는 대부분의 사람과 언론들이 부동산에 관심이 없을 때였다. 내 주변에 부동산이 오를 거라고 말하는 사람들은 한 명도 없었다. 더구나 중소형 아파트는 꾸준히 올랐으나 중대형 아파트는 더 많이 내려서 중소형 아파트와 중대형 아파트의 격차는 크지 않았다. 그리고 전셋값이 폭등하면서 매매가와 전셋값의 격차도 매우 작았다.

'만약 집을 사야 한다면 오히려 이런 때가 아닐까?'

나는 생각했다. 그래서 우리는 그동안 우리가 열심히 알아보았던 동네 중에 몇 개 후보군을 정한 다음 수개월 동안 그곳들의 집값과 매물 물량을 신중하게 알아봤다. 틈틈이 직접 가서 아파트를 직접 본 것은 물론이다.

그러던 어느 날, 남편과 나는 비장하게 결심했다.

"그 집 사자. 우리는 그 집이 너무 마음에 들지만 일단은 어머니와 아버님에게 집 살거라는 이야기는 하지 말고 먼저 집 한번 보여드리고 최종으로 결정하자."

우리는 시부모님과 아이들과 함께 외식을 하자며 그 아파트 근처로 갔다. 그리고 간 김에 아파트 구경 좀 하자고 억지로 끌고 나와 집을 보여드렸다. 그런데 어머니 아버님은 예상 외로 그 집을 몹시 맘에 들어하셨다. 아이들도 좋아했다.

우리는 그날 밤 큰 결심을 하고 집값 협상에 들어갔다. 모두가 집값이 내려간다고 하고 있을 때라서 아직까지는 집을 사려는 우리에게 유리한 상황이었다. 하지만 아무리 집이 맘에 든다고 해도 덜컥 집을 사겠다고 결정하면 가격 협상이 힘든 상황이었다. 우리는 그 집을 무척이나 사고 싶었지만 일부러 결정을 미루고 매일 밤 다시 생각하고 또 생각했다. 최악의 경우를 가정해봐야 했기 때문이다.

'우리가 이 집을 샀을 때 대출을 갚고 생활이 가능한 수준인가?'에 대한 문제부터 고민해야 했다. 아무리 좋은 집이라도 집을 사서 지금까지의 기본적인 생활수준을 유지할 수 없을 정도라면 그 집을 사서는 안 되었다. 지금은 둘이 벌고 모아놓은 돈도 있지만, 집을 사면 모아놓은 돈도 거의 없을 것이고, 또 언제까지 우리가 맞벌이를 할 수 있을지도 모르는 일 아닌가? 하지만 신중한 분석 끝에 결론은, 언젠가 내가 맞벌이를 그만두고 남편 혼자 벌더라도 이 집에서 대출 없이 애들 공부를 마칠 정도는 살 수 있다는 결론이 나왔다. 애들 공부만 다 시키면 그 집을 전세나 월세 주고 우리는 다른 데 싸고 작은 집 얻어서 살면 충분히 가능하다는 결론이었다. 만약 정말 최악의 경우에 우리가 둘 다 직장을 잃는 날이 오더라도 우리는 그 집을 팔거나 월세를 주고 싼 동네에 가서 살면 애들 공부 정도는 마치게 할 수 있을 것이라는 결론이었다. 어떤 경우든지 나는 최악의 경우를 상상하지 않고서는 결정을 내리지 않는다.

그래서 우리는 그 집을 사기로 최종 결정하고 가격을 협상하기 위해서 남편과 작전을 짰다. 우리의 작전을 살짝 공개하자면 이랬다. 부인인 나는 그 집이 너무너무 사고 싶어서 안달이 났고, 남편은 우리 형편에 너무 비싸다며 그 집을 못 사게 반대한다는 설정이었다. 흥정은 붙이고 싸움은 말리라고 했다고, 나는 흥정을 붙이면서 남편을 핑계로 가격을 협상할 생각이었다. 부동산 중개사도 알면서도 모른 척, 모르면서도 아는 척하겠지만, 그들은 이 거래의 성사를 위해서 집을 사려는 나보다 집을 팔아야 하는 집주인을 집중적으로 공략했다. 분명히 이렇게 이야기했을 것이다.

"사모님, 아시겠지만 집이라는 게 임자 나타났을 때 팔아야 해요. 요즘 집 사려고 하는 사람 진짜 없는 거 잘 아시잖아요. 지난번 보고 가신 사모님이 그 집이 너무너무 맘에 든다고 하는데 그 집 사장님이 너무 비싸다고 못 사게 한다는데 조금만 더 내려보시죠. 이번에 이 손님 놓치면 또 언제 사려는 사람 나타날지 몰라요.”

그리고 물론, 부동산 중개사는 우리에게 이렇게 이야기했다.

“사모님, 집주인이 정말 어렵게 가격 맞춰준다고 하시네요. 그런데 그 주인 사모님도 그 집 사장님에게 집 싸게 내놨다고 엄청 혼났나 봐요. 이 정도 가격이면 정말 많이 맞춰드린 것이니 계약하시죠.”

그래서 우리는 그 집을 샀다. 국토교통부에서 제공하는 아파트 실거래가가 확인되는 이래 가장 싼 가격이었다. 물론 앞으로 우리가 산 가격보다 더 싼 가격이 나오지 말라는 법은 없지만, 어쨌건 남들이 아파트에 관심 없을 때 사서 협상의 우위에 섰기 때문에 가능한 일이었다.

어머니 아버님은 우리가 그 집을 계약했을 때 눈물을 흘릴 만큼 기뻐하셨다. 둘이 돈 번다고 애 맡기고 이리 뛰고 저리 뛰고 다니더니 언제 이렇게 큰돈을 모았냐며 놀라셨다. 그것도 그럴 것이 나도 사실 내가 이 집을 살 수 있을 것이라고는 상상하지 못했다. 그것은 내가 열심히 돈을 모은 탓도 있지만 부동산 가격이 한번 꺾인 덕도 있다. 마침 부동산 가격이 꺾였을 때, 특히 나는 중대형 아파트가 필요한데 중소형 아파트만 인기를 얻고 있으니, 이럴 때 내가 현금을 두둑이 쥐고 있었다는 것이 이 얼마나 행운인가?

게다가 우리가 계약을 한 이후로 근처 재건축 아파트가 들썩이면서 부동산 가격이 바닥을 쳤다는 기사가 조심스레 나오기 시작한 걸로 봐서 열심히 공부하고 노력한 만큼 좋은 타이밍을 잘 잡은 것 같다.

그리고 또 재미있는 점은, 당시 전세로 살고 있는 집과 이사날짜가 맞지 않아 잠실 집은 약간의 대출을 끼고 1년 단기 월세를 주었는데, 거기서 나오는 월세가 내가 현금 들고 은행에 넣어놓았을 때보다 더 높은 금리를 주었다는 것이다. 아파트 월세 받아서 대출이자 내고 남는 돈이 내가 은행에 그냥 현금 넣어놨을 때보다 더 많으니 이러나 저러나 돈 버는 선택을 한 것은 틀림없었던 것 같다.

하지만 이것은 지금까지의 지극히 나의 개인적인 판단일 뿐, 내가 잘한 건지 큰일 날 일을 한 건지는 나도 알 수가 없고 그 누구도 알 수가 없다. 내가 그 집을 팔 것이 아니니 집값이 자기 혼자 올랐다 내렸다 한들 나에게 달라지는 것이 무엇이 있겠는가? 다만 나는 내가 지난 10년간 목표했던 작은 부자의 목표를 달성하고 그 목적이었던 집에서 살게 되었기 때문에 큰 농사 지어놓은 것처럼 마음이 편안하다.

●●● 첫 '10년 부자'의 목적을 달성하다

결혼 후 지난 10여 년 간 내가 돈을 모으는 한결 같은 목적은 아이들을 공부시키고 온 가족이 함께 평생 살 집을 마련하는 것이었다. 나뿐만 아니라 평범한 많은 사람들의 평생 목적이 가족들과 함께 편안히 평생 살 수 있는 내 집 장만일 수도 있을 것이다.

나는 결혼할 때 장만한 집이 있었지만 그 집은 내가 시부모님을 모시고 두 아이를 키우면서 평생 살기에는 적당치 않은 집이었다. 그래서 그 집을 전세를 주고 모아놓은 돈을 보태서 근처에 큰 평수 아파트로 이사를 다닌 것이다. 그런데 처음 이사간 집은 여러 가지로 우리 식구와 잘 맞지 않았다. 그래서 돈을 좀 더 모아 근처에 더 크고 더 나은 집으로 전세를 갔다. 그때쯤 우리 아이들이 초등학교를 들어갈 때였기 때문에 초등학교가 붙어 있는 아파트 단지로 옮긴 것이다. 그리고 아이들의 중학교 진학을 위해 중학교가 괜찮은 동네를 알아보기 시작했다. 요즘 가장 무섭기도 하고 중요하기도 한 곳이 중학교이기 때문이다.

남편과 나는 머리를 맞대고 매일 이야기를 나누었다. 이미 머릿속으로는 서울 시내와 경기도 일대에 괜찮다는 동네는 이사 안 가본 동네가 없었다. 실제로도 틈날 때마다 집을 보러 다녔다. 위로는 목동, 중계동, 일산, 밑으로는 판교, 분당, 용인까지 다 가보았다. 강남의 중심지 대치동으로 가기에는 아이들이 너무 스트레스를 받을 것 같았고 목동이나 중계동은 시부모님이 한 번도 살아보지 않은 심리적 거리 때문인지 너무 멀다고 같이 가겠다고 하지 않으셨다. 적당히 타협 가능한 위치는 광진구와 송파구 정도까지였는데 우리에게 맞는 여러 가지 조건을 종합분석하여 광장동과 문정동을 제치고 잠실을 1순위로 정하게 되었다.

내가 서울에 올라와 방 한 칸 마련하기 위한 절실한 목적으로 이사를 다니면서 돈을 모았듯이 결혼 후에도 나는 내가 내 가족과 살 만한 집을 마련하는 것이 나의 절실한 목적이었다. 자, 이제 그런 목적을 이루기 위한 '잠실 아파트'라는 목표가 생겼으니 그걸 달성하기 위한 노력을 시작해야지.

나는 직접 보고 경험하는 것을 매우 중요하게 생각하기 때문에 집을 사기 전에 혼자서라도 여러 번 아파트를 방문했다. 일부러 지하철을 타고 가서 지하철에서 집까지 정확히 몇 분이 걸리는지 빠른 걸음으로 또

느린 걸음으로 재어보기도 했고 점심시간에도 가서 단지 분위기를 보고 또 일부러 어두침침한 저녁에 가서 분위기를 보았다. 창밖으로 너무 사생활이 오픈되는 것은 아닌지 밤에도 가서 보고 낮에도 가서 봤다(아마 모르는 사람이 봤다면 스토커로 생각했을지도 모른다). 생활이 불편하지 않은지 은행, 관공서, 할인점 등 근처 상가까지 가 봤을 정도였다. 그런데 갈 때마다 느낌이 조금씩 달랐다. 그래서 여러 번의 방문 끝에 평균적인 결론을 내릴 수 있었다.

많이 고민하고 많이 공부하는 사람이 전문가가 되는 것은 당연하다. 자신이 진정으로 원하는 목표가 있다면 그 누구보다 더 고민하고 그 누구보다 더 열망하고 공부해서 적어도 내가 원하는 분야에 대해서는 그 누구보다 전문가가 되어야 한다. 진정한 전문가가 되어야 그 목표를 달성하기 위한 계획도 정확하게 세울 수 있고 실천할 수 있다.

그렇게 우리의 10년 부자 목적은 가족들과 함께 살 크고 좋은 집을 마련하는 것이었고 그리고 우리는 결국 그 꿈을 이루었다.

이제 첫 번째 10년의 꿈을 이룬 나는 이제 또 다른 10년의 꿈을 꾸고자 한다. 그것은 바로 시어머니의 오래된 다가구 주택을 신축해서 어머니를 더 큰 월세부자로 만들어 드리고, 내가 빌려드린 1억을 챙기고 나도 그 집에 투자해서 월세부자가 되어보고자 하는 것이다. 앞으로 쭉 식구들과 평생 편하게 살 내 집이 있으니 이제 다가구 주택에서 어느 정도 월세만 나오도록 만들어놓으면 작은 노후보장은 될 수 있을 것이다. 그렇게 하려면 또 당분간은 열심히 현금을 모아야 할 것이다. 그리고 또 더 열심히 공부해야 할 것이다.

　베이비부머 세대의 은퇴와 핵가족화로 앞으로 중대형 집값은 오르지 않을 거라고 했으나 내가 원하는 대로 중대형 아파트를 샀으니, 시어머니의 다가구 주택은 그런 트렌드를 반영해 소형 빌라나 혹은 1인 생활자를 위한 셰어하우스로 바꾸어도 좋을 것이다.

　어쨌건 나는 급하게 생각하지는 않을 것이다. 꾸준히 한 발 한 발 나아가고 공부할 것이다. 내가 지금까지 그랬듯 앞으로의 10년도 매일매일 고민하고 공부하며 조금씩 더 구체적으로 계획을 세워 나간다면 또 10년 뒤 언젠가는 그 낡은 다가구 주택이 새롭게 변신하여 멋진 효자노릇을 해줄 것이라고 믿는다.

: 부동산 중개소 활용법 :

• 미리 협의하라

이사를 하거나 집을 사고팔 때는 미리 부동산중개업자와 관계를 잘 형성하고 잘 협의하여 수수료를 정해놓는 것이 좋다. 계약이 다 끝나고 나면 그때 수수료 조정은 힘들다. 미리 이야기를 해놓아야 다른 부동산으로 안 가고 자기 부동산에서 하도록 하기 위해서 수수료를 조정해줄 가능성이 훨씬 크기 때문이다.

• 유리한 경우와 불리한 경우를 구분하라

상황에 따라 부동산 수수료를 깎을 수 있는 경우도 있고 아니면 더 줘야 좋은 경우가 있다. 만약에 내가 어떤 동네로 새롭게 이사를 가게 된다면 새 동네의 부동산의 경우 나에게 더 친절할 것이다. 왜냐하면 내가 앞으로의 고객이기 때문이다. 그래서 나에게 호의를 베풀 가능성이 훨씬 많다. 하지만 내가 내 집을 팔고 다른 동네로 이사를 가게 된다면 내 집을 파는 동네의 부동산은 나에게 친절하지도 않고 수수료를 깎아줄 마음도 별로 없다. 나는 더 이상 고객이 아니라 앞으로 안 볼 사람이기 때문이다.

• 급할 때는 무조건 빨리 빼는 것이 최고다

항상 급한 쪽이 아쉽게 되어 있다. 내가 내 집을 급하게 팔고 다른 동네로 이사를 가야 한다면, 오히려 더 많은 부동산 수수료를 제시해서 다른 집보다 내 집을 더 빨리 빼도록 유도해야 할 것이다. 부동산의 임대차나 매매에 들어가는 돈은 매우 큰 금액이므로 집이 안 나가서 중간에 돈 문제가 꼬이게 되면 부동산 수수료보다 더 많은 비용이 들어 갈 수도 있다. 급할 때는 무조건 빨리 빼는 것이 최고다.

• 독점권으로 협상을 시도하라

하지만 이때도 한번 시도해볼 만한 작전이 있는데 그것은 바로 '독점권'을 주는 것이다. "내가 다른 부동산에는 안 내놓고 이 부동산에만 내놓을 테니 수수료를 좀 조정해주실 수 있을까요?" 이렇게 물어보는 것이다. 이 말은 부동산 한 군데에만 물건을 주겠다는 말이다. 어차피 부동산끼리는 경쟁을 하면서 정보를 교환하니, 계약만 성사되면 이 부동산은 집주인이 내야 하는 수수료의 몫을 받을 수 있게 된다. 하지만 집주인이 다른 부동산 모두에게 내어놓으면 어디든 먼저 계약을 성사시키는 부동산에서 수수료를 받게 될 것이다.

• 부동산과의 관계를 망치지 마라

그렇다고 이런 것이 다 통하는 것은 아니다. 수수료 깎자고 그럼 기분 나쁘다고 우리 집은 제쳐두고 다른 집 먼저 계약해버리는 부동산도 있다. 우리 집 말고 다른 집도 많이 있는데, 수수료 깎자는 집 먼저 계약 성사시켜줄 이유가 없는 것이다. 부동산 수수료 깎자고 하면 괘씸하다고 전화를 안 받는 경우도 있다(부동산 중개하시는 분들은 워낙 사람을 많이 만나고 다루다 보니 산전수전 다 겪은 쎈 언니들이 많다). 그러니 상황에 맞게, 눈치껏 잘 판단해서 어떤 것이 나에게 더 좋을지 결정해야 한다.

• 한 부동산에 모든 것을 맡겨라

만약 집을 내놓는 경우와 집을 구하는 경우를 동시에 해야 한다면 각각의 부동산을 알아보지 말고 믿을 만한 한 부동산에 두 거래를 함께 부탁하는 것이 좋다. 내놓는 집과 알아보는 집이 같은 동네가 아니더라도 요즘은 전국적으로 정보를 공유하는 것이 현실이다. 그러므로 한 부동산을 통해 미리 협의를 한다면 집을 내놓는 수수료와 집을 구하는 수수료를 따로 계산하지 않고 한 건으로 계산할 수도 있다.

• 직거래를 이용하라

부동산 중개수수료가 비싸고 요즘은 인터넷에 정보가 다 있다 보니 인터넷을 이용해서 직거래를 하는 경우도 많다. 직거래사이트를 이용하면 내가 원하는 정보를 한번에 얻을 수 있어서 매우 편리하게 집을 알아 볼 수 있다. 직거래로 부동산을 끼지 않고 계약하면 부동산 중개수수료를 아낄 수 있는 것은 물론이다.

• 사기나 범죄에 주의하라

하지만 수수료 조금 아낀다고 직거래하다가 큰 낭패를 보는 경우도 많다. 직거래 사이트에서 보고 집을 보러 왔다고 속이고 범죄를 저지르는 사람도 있고, 또 직거래 정보를 이용하여 이상한 전화를 하는 사람도 있고 직거래 사이트에 정보를 이용하여 오히려 부동산에서 직거래를 가장한 영업용 전화가 오기도 한다. 여자가 집을 알아보고 있거나 여자 혼자 있는 집을 내놓은 경우는 일단 범죄의 대상이 될 수 있으므로 반드시 주의하도록 한다.

이렇게 돈이 오가는 문제와 보안에 관련된 문제는 조심, 또 조심해서 나쁠 것이 하나도 없다. 조금 아끼려다 크게 잃는 경우가 있을 수 있기 때문에 직거래는 더욱 조심해야 한다.

4부

월급부자
되는
통장관리법

돈은 들어오는 대로
꽁꽁 묶어라

"어떻게 해야 돈이 모일까요? 도대체 돈이 안 모아져요."

결혼 2년차 직장후배 P 씨. 성격도 좋고 일도 잘하고 놀기도 잘 하는 친구다. 그런 그가 카드값 때문에 고민이 이만저만이 아니었다. 이제 아이를 가지려면 집을 넓혀 이사를 가야 하는데, 모아놓은 돈은 없고 다달이 카드값만 늘어가니 그거 메우는 것도 벅차서 언젠가부터 걱정만 늘어갔다. 그러면서도 그는 걱정 없이 살던 때와 마찬가지로 매일 저녁이면 친구를 만나고 주말이면 좋아하는 클럽에 갔다. 아끼고 사는 것도 좋지만 적당히 즐기는 삶 또한 매우 중요하므로 심하지만 않으면 자기가 좋아하는 것에 돈도 좀 써가면서 살아야 하기에 그것이 잘못되었다고 말할 수는 없다. 하지만 저러다가 평생 카드값 걱정만 하고 사는 건 아닌지…….

그는 좋은 학교를 나와 그의 또래에 비해 연봉도 높은 편이고 장래도 유망한 편이고 아직은 아이도 없으니 크게 돈 들어갈 일도 없어서 조금만 맘먹으면 금방 부자가 될 기반을 마련할 수 있는 사람이었다. 그런데도 그는 계속 걱정만 하고 있을 뿐 변화하지 않고 있었다. 내가 보기에 그의 월급 정도면 한 달에 아무리 못 받아도 300만 원은 넘게 받을 거고, 그럼 한달 생활비로 넉넉히 200만 원씩 쓴다고 해도 최소 100만 원씩은 적금 들 수 있을 것이다. 그럼 1년이면 1,200만 원, 몇 년만 독하게 모으면 조금 더 큰 집 전셋값 정도는 마련할 수 있을 텐데 왜 저렇게 항상 돈이 없다고 징징거리는지 도무지 알 수가 없는 일이었다.

그러던 어느 날, 회사 회식 이후에 약간 취한 그의 행동을 보고 그 답을 조금 알 수 있었다.

"자, 우리 2차 가시죠! 제가 좋은 데 아는데 2차는 제가 쏘겠습니다!"

사람 좋아하고 친구 좋아하고 술 좋아하는 그는 자기가 돈을 내는 것 또한 좋아했던 것이다. 거꾸로 이야기하면 그렇게 기분 좋게 잘 사니 주변에 사람도 많고 친구도 많았던 것이다. 그러니 매월 월급날이 되면 그동안 기분 좋게 긁어왔던 카드명세서가 날라올 것이고 그럼 또 기분이 꿀꿀해져 친구들과 모여 한잔 해야 할 것이다. 그리고 술 한잔 들어가면 "2차는 내가 쏠게!" 하며 카드를 긁겠지. 그리고 또 다음 달 카드명세서를 받으면 한숨을 쉬겠지. 그는 이제까지 그렇게 살아왔다.

그렇다고 그런 그에게 "사람 끊고 친구 끊고 술 끊고 살아라"가 해결책이 될 수도 없지 않은가? 인생의 낙을 끊고 살아야 부자가 된다면 너무 가혹하지 않은가? 돈도 결국은 즐겁고 행복하게 잘살자고 모으는 것인데 말이다. 그리고 이제까지 그의 큰 매력 중 하나가 '쪼잔하게 굴지 않고 놀 때도 잘 논다'는 것이었는데 그만의 큰 매력이 없어지면 사회생활에서 눈에 보이지 않는 손해가 생길 수도 있는 일이다.

●●● 지출을 줄일 자신이 없으면 연봉을 올려라

하지만 이대로라면 P씨는 결코 부자가 될 수 없는 것은 당연한 일이다. 그럼 어떻게 해야 할까? 그가 변화하지 않는다면 지금 쓰는 돈을 감당할 수 있을 정도로 더 많은 연봉을 받으면 된다. 학벌도 좋고 일도 잘하고 인간관계도 좋은 그는 '더 버는 것'이 '더 모으는 것'보다 부자가 될 가능성이 더 있을지도 모르겠다. 하지만 이런 유형의 사람들 경우에, 더 번다고 해도 그만큼, 혹은 더 버는 것보다 더 많이 쓰는 경향이 있다. 승진해서 월급은 코딱지만큼 올랐는데, 승진턱 내고 후배들 밥 사주고 술 사주고 커피 사주고 자기계발하느라 쓰는 돈이 더 많아지는 것이다.

도저히 지출을 줄일 자신이 없다면 연봉을 올리는 것이 방법이겠지만 과연 지출을 줄이는 것과 연봉을 올리는 것 둘 중 어느 것이 더 쉬울까? 절실함 없이 지출을 줄이는 것은 쉽지 않다. 어느 누구도 자신이 평펑 쓰고 있다고 생각하는 사람은 없기 때문이다. 그러니 그는 지출을 줄이려는 노력보다 회사일을 더 열심히 해서 더 빨리 승진하고 더 높은 연봉을 받으려고 노력하는 것이 더 현실감 있을지도 모른다.

그러던 그가 열심히 일하고 그동안 쌓아놓은 평판 덕에 해외 프로젝트에 투입되어 중남미에서 3개월 동안 근무하게 되었다. 일도 많고 치안도 안 좋은 곳에서 지내다 보니 숙소와 회사만 왔다갔다 하며 바쁘게 지냈다고 한다. 해외 출장을 다녀온 후배가 말했다.

"여기서 몇 년간 노력해도 안 모아지던 돈이 거기 가 있으니 몇 달 만에 모아져요. 장기 해외 출장이니 출장비도 엄청 많이 나오죠, 먹을 건 거기서 주죠, 바쁘다 보니 돈 쓸 시간도 없고 또 밖에 나가면 강도가 총 들고 돈 내놓으라 하니 어디 나가기도 무섭고. 또 어디 가야 놀 수 있는지도 모르니 돈 쓸 줄도 모르고. 그냥 일만 하다가 왔는데 몇 달 동안 모인 돈이 장난 아니에요. "

그에게 부자가 되는 비법은 '열심히 일하는 것'이었다.

●●● 돈에게는 절대 자유를 주지 말라!

한번은 출장을 다녀온 P 씨가 말했다.

"사실은 그동안 와이프도 같이 일을 했기 때문에 쓸 거 다 쓰고 편하게 살면서도 사실 돈 걱정 별로 안 했어요. 우리는 결혼을 빨리 했지만 아이는 천천히 낳고 연애하듯이 자유롭게 살기로 했었거든요. 그래서 술도 같이 마시고 클럽도 같이 가고 그렇게 자유롭게 살았어요. 그런데, 몇 년 그렇게 살았으니 이제 충분한 것 같아요. 이제 아이를 가져야 하는데, 와이프가 작은 회사에 다니다 보니 일도 너무 많고 아무래도 아이를 가지려면 그만둬야 할 것 같아 얼마전 직장을 그만뒀어요. 이제 혼자 벌어서 이사도 가고 아이도 낳아 키우고 할 생각을 하니까 사실 좀 막막해요.”

이제 그에게도 절실함이 생겼다.

나는 먼저 그에게 출장 가서 모인 그 돈을 어떻게 할 것인지 물었다.

“뭐, 아직 전세금 올릴 만큼은 아니니까 더 모을 때까지 기다려야죠.”

그는 대수롭지 않게 말했다.

큰일날 소리! 그렇게 그냥 통장에 들어 있으면 다시 각종 유흥비와 문화생활비로 다 없어질 것이다. 나는 말했다.

“일단, 출장가서 모은 그 돈은 정기예금에 넣어놔. 은행들 몇 군데 1년 정기예금금리 알아보고 제일 금리 높은 데다가 넣어. 1년 되기 이전에 돈 쓸 일이 생길지도 모른다구? 괜찮아. 1년 안에 해지해도 코딱지만큼은 이자 붙어. 그래도 그냥 급여통장에 넣어놓는 것보다는 이자 더 붙으니까 이러나 저러나 손해 볼 것 없잖아. 그리고 또 혹시라도 1년 이후에 돈 쓰게 되면 1년 만기 이자 받으니까 더더욱 좋고!”

P 씨는 잠시 생각하더니 말했다.

“선배님은 어느 은행 쓰세요?”

나는 근처에 높은 금리를 주는 저축은행을 알려주었다.

“5,000만 원 이하면 예금자보호법에 의해서 보장되니까 저축은행도 안전해. 3개월 출장갔다 온 건데 설마 5,000만 원보다 더 모인 건 아니지? 그럼 저축은행 가서 예금해. 시중은행보다 금리는 더 좋으니까. 그리고 만기 때 직접 방문하지 않고 찾으려면 처음 갈 때 인터넷뱅킹도 신청해. 인터넷뱅킹은 본인이 직접 가야지만 신청할 수 있어.”

●●● 돈이 일하게 하면 모이는 속도는 더 빨라진다

다음 날 당장 저축은행을 다녀온 P 씨는 저축은행이란 곳을 그때 처음 가봤다고 했다.

“저는 처음에 저축은행이라고 해서 그냥 동네사람 상대로 조그맣게 돈 거래하는 곳인 줄 알았어요. 부실 저축은행 퇴출된다고 할 때도 단순히 조그만 금융기업이라서 그런가 보다 생각했거든요. 그런데 막상 가보니 그렇지 않네요.”

나도 처음에는 그렇게 시작했다. 월급은 월급통장에 쌓이고 있었고 어디로 새는지 모르게 새기도 하고 목돈이 쌓이면 쉽게 빌려주기도 하고 그랬다(그러다가 시댁의 다가구 주택에 1억이 들어가게 된 것이다).

10여 년 전 어느 날, 남편이 말했다.

“자기 회사 근처에 저축은행 많지 않아? 테헤란로에 있으니까.”

내가 시댁에 들어간 돈 때문에 남편을 쥐잡고 있을 때였다. 미안한 마음에 그런 것인지 어디서 들었는지 저축은행에 적금을 넣자고 했다.

남편의 말에 나는 물었다.

218

“그게 뭔데?”

“뭐 저축은행이니까 은행 같은 거겠지. 그런데 은행보다 이자 더 많이 준대.”

‘은행 같은 거? 은행보다 이자를 더 많이 줘? 뭔지는 잘 모르겠지만 이자를 많이 준다니 알아봐야지.’

나는 그때 저축은행이라는 곳을 처음 알게 되었다. 그리고 점심시간을 이용해서 가까운 저축은행을 방문해서 통장에서 놀고 있던 100만 원으로 적금을 들었고, 별 기대 없이 넣은 적금에 붙은 이자와, 목돈이 생기면 그 목돈을 예금으로 넣는 그 맛에 점점 적금 금액을 늘려갔다. 돈이 생기는 대로 저축은행에 갖다 넣다 보니 쓸 돈도 없고 돈 쓸 일도 없어졌다. 돈이 생기면 일단은 쓸 수 없는 곳에 묻어둬야 한다. 보이면 새는 것이 돈이다.

첫 번째 적금이 만기가 되기 전까지는 사실 나도 잘 느끼지 못했다. 은행에서 알아서 그냥 적금으로 빠져나가니 일종의 보험이나 관리비나 카드값 같은 그저 그런 지출 중 하나로 느껴졌다. 그런데 이것이 만기가 되니 마음가짐이 달라졌다.

목돈이 뚝 떨어지니 ‘어, 요놈 봐라’ 싶었다. 그래서 일단 첫 번째 적금 만기된 목돈은 다시 최고금리를 주는 예금을 찾아 예금했다. 그리고 최고금리를 가장 많이 주는 적금을 찾아 월 적립금을 더 올려서 적금을 들었다.

그리고 다음 해에는 넣어두었던 예금과 넣고 있던 적금이 동시에 만기가 되었다. 그래서 그 돈을 다 합쳐 다시 최고금리 예금을 찾아 예금을 넣고 이번에는 적립금을 더 올려서 적금을 들었다. 그렇게 몇 년 하다 보니 생각보다 훨씬 큰 목돈이 쌓이기 시작했다.

돈이 늘어날수록 모이는 속도도 더 빨라진다. 당연한 일이다. 돈이 일을 해서 돈을 버는데 일하는 돈이 많으니 더 많이 모일 수밖에. 그러다 보면 처음에는 '어느 세월에 모으나?' 했던 돈이 시간이 지날수록 '벌써 이렇게 모았어?'라는 마음이 들게 된다.

계산하기 편하게 100만 원 적금부터 시작하는 예를 들어보자. 금리는 내 맘대로 월복리 6%로 계산하고 세금은 일반세율로 계산하겠다.

(0) 시작: 매월 100만 원씩 1년 적금 시작('1년이면 1,200만 원인데 어느 세월에 1억을 모으나?').

(1) 1년 후: 1년 적금 만기되어 세후 1,233만 6,065원, 이 돈을 다시 예금 넣음('이제 무리해서라도 적금을 좀 올려볼까?'). 1년 적금 200만 원으로 올림.

(2) 2년 후: 1년 예금 1,297만 3,480원 만기, 200만 원 1년 적금 2,465만 9,900원 만기. 둘이 합쳐 3,763원 3,380원 1년 예금 넣음('그래도 3,000만 원이 넘는 돈이 모였네'). 적금 300만 원으로 올림('그래, 한번 도전해보자!').

(3) 3년 후: 1년 예금 3,959만 7,220원 만기. 300만 원 1년 적금 3,698만 9,900원 만기. 둘이 합쳐 7,658만 7,120원 예금 넣음('어~ 이러다가 1억도 만들 수 있겠는데?'). 1년 적금 400만 원으로 올림('이게 가능한 일일까?').

(4) 4년 후: 1년 예금 8,058만 3,392원 만기. 400만 원 1년 적금 4,934만 4,261원 만기. 총 1억 2,992만 7,653원 예금 넣음('1억 3,000만 원이라는 돈이 생겼어. 이걸로 뭐든지 할 수 있을 것 같아! −자신감 충만!). 1년 적금 500만 원으

로 올림('내가 굶는 한이 있어도 한번 해보고야 말겠어').

(5) 5년 후: 1년 예금 1억 3,670만 7,203원 만기. 500만 원 1년 적금 6,168만 326원 만기. 합계 약 2억('거의 1년 만에 돈이 두배로 불어난 기분이야').

물론, 어려운 일이라는 것은 안다. 중간에 각종 사건사고 없이 연봉도 매년 꾸준히 올라야만 가능한 일이다. 하지만 그렇다고 절대 불가능하기만 한 일도 아니다.

●●● 절실하게 쥐고 놓지 말아라

예로부터 유대인들은 금전관념과 'Give and Take'의 계산이 확실한 것으로 유명하다.《탈무드》에 이런 유명한 이야기가 있다.

부자가 되는 방법을 배우기 위해 부자를 찾아간 한 젊은이에게 부자는 절벽에 난 나뭇가지에 매달리라고 한다. 까딱 나뭇가지를 놓치는 날에는 바로 절벽 아래로 떨어져 목숨을 잃을 수도 있는 상황에서 부자는 차례로 손을 놓으라고 말한다.

"부자가 되는 방법을 알려준다면서 두 손을 다 놓으라니요! 그럼 저는 절벽에서 떨어져 죽습니다."

젊은이가 소리치자 부자는 말한다.

"지금 그 나뭇가지를 잡고 있는 한 손처럼 절대 놓치지 말고 돈을 잡고 있으시오."

그것이 부자가 되는 비법이었던 것이다. 절실함으로 무장하면 돈이 샐 틈이 없다. 돈이 샐 틈이 없으면 모이게 되어 있다. 어디로 갈 데가 없는데 돈이 어디로 가겠나?

P 씨는 이제 절실함도 있고 꽉 쥐는 방법도 알았으니, 꽉 쥘 돈만 있으면 되겠다. 그런데 꽉 쥘 힘은 있는데 꽉 쥘 돈이 없으면 어떡하나? 월 10만 원이든 50만 원이든 100만 원이든 남는 것이 있어야 꽉 쥐고 놓지 않을 텐데 말이다.

쓰는 일보다 버는 일에 더 바쁘고, 남는 돈은 샐 틈 없이 꽉 쥐어라. 이것은 월급쟁이가 부자가 되기 위한 가장 기본이다.

푼돈이라도 쪼개고 묶어라

여기 두 명의 직장 동기가 있다. 두 명의 월급은 똑같이 200만 원이다. 생활하는 모습도 비슷하다. 다만 차이점이 하나 있다면 한 명은 100만 원쯤 쓰고 남는 100만 원을 모으고, 다른 한 명은 100만 원을 저축하고 남는 100만 원을 쓴다. 이 두 사람 중 누가 더 빨리 부자가 될까?

단순 수학적으로 계산하자면 둘은 똑같이 부자가 되어야 한다. 하지만 실제로는 매우 큰 차이가 있다.

200만 원 월급 중에 100만 원을 쓰고 남은 100만 원을 저축하는 사람은 아마 많은 경우 100만 원 미만의 저축을 하게 될 가능성이 크다. 어떤 달은 100만 원보다 더 많이 지출하여 80만 원이 남을 것이고 어떤 달은 100만 원보다 적게 써서 120만 원이 남을지도 모른다. 매월 지출하는 금액이 다르기 때문에 아마 매월 일정금액을 저축하는 적금의 형태가 아니라, 급여통장에서 꺼내 쓰고 남는 돈은 그대로 모이는 형태일 가능성이 크다. 이렇게 돈을 모으면 모아놓은 목돈은 어디론가 빠져나갈 가능성이 매우 농후하다.

만약 100만 원을 먼저 저축하고 남은 100만 원을 쓴다면 매월 쓸 수 있는 지출의 상한선은 100만 원을 넘지 못한다. 120만 원을 쓰는 일이 없어질 것이다. 그리고 모이는 돈은 어찌됐건 매월 최소 100만 원씩이 모이는 것이다. 적금을 들게 되면 중간에 돈 쓸 일이 생겨도 웬만하면 좀 더 버텨보려고 애쓴다. 왜냐하면 만기 이자와 중도해지이자가 꽤 차이가 나기 때문이다.

그리고 또 중요한 차이점 한 가지는 100만 원을 쓰고 남은 돈 100만 원을 저축하는 것과 100만 원을 저축하고 남은 돈 100만 원을 쓰는 것을 비교하자면 한 달의 시차가 발생하게 된다. 내 돈 100만 원이 월급 받는 날 적금으로 들어가면 100만 원이 남을 때까지 기다리는 것보다 한 달 더 열심히 일을 하고 있는 것이다. 그러니 한 달의 이자를 더 받는 셈이다.

그 차이가 미미한 것 같지만, 이런 습관이 1년, 3년, 10년 계속되면 그 작은 차이는 매우 다른 결과를 가져온다.

급여통장에 들어온 돈이 월급날 제일먼저 해야 할 일은 '적금통장으로 직행'하는 일이어야 한다. 돈을 모으는 사람과 못 모으는 사람의 대표적인 차이점은, 이렇게 돈을 모으는 사람은 '먼저 저축하고 남은 것을 쓴다'는 것이고 그렇지 않은 사람은 '먼저 쓰고 남은 것을 저축한다'는 것이다.

매월 들어오는 돈과 지출하는 돈이 일정치 않아서 일정한 금액의 적금을 넣지 못 하는 사람도 있을 수 있다. 그러나 그럴수록 더 적금을 넣어야 한다. 그렇지 않으면 일정치 않은 소득과 지출 때문에 목돈을 만들기는 더더욱 어려워지기 때문이다. 대신에 소득과 지출이 일정치 않다면 남들보다 조금은 더 귀찮아져야 부자가 된다. 이럴 때는 적금을 잘게 쪼개서 넣어야 한다.

100만 원을 한 통장에 적금을 넣는 것과 10만 원씩 10개 통장으로 나누어 적금을 드는 것은 이자는 똑같다. 하지만, 잘게 쪼개서 적금을 넣을 때 좋은 점은 갑자기 돈이 필요할 때 해지하여 쓸 수 있다는 것이고 그렇기 때문에 더 많은 돈을 저금할 수 있다는 것이다.

내가 만일 100만 원짜리 적금에 들고 있다면 갑자기 예정에 없던 돈을 써야 할 때 100만 원짜리 적금을 깨거나 적금에 들어가 있는 돈을 담보로 예금담보 대출을 내어야 하므로 손해가 생길 수 있다. 하지만 10만 원짜리 적금을 10개 들어놓는다면, 꼭 필요한 금액만큼 해지하여 사용하면 된다. 그렇다면, 나머지 적금들은 만기 이자를 다 받을 수 있다.

좀 귀찮긴 하지만 실제로 아주 유용한 방법이다. 왜냐하면 착실하게 돈 모으는 데는 적금만 한 것이 없고 사람이 살다 보면 이런저런 예상치 못한 돈을 쓸 일이 생기게 마련인데, 예상치 못한 돈 쓸 일이 생길까 걱정스러워서 이자도 거의 없는 입출금통장에 넣어두는 것은 아까운 일이기 때문이다.

그리고 이렇게 잘게 쪼개어 적금을 넣다 보면, '꼭 필요하면 해지해서 쓰지 뭐' 하는 마음으로 가능한 한 많은 돈을 탈탈 긁어서 적금을 넣을 수 있다. 그러니 매월 모이는 금액이 늘어나는 것은 물론이다.

●●● 당신이 받는 월급은 연봉보다 훨씬 적다

자, 그럼 이제 월급 받는 대로 그걸 10만 원씩 쪼개서 은행으로 직행하도록 자동이체를 걸어놓고 필요한 돈은 적금을 깨서 쓴다는 생각도 나쁘지 않다. 하지만 현실적으로 관리가 불가능할 것이다. 먼저 매월 '최소한' 얼마씩 모을 수 있는지 계산해야 한다.

그러기 위해서는 먼저 자신의 정확한 소득금액을 파악한다. 매월 일정 금액의 급여를 받는 사람들도 의외로 자신의 정확한 소득을 모르는 경우가 많다. 연봉 계약할 때 쓰이는 급여와 공제한 후 실제로 받는 금액에 차이가 있기 때문이다.

우리가 흔히 연봉이라 말하고 연말정산할 때 나오는 연간 총 금액은 우리에게는 가상의 금액일 뿐이다. 만약 연봉이 6,000만 원이라면

6,000만 원/12=500만 원. 즉 500만 원씩 월급을 받아야 하지만, 사실은 여기저기 떼고 나면 4백몇십만 원 정도 받는다. 그럼 연봉이 6,000만 원인 사람도 실제로 1년 동안 받은 돈은 5,000만 원이 안 될 수도 있는 것이다.

기본급과 별도로 매년 인센티브나 성과급, 초과이익분배금(PS) 등을 주는 기업도 있다. 내가 계약한 연봉은 4,500만 원인데, 한 해 동안 회사의 성과가 좋고 개인의 평가가 좋으면 평가에 따른 인센티브를 주어 내가 받는 연봉을 5,000만 원이나 6,000만 원이 될 수도 있는 것이다.

어떤 경우든 각 회사에서 정한 기준에 따라 내가 받는 기본급이 있다. 회사는 나에게 기본 월급과 기타 여러 가지를 포함해서 월급을 주지만 내 통장으로 월급이 들어오기 전에 미리 떼고 주는 돈이 있다. 세금과 국민연금, 보험료 등이다. 그래서 그 금액만큼 뺀 돈이 내가 매월 받는 정확한 금액이다. 그리고 어떤 회사는 보너스가 정해진 기간별로 들어오기도 하고 어떤 회사는 매년 퇴직금을 12개월로 나누어 미리 급여에 포함시켜 주기도 하므로 매월 받는 금액이 달라질 수 있다.

어쨌건 내가 매월 받는 금액, 내 통장으로 들어오는 정확한 금액을 파악하고 있어야 한다. '내가 연봉이 3,600만 원이니까 월 300만 원은 받으니까 1,00만 원씩 적금하면 200만 원은 써도 되겠지'라는 막연한 생각을 하면 안 된다는 말이다. 당신이 실제로 받는 월급은 그보다 훨씬 적을 테니까.

먼저 고정적으로 반드시 나가야 하는 돈이 있다. 집과 관련된 돈이다. 아파트나 오피스텔이라면 관리비, 그리고 월세를 내야 한다면 월세, 대출을 끼고 있다면 대출 원리금 등이다. 관리비는 공동으로 쓰는 비용과 전기세 등을 포함하므로 계절마다, 달마다 달라지지만 계절별 대략적인 금액은 충분히 알 수 있다. 그밖에 의외로 엄청난 지출을 하고 있는 각종 통신비와 가스비, 수도세 등 각종 공과금, 매월 들어가는 보험료와 아이들 학원비 등등이 있을 것이다.

그리고 이밖의 비용은 거의 신용카드나 직불카드 등 카드값으로 나갈 것이다. 매주 마트 가서 쓰는 비용, 식비와 외식비, 그리고 쇼핑 등 거의 대부분 카드로 결제한다. 매월 차이가 나겠지만 대략적으로 달마다 얼마를 사용했는지는 카드회사나 은행에 들어가보면 쉽게 알 수 있다.

그럼 대략 한 달에 얼마 정도 쓰는지 계산이 나올 것이다. 그리고 거기에서 최소 20만 원 정도를 예비비로 뺀다. 각종 경조사에도 참석해야 하고 어디든 써야 할 일이 생길지도 모르기 때문이다.

처음부터 너무 빠듯하게 정리할 필요는 없다. 여기서 조금씩 더 줄여 나갈 거니까. 약간 여유 있다 싶게 정리한 지출의 합을 매월 은행으로 들어오는 소득에서 뺀다. 그것이 매월 적금으로 들어야 할 '최소한'의 금액이다.

자, 이제 내가 받은 월급에서 내가 쓸 돈을 제외한 최소한의 금액은 매월 월급날에 적금통장으로 자동 이체시키도록 한다. 하루라도 이자를 더 받으려면 급여통장에서 며칠을 묵힐 이유가 없으므로, 급여일 혹은 급여일 다음 날로 바로 자동이체를 시킨다. 그러고 나면 월급날 당신의 통장에는 다음 달 월급날까지 쓸 생활비와 약간의 여분만 딱 남을 것이다.

그 생활비 안에서 카드값이 결제될 것이고 통신비가 빠져나갈 것이고 각종 생활비가 빠져나가고 나서 바닥을 드러낼 때쯤이면 다시 월급날이 돌아올 것이다. 이렇게 먼저 적금을 하고 남은 돈을 쓰는 습관은 월급쟁이가 부자가 되기 위한 기본 중의 기본이다.

그리고 기왕에 적금을 붓는 재미로 지출을 조금만 줄여보자. 만약 지출을 살짝 줄였더니 10만 원의 여윳돈이 생겼다고 하자. 이 10만 원도 당장 10만 원 적금통장을 만들어서 매월 급여일에 빠지게 만들자. 그럼 매월 10만 원씩 적금이 더 들어가는 셈이다. 그리고 또 10만 원을 아낄 수 있다면 또 10만 원짜리 적금을! 그리고 또 5만 원을 아낄 수 있다면 5만 원 적금을! 그럼 매월 적금하는 금액이 생각보다 엄청나게 늘어날 것이다.

너무 빠듯하게 적금을 넣다가 만약 급한 돈이 필요하다면? 이야기한 것처럼 간단하게 5만 원이나 10만 원 적금 중도 해지해서 사용하면 된다. 어차피 내 급여통장에서 놀고 있다가 주인도 모르는 구멍으로 쥐도

새도 모르게 사라졌을 돈이므로 중도해지를 너무 아까워할 필요는 없다. 사실, 돈이 돈을 버는 재미를 알게 되면 그 이자 몇만 원, 몇천 원도 아깝기도 하지만 말이다.

10만 원 단위로 매월 들어가는 작은 적금(10만 원이 결코 작은 돈은 아니다. 작다고 표현하는 것을 양해해주기 바란다. 나중에 몇백만 원씩 적금 넣고 몇천만 원씩 예금을 굴리는 때와 비교하여 한 말이니)을 중도해지하는 것을 두려워하지 말아라. 두려워할 필요가 없다. 그것을 두려워하면 그 돈은 적금에 못 들어가고 급여통장에서 놀고 있어야 한다.

이제 당신의 급여통장은 이렇게 되어 있을 것이다.

- **내 급여에서 생활비를 뺀 최소한의 적금**: 이것은 결코 해지해서는 안 되는 적금이다.
- **약간의 여유분을 모아서 만든 10만 원짜리 적금**: 이것은 만약의 경우에 그냥 깨서 쓰면 되는 돈이지만 안 깨면 더 좋다.
- **지출을 쪼개서 만든 5만 원짜리 적금**: 이것은 언제든 깨서 쓰면 돈이지만 그래도 재미삼아 한번 안 깨고 모아보면 좋다.

혹 중간에 중도해지하게 되더라도 내가 피땀 흘려 벌어들인 내 돈이 급여통장에서 편하게 놀고 있게 만들지 말라. 내가 열심히 일하는 만큼 내가 번 돈도 나와 같이 일해야 한다. 내가 벌어들인 돈이 은행에 들어가서 계속 일하게 만들면 그 돈이 불어날수록 나만큼 버는 일꾼이 하나 더 생기는 것이다.

조금의 귀찮음만 참을 수 있다면 매월 10만 원씩 버는 잔잔한 일꾼을 여러 명 둘 수 있다. 그러다 보면 몇백만 원씩 버는 큰 일꾼을 두게 되는 날도 올 것이다.

월급통장엔 잔금을 남기지 마라

●●● 지금 당신의 월급통장에는 얼마가 있는가?

지금 현재 당신의 급여통장에는 얼마나 들어 있는가?

만약 지금 급여통장에 몇백만 원 이상의 목돈이 들어 있다면, 그것은 어떤 경우든 잘못된 급여통장이다. 급여통장에 목돈이 들어 있는 사람들의 이유는 여러 가지가 있다.

만약 월급을 받은 지 얼마 되지 않아서 그렇다면 월급을 받자마자 적금부터 넣어야 하는 습관이 안 되어 있는 것이다. 적금을 바로 넣고 있는데도 지금 급여통장에 수백만 원 이상의 목돈이 있다면 아마 당신은 매월 수백만 원 이상의 지출을 하는 사람일 수도 있다. 어떤 일을 하고 어떤 생활을 하는 분인지는 모르겠으나 매월 수백만 원 이상의 지출을 하고 있다면 분명히 심각한 문제가 있는 것이다. 지출을 줄여야 한다.

만약 급하게 써야 할 데가 있는 돈이라서 목돈이 급여통장에 그대로 들어 있다면 그것도 역시 잘못된 것이다. 얼마나 급하게 써야 할지는 모르겠지만 3개월짜리, 6개월짜리, 혹은 3개월 미만의 단기 이자를 주는 예금도 존재한다. 만약 단기예금을 들었음에도 불구하고 그 기간도 못 채우고 해지해야 할 경우에도, 중도해지이자를 보통 1%씩은 주니, 그냥 이자도 없는 급여통장에 넣어서 그냥 놀게 하는 것보다는 분명히 조금이라도 이득이다.

그러니 어떤 경우라도 수백만 원 이상의 돈이 급여통장에 놀고 있다면 더 빨리 부자가 되기 위한 어떤 방법을 찾아야 할 때다.

●●● 급여통장 상품이 꼭 필요할까?

하지만 아무리 관리를 잘 한다고 해도 기본적으로 급여통장에는 어느 정도의 생활비가 남아 있을 수밖에 없다. 카드값 및 각종 공과금이 나가는 날을 모두 월급날 바로 다음 날로 맞추기는 힘들기 때문이다.

이럴 때 나는 잠깐 들어 있는 이 돈마저 일하게 하려고 여러 가지 급여통장 상품을 알아본다.

급여통장 상품에 대해서 이야기하기 전에 먼저 결론부터 말하자면,

나는 급여통장에 잔고를 최대한 줄여서 제로가 되도록 생활해야 한다고 말하는 사람이기 때문에 급여통장 상품의 필요성에 대해서 크게 강조하고 싶지는 않다. 왜냐하면 '단 하루를 맡겨도 고금리를 제공한다'는 각종 급여통장 상품에는 여러 조건이 붙기 때문이다.

그래서 사실 잔고가 얼마 남아 있지 않는 급여통장에서 벌어들일 수 있는 돈은 별로 없다. 물론, 10원이라도 더 받는 것이 부자가 되는 기본이긴 하지만, 때로는 10원을 위해서 100원의 노력이 들어가는 경우도 많다. 이럴 때는 과감하게 10원을 포기해야 한다.

급여통장에 잔고 100만 원이 1년 내내 유지되고 있다고 가정할 때, 다른 데보다 무려 1%의 금리를 더 준다는 곳이 있다고 해도 거기서 더 얻을 수 있는 돈은 월 800원 정도다. 그런데 잘 이용하지 않거나 ATM 시설이 편하지 않는 은행에 급여통장을 개설하면 이체수수료로 나가는 돈이 월 800원은 훨씬 넘을 것이다.

그럼에도 불구하고 은행에서 각종 급여통장 상품을 내놓으면서 마케팅을 하는 이유는, 은행 입장에서는 이 월급쟁이들의 급여통장을 잡아야 돈이 되기 때문이다.

그러니 금리를 조금 더 준다고 급여통장 상품을 옮기는 것보다는 오히려 이체수수료를 면제받는 쪽이 나을 수도 있다. 따라서 상품이 주는 혜택에 대한 조건을 잘 알아보고 실제로 얼마나 이익을 얻을 수 있을지 직접 계산해보고 결정하도록 하자.

일반 시중은행의 입출금통장, 즉 입금과 출금이 자유롭게 되는 통장의 연 이자가 0.1% 라고 했을 때, 이것은 이자가 '없다'라고 볼 수도 있는 정도다. 100만 원의 잔고가 계속 유지된다고 해도 1년 뒤에 1,000원의 이자가 붙는 것이다(1,000원이 어디냐고? 대단하다! 금방 부자 되실 분이다). 하지만 1년에 1,000원 이자 주는 곳보다 더 주는 곳이 분명 있을 것이다.

흔히 급여통장으로 많이 사용하는 상품으로 CMA와 MMF가 있다. 이 상품들은 '하루만 저축하더라도 높은 금리를 제공한다'고 해서 직장인들에게 인기를 끌고 있다.

CMA는 'Cash Management Account'의 약자이고, MMF는 'Money Market Fund'의 약자다. 이 두 상품을 쉽게 설명하자면, '입출금이 가능한 투자 상품 통장' 정도로 이해하면 될 것 같다. 통장에 남아 있는 돈을 투자해 더 높은 금리로 이자를 주겠다는 말이다.

우리가 예금이나 적금을 들어 돈을 모을 때, 예금이나 적금 상품은 내 돈이라도 만기 전까지 내 맘대로 뺄 수 있는 돈이 아니다. 만기를 채워야 약정된 이자를 주는 것이다. 그런데 입출금이 자유롭게 되면서도 높은 금리를 제공하는 상품은 매력적이지 않을 수 없다.

CMA는 고객이 맡긴 예금을 어음이나 채권에 투자하고 그 수익을 고객에게 돌려주는 실적 배당 금융상품이다. MMF는 고객이 맡긴 예금을 모아 펀드를 구성하여 금리가 높은 만기 1년 이내의 단기 금융상품에 집중 투자하여 얻은 수익을 고객에게 돌려주는 초단기 금융상품이다.

두 상품의 차이는 무엇일까?

CMA는 입출금이 자유롭고 공과금 납부나 인터넷뱅킹 등 자유로운 은행 업무가 가능하다. 반면, MMF는 카드 발급이 안 되어 현금인출기로 입출금을 할 수가 없고 결제와 자동이체의 기능이 없어서 공과금 등을 결제할 수 없다. 그래서 MMF는 다른 통장과 연계하여 사용하기도 한다. 나는 W 은행에 MMF와 연계된 급여통장을 쓰고 있는데 급여통장에 잔고가 있을 경우 내가 정한 금액을 제외한 금액은 자동으로 MMF 계좌로 넘어가고 내가 급여통장에서 돈을 이체할 경우 MMF 계좌에서 자동으로 내 입출금통장으로 넘어온다. 그래서 다만 며칠이라도 목돈을 둬야 하는 경우는 MMF 계좌에 들어가게 해 몇천 원 이자라도 더 받게 한다.

CMA는 예금자보호법에 의해 보호되지만 또한 운영하는 회사에 따라 예금자보호법의 적용을 받지 않는 경우도 있다. MMF는 예금자보호법 대상은 아니지만 위험성이 높은 자산에 대한 투자를 엄격히 금지하고 있어서 비교적 매우 안전한 상품이다. 두 상품 모두 안전하기는 하지만, 투자상품이므로 법적으로 원금보장이 100% 되는 것은 아니다.

또, 아무리 CMA와 MMF가 높은 금리를 준다고 해도 저축은행의 최고금리 수준보다는 낮은 수준이다. 따라서 높은 금리를 주는 예적금 상품을 활용하는 것이 가장 안전한 방법이다. 급여통장에 잔고는 가능한 한 낮게 유지하는 것이 돈을 효율적으로 모으는 방법이다. 따라서 이 상품들은 3개월 이내 단기로 목돈을 가지고 있어야 할 때만 이용하는 것이 바람직하다.

최근에는 CMA와 MMF 통장 외에도 다양한 급여통장 상품을 금융회사에서 개발해 월급쟁이들의 급여를 끌어들이려고 하고 있다. 하지만 일부 상품은 고금리를 제공한다고 해서 알아보면 '100만 원 이하 잔고'에만 고금리를 제공하는 경우도 있고 보이지 않는 여러 가지 조건이 붙는 경우가 많다. 은행에 근무하는 전문가들이 그렇게 쉽게 돈을 줄 리가 없지 않겠나? 기본적으로 은행은 내 돈을 이용해서 돈을 벌려는 회사이지, 나에게 돈을 벌어주는 곳은 아니다.

하지만 이런 금융회사의 시스템을 잘 이용하면 분명 조금이라도 더 많은 돈을 모을 수가 있다. 자신에게 맞는 상품은 무엇인지, 혜택에 대한 조건은 무엇인지 잘 따져서 소중한 내 월급을 지키자.

●●● 대출을 갚을 때는 마이너스 통장을 활용하라

급여를 받아 적금을 들거나 돈을 모을 수 있는 상황이 아니라 대출을 갚아 나가야 하는 상황이라면 과연 어떻게 하는 것이 가장 빨리 대출을 갚을 수 있는 방법일까?

두말할 것도 없이 대출을 가장 빨리 갚는 방법은 월급이 들어오는 대로 대출로 그냥 밀어 넣어 갚아버리는 것이다. 적금을 드는 것과 똑같은 방법으로 적금 대신 대출을 갚아나가는 것이다. 중도상환수수료가 없다고 가정한다면 10원이라도, 단 하루라도 무조건 빨리 갚아나가는 것이 답이다.

그런데 적금을 들 때보다 대출을 갚을 때 더 힘든 점은, 적금은 눈에 돈이 보이는 대로 밀어 넣었다가 갑자기 돈이 필요하면 작은 적금을 깨서 사용해버리면 된다. 하지만 대출은 돈이 눈에 보이는 대로 밀어 넣어서 갚아버리면 나중에 갑자기 돈이 필요할 때가 생기면 돈 나올 구멍이 없다. 한번 갚아버린 대출원금은 다시 대출되지 않는다.

그래서 대출을 갚을 때는 통장에 마이너스 통장을 연계해놓도록 한다. 직장인이라면 급여가 이체되고 있기 때문에 대부분 500~1,000만 원정도는 신용으로 마이너스 통장을 개설해줄 것이다. 급하게 돈이 필요할 때는 마이너스 통장에서 돈을 빼서 사용할 수 있다.

자, 이제 맘 놓고 생활비와 꼭 필요한 돈 외에 남는 돈은 싹싹 긁어 대출을 갚아나가면 된다. 혹시나 돈이 필요한 일이 생기면 마이너스를 쓰면 되겠지만, 계획을 잘 잡아서 알뜰히 생활하면 마이너스를 쓸 급한 일도 생각보다 그리 많지 않다. 또 마이너스 통장을 쓸 일이 생긴다고 해도 마이너스 통장은 담보 대출보다 이자가 높기 때문에 최대한 빨리 갚으려 하기 때문에 결과적으로 빨리 대출을 갚게 되는 효과도 있다.

대출을 갚아나갈 때 내 급여통장은 다음과 같이 될 것이다.

- 급여일에 앞으로 나갈 생활비와 최소의 여분을 제외한 일정 금액은 대출 원리금 상환: 이것은 펑크내면 절대 안 되고 매월 갚아 나가야 할 돈이다.
- 남는 여유분이 생기면 그 즉시 대출원금 상환: 통장의 잔고는 나가야 할 기본적인 생활비 말고는 거의 간당간당하게 제로에 가깝게 유지될 것이다.
- 계산을 조금 잘못해서 돈이 약간 모자라거나 급하게 돈을 써야 할 일이 생

기면 마이너스 통장에서 출금: 초반에는 약간씩 마이너스 금액이 유지될지는 모르겠지만, 몇 달 하다 보면 마이너스 통장을 거의 쓰지 않고 잔고를 제로에 가깝게 수렴시키는 기술이 발달된다.

이렇게 눈에 보이는 대로 돈을 잡아다가 대출을 갚는 데 써버리면 돈도 도망갈 곳이 없어져 내 대출을 줄여줄 것이다. 또 마이너스 통장을 내서 생활을 하다 보면 쓸데없는 곳에 지출이 줄어들게 되어 대출을 갚을 돈이 더 늘어나게 된다.

그냥 은행에 매달 내야 하는 원리금만 꼬박꼬박 착실하게 내는 것과 이렇게 마이너스 통장을 내더라도 돈이 보이는 대로 잡아서 대출을 갚아가는 것의 속도는 사실 막상 비교해보면 엄청난 속도의 차이가 있다. 한번 해보면 생각보다 갚아나가는 돈의 크기와 속도에 자신도 깜짝 놀라게 될 것이다.

●●● 용도별 통장을 분리하라

매월 급여일이 되면 내 급여통장에서는 내 급여의 대부분이 자동적으로 적금으로 빠지고 남편의 급여통장에서는 자동적으로 지출통장으로 정기적 지출금액이 빠져나간다. 나는 (어떤 큰 의미가 있어서 그런 건 아니지만) 모든 지출은 남편의 통장을 통해서 빠져나가게 만들어놓고, 돈이 들어오고 돈을 모으는 것은 내 명의의 통장을 통해서 이루어지게 하고 있다.

일단은 재미로 그렇게 한 것이지만, 돈을 잘 관리 못하는 남편의 명의는 나가는 돈을, 돈을 잘 관리하는 내 명의로는 들어오는 돈을 관리하는 것으로 분리해서 생활하고 있다.

그래서 전세 계약을 할 때도 전세금을 나중에 돌려받아야 하는 임대차계약은 내 명의로(그래야 전세만기가 되면 나중에 내가 돈을 받으니까), 집주인 입장에서 만기에 전세를 돌려줘야 하는 임대차계약은 남편 명의로(임차인에게 받은 전세보증금은 결국은 빚이므로 나중에 남편이 돈을 내어 줘야 한다) 하고 있다. 월세를 줄 때도 전월세 임대차 계약은 남편 이름으로 하고(그래야 남편이 전세 보증금을 내줘야 할 의무가 있으니까) 월세를 받는 것은 내 통장으로 입금되게 해 놓았다. 차를 살 때도 차는 내 명의로, 신용카드는 주로 남편 명의 카드를 쓰고 있다. 나중에 맞벌이 연말정산을 위해서라도 한 사람 명의의 신용카드로 몰아 쓰는 것이 유리하기도 하고 남편 명의의 신용카드를 써야 남편 명의의 통장에서 신용카드 결제금액이 빠져나가기 때문이다.

남들이 들으면 재미있다고 웃는 이야기지만, 사실은 원칙적으로 '남편이 버는 돈으로만 생활을 하고 내 월급은 그대로 모으겠다'는 의지를 반영한 것이다. 그러나 현실적으로 우리는 3대가 사는 대식구에다가 남편이 11대 장손인 장손집안이기 때문에 살림도 크고 오가는 친척들과 제사, 경조사들이 워낙 많기 때문에 남편의 급여만으로는 살기 힘들다. 그럼에도 불구하고 최대한 모든 지출은 남편의 통장 내에서 해결하려고 노력을 한다.

그리고 매월 자동이체되는 공과금 등을 관리하기가 힘들어서 공과금

통장을 따로 하나 만들었다. 이 통장에서는 매월 나가는 정수기 관리비, 통신비 등 월단위로 자동이체 되는 지출이 쏙쏙 빠져 나간다. 매월 정기적으로 나가거나 매월 자동이체되는 돈들은 종류가 매우 많아 꼼꼼히 관리하기 힘들다. 이렇게 매월 정기적으로 지출되는 돈들을 한 통장으로 분리해놓으면 한 통장만 관리하면 되기 때문에 편하다.

요즘은 은행마다 인터넷뱅킹이 잘 되어 있으므로 이를 잘 활용하면 매우 편리하다. 요즘 은행의 인터넷뱅킹에는 각 입출금별 메모를 할 수 있도록 서비스를 제공하는데, 입출금 내용을 간단히 정리해놓으면 빠뜨리지 않고 내역을 확인할 수 있다. 매월 자동이체 되는 금액은 어떤 것은 선불로 나가고 어떤 것은 후불로 나가기 때문에 계속 다달이 이체가 쌓여갈수록 헷갈리게 마련이다.

예를 들어, 큰 아이 셔틀버스 비용은 후불로 내기 때문에 6월 말이나 7월 초에 나간 것이 6월에 사용한 비용이다. 그래서 '셔틀버스 6월 분' '셔틀버스 7월 분' 이렇게 메모를 해두어야 나중에 헷갈리는 일이 없다. 반대로 아이들 영어 인터넷 강의료는 선불로 나가는 것이므로 6월 말에 나가는 것은 7월 달의 비용이다. 그래서 '큰 아이 영어동화 7월 분' '작은 아이 영어동화 7월 분' 이렇게 표시해놓으면 편하다. 내야 하는 돈이 워낙 많다 보니, 제대로 자동이체가 되고 있는지 혹은 내가 매월 안 헷갈리고 돈을 제대로 주고 있는지 파악할 때 이렇게 메모해놓은 내용만 확인하면 정확한 관리가 가능하다.

단순히 지출 관리를 위해서라면 가장 좋은 것은 셔틀버스 통장, 영어 강의 통장, 피아노학원 통장, 관리비 통장, 부모님 용돈 통장, 정수기 통장, 경조사 통장, 휴대폰요금 통장 등 각 지출마다 계좌를 따로 만들어놓으면 헷갈리지 않고 편리할 것이다. 하지만 각 통장마다 들어가 있을 약간의 잔금들의 합을 합치면 그것도 아깝고 너무 많은 통장을 관리하기도 힘들다. 하지만 비교적 시간적 여유가 있다면 관리가 힘들고 헷갈려서 따로 관리하고 싶은 중요한 지출은 별도의 통장을 만들어서 그곳에서만 돈이 들어가고 나가도록 하면 확실한 관리가 된다.

이렇게 들어온 월급은 월급날 제 각각의 할 일을 위해 각자의 자리를 잡도록 관리를 해놓는다. 그리고 그 돈들은 급여통장에서 당신이 시키는 통장으로 자리를 옮겨가 자신에게 주어진 임무를 열심히 수행하여 당신을 부자로 만들어줄 것이다.

: 똑소리 나는 급여통장 관리법 :

• 소득 파악하기

내가 매월 받는 금액이 정확히 얼마인지 파악한다. 소득이 일정하지 않을 경우 안정적인 평균 소득금액으로 계산한다.

• 월 고정지출금액 계산하기

매월 고정적으로 지출해야 하는 금액과 내역을 정확히 파악한다. 그리고 약간의 여유비를 보태서 월 고정지출금액을 계산한다.

• 매월 적금금액 정하기

매월 받는 금액에서 월 고정지출금액만큼을 제외한 금액을 계산한다. 이것이 매월 적금금액이다. 이 금액은 무슨 일이 있어도 적금에 들어가야 할 돈이므로 너무 무리하게 정하지 않도록 한다.

- **최고금리의 은행과 지점 알아보기**

은행의 금리비교 사이트를 통해 가장 최고금리를 제공하는 금융기관을 알아

보고 방문가능한 지점의 위치를 정한다.

- **적금 자동이체 날짜 정하기**

월급날 혹은 월급 다음 날, 적금이 자동이체되도록 적금 날짜를 설정하여 적

금을 개설한다.

- **적금 기간 정하기**

적금 기간은 자금의 사용용도에 따라 1~3년으로 정한다. 기간에 따라 금리

차이가 나기도 하고 금리가 변동될 가능성도 있으므로 어떤 기간이 좋다고

말하기는 어렵다. 다만 나는 그냥 고민하지 않고 늘 1년씩으로 기간을 잡는

편이다.

- **저축은행 방문해서 적금 개설하기**

최초의 통장을 개설하는 경우는 어차피 직접 방문을 해야 한다. 적금통장을

직접 개설한다면 처음 적금금액을 직접 들고 가야 하는데, 그렇게 하지 않고

첫 방문에는 자유입출금통장 개설과 인터넷뱅킹과 개설하여 이후에 인터넷

뱅킹으로 계좌이체를 하여 적금을 개설할 수도 있다.

• 급여통장 상품 알아보기

급여통장은 약간이라도 계속 잔고가 쌓여 있으므로, 이 돈도 놀게 해서는 안 된다. 급여통장 주거래은행을 방문하여 CMA 통장 등 급여통장 상품을 추천해달라고 한다. CMA나 MMF의 금융회사별 금리 차이는 실제로는 그리 크지 않다. 그러니 작은 금리 차이로 주거래 은행을 옮기기보다는 기존 거래 은행과 연계되는 상품을 알아보는 것이 바람직하다.

• 급여통장 잔고를 모아 작은 적금통장 만들기

급여통장에 여전히 남아 있는 잔고를 모아 10만 원이나 5만 원씩의 작은 적금 통장을 만든다. 이 통장은 돈이 필요할 때 언제든 해약하여 사용할 수도 있는 돈이므로 최고금리를 찾는 것보다는 편하게 급여이체 은행의 적금을 활용하는 것도 좋다.

• 용도별 통장 분리하기

매월 별도로 관리해야 하는 지출내역이 있다면 그만을 위한 통장을 별도로 개설하도록 한다. 통장이 너무 많아지면 관리가 힘들기 때문에 중요하고 꼭 필요한 통장만 분리하도록 한다. 이 역시 급여가 이체되는 은행에 개설하는 것이 한번의 인터넷뱅킹 로그인으로 여러 가지 통장을 함께 관리할 수 있어서 편리하다.

쪼들리는 사장보다
여유로운 월급쟁이가 낫다

이렇게 힘들게 회사를 다니는 월급쟁이라면, 누구나 한번쯤은 회사를 그만두고 장사를 해보는 상상이나 계획을 세워봤을 것이다. 조직생활에 지쳤을 때 '라면 장사를 하더라도 다른 사람 밑에서 일하는 것보다 내가 사장이 되어야겠다'라는 생각을 해봤을 수도 있고, 낮은 연봉에 속상해하며 '투잡'을 꿈꿔봤을 수도 있다.

어느 날 부동산 부자 선배가 할 말이 있다고 나를 불렀다. 선배가 나한테 할 이야기는 어차피 '부동산' 아니면 '돈' 이야기겠지. 역시나,

"나 이번에 회사 그만두고 장사나 할까봐."

"'장사나'라니? 장사는 아무나 하나?'

"왜요? 회사에 무슨 일 있어요? 무슨 장사하려고요? 알아봐둔 건 있어요?"

나는 물었다.

"아니, 지금 회사가 너무 힘들어서. 이번에 회사에서 희망퇴직을 받는데 조건도 좋고 해서 이번에 그만둘까 생각하고 있어. 마침 내가 아는 선배가 라면집으로 대박 내고 있거든, 그 형도 재작년에 회사 그만두고 가게 차린 건데, 그 형 가게 분점을 하면 잘 될 것 같아서."

'음…… 대학 졸업하고 직장만 다닌 사람이 갑자기 장사라니.'

"그 선배 분이 하시는 가게는 얼마나 잘 되는데요?"

나는 다시 물었다.

"글쎄, 손님이 줄을 서서 기다렸다가 먹고 가니까 엄청 장사 잘되는 거지. 내가 분점 내겠다 그럼 아마 하라고 할거야."

선배 대답을 들으니 자세히 알아보지도 않은 것이 분명했다. 장사하는 집에서 커서 적어도 장사가 그렇게 아름답지만은 않은 일이라는 것을 아는 나는 선배에게 이야기했다.

"손님이 줄 서서 기다린다고 다 대박 나는 장사는 아니에요. 거기 위치가 어딘데요? 가게는 커요? 메뉴는 뭔데요? 라면 한 가지예요? 가격은요? 직원은 몇 명 써요?"

나는 꼬치꼬치 캐물었다. 선배는 아는 대로 대답을 해주었지만 그도 자세히 알고 있지는 못했다.

"선배, 나도 자세히는 모르겠지만 일단 무작정 결정하기 전에 그 선배 분 한번 직접 만나서 상의해 보세요."

얼마 후, 선배에게 다시 연락이 왔다.

"그래, 그 선배 찾아가서 물어봤더니 절대 하지 말라고 말리네. 일단은 새벽부터 밤까지 너무 힘들대. 회사 다니면서 야근하고 술 먹는 것보다 육체적으로 훨씬 힘들대. 새벽에 장보러 가서 장사 준비하고 점심 손님 치르고 또 저녁 손님 치르고 그렇게 바빠도 막상 남는 건 월급쟁이 할 때보다 못하다네. 처음에 가게 시작할 때 권리금 주고 들어갔는데 손님들이 줄을 좀 서고 장사가 잘 되니까 주인이 가게세를 엄청 올리고 또 가게세 안 올려 줄거면 그냥 나가라고 한대. 그럼 권리금을 하나도 못 받는 거잖아. 거기다가 직원은 빽하면 그만둔대. 주방장 갑자기 안 나온다 하면 장사를 못하니까 난리가 난대. 내 장사 하면 몸은 바빠도 마음은 편하겠지 생각했었는데, 절대 그거 아니래. 내 돈이 들어가 있으니까 회사 다닐 때하고는 마음가짐 자체가 달라진다더라. 신경 쓰고 스트레스 받는 게 더 많대. 벌어가는 것도 장사 잘 되면 이것저것 다 제하고 남는 돈이 회사 다닐 때 받던 월급이 될까 말까이고 대부분 사장 인건비도 안나온대."

그는 풀이 죽어 말했다.

'거 봐, 장사는 아무나 하는 게 아니라니까.'

"그래요, 선배. 장사는 진짜 잘 알아보고 해야 해요. 직장까지 그만두고 하는 장사라면 적어도 더 시간을 가지고 알아봐야죠. 아무리 작은 가게라도 기본으로 들어가는 돈이 있어요. 권리금 줘야죠, 기본 인테리어

해야죠, 가게 얻어야죠. 아무리 못해도 내 돈 수천만 원은 들어가야 하고 웬만한 동네에서 웬만한 가게 하려면 수억은 있어야 해요. 장사는 지금 아니더라도 앞으로 언제든지 할 수 있으니까 시간을 두고 잘 알아봐요."

그는 라면집 사장의 꿈을 접고 다른 회사로 이직을 했다. 희망퇴직금은 챙기고 그 돈은 아파트 대출금을 일부 갚는 데 쓰고 다른 회사에서 열심히 일하고 있다.

선배는 여전히 맨날 일이 힘들다고 빨리 그만둬야겠다고 궁시렁거리지만, 그건 직장인이라면 누구나 가질 수 있는 마음이다. 그래도 내 돈 한 푼 안 들이고 이 정도 벌이 하는 것은 직장 생활밖에 없다.

●●● 내가 받던 월급만큼 이익을 남기려면?

월급쟁이 직원이 아닌 내 사업을 하는 '사장'이 되려면 일단 내 돈이 들어가야 한다. 월급쟁이를 할 때는 내 돈 들어가는 것 없이 노동력만 제공하면 월급을 받지만 내 사업을 하는 사장이 되려면 내가 돈을 넣지 않고는 불가능하다.

내가 사장이 되기 위해서는 장사를 하건 사업을 하건 일단 장소가 있어야 한다. 장사를 한다면 상권에 따라 가게에 들어가는 비용은 엄청난 차이가 난다. 상권 좋은 곳은 아무리 조그마한 가게라도 상상하는 것 이상의 가게세를 내야 한다. 매월 수백만 원에서 수천만 원의 임대료를 내야 하는 곳도 있다. 점포를 빌리면 거기에 들어가는 인테리어 비용도 만

만치 않다. 프랜차이즈 사업을 할 경우는 가맹비와 기타 등등 추가 비용도 많이 있다.

가게의 건물주인에게 내는 보증금과 월세 외에 가게를 열 때 들어가는 가장 무서운 돈이 있는데 그것은 바로 권리금이다. 권리금이란 이전에 그 자리에서 가게를 하고 있던 가게주인에게 그 가게를 인수하면서 주는 돈이다. 이 권리금은 법적으로는 인정받지 못하는 돈이지만 권리금을 주지 않고는 가게를 인수할 수가 없다. 목 좋은 가게의 경우 수천만 원에서 수억 원 이상의 권리금이 붙기도 한다. 이 권리금은 이전에 가게를 운영하던 가게주인에게 주는 돈이지, 건물주하고는 아무런 상관이 없으므로 임대 계약이 만료되면서 건물주가 가게를 비우라고 하면 권리금은 받지도 못하고 쫓겨나는 경우도 생긴다.

그걸 알면서도 권리금을 주며 장사를 하는 것은 장사를 하는 데는 좋은 자리가 매우 중요한 역할을 하기 때문이다. 이미 장사가 될 만한 자리는 권리금이 다 붙어 있게 마련이다. 장사가 잘 되는 자리일수록 권리금이 비싸기 때문에 장사가 잘되는 가게로 가려면 울며 겨자먹기로 권리금을 주고 들어갈 수밖에 없는 상황이 된다.

그런데 만약에 장사가 잘되는 가게라면 임대계약이 끝나고 난 후 건물주인이 그 자리에서 장사를 하고 싶어할 수도 있다. 그럼 건물주인은 계약이 만기가 되었으니 가게를 비워달라고 할 것이고 건물주인은 보증금만 내어주면 될 것이다. 그렇게 되면 내가 이전 가게주인에게 준 권리금은 받지 못한 채로 가게를 비워줘야 하지만 대신에 건물주인은 권리금 하나 내지 않고 그 자리에서 가게를 열 수 있는 것이다. 이러한 일은 지금도 수시로 일어나는 일이다.

이런 저런 고생 끝에 가게를 잘 얻어 자리를 잡았다고 해도 끝이 아니다. 아무리 작은 가게나 사업이라도 내가 사장이라면 내 일을 도와줄 직원이나 아르바이트생 한 명쯤은 필요할 것이다. 여기에서 인건비가 발생한다. 직원의 인건비는 정말 무서운 것이다. 직원의 인건비는 그 직원이 일을 잘 하든 말든, 내가 돈을 벌든 말든, 내가 이익을 내든 손해를 내든 아무 상관없이 그 직원이 근무한 만큼의 월급을 줘야 하는 것이다. 그러니, 직원을 쓰기 시작하면 사정이 완전히 달라진다.

월급쟁이로 살 때는 월급날은 늦게 오는데 휴일은 왜 이렇게 없나 싶을 것이다. 하지만 사장으로 살게 되면, 월급날은 왜 이리 자주 돌아오나 싶다고 한다. 휴일이 있어서 직원들이 많이 쉬어도 월급은 똑같이 줘야 하고 더구나 사업이 손해를 보고 있어도 직원들 월급은 줘야 하니 직원이 원수같이 느껴질 때도 있을 것이다.

직원 관리하는 것도 쉬운 일이 아니다. 의외로 사업을 하는 많은 분들의 고민 첫 번째가 사업이 잘 안 되는 것이고, 두 번째가 바로 직원 문제다. 직장 다닐 때 상사나 동료와의 관계가 불편해서 내 사업을 꿈꿨던 사람이라면 직장에서의 상사나 동료보다 더한, 사업에서의 직원과 고객이 있음을 알아야 한다.

이게 끝이 아니다. 어떤 사업을 하든 그 재료비나 원가가 있을 것이고 그 사업을 운영하는 데 들어가는 비용도 발생할 것이다. 이렇게 들어가는 비용은 엄청난데 매출을 올리는 것도 쉽지 않다. 내가 완벽한 준비와 계획을 세우고 사업을 시작한다고 해도 일정한 매출이 알아서 만들어지는 것은 아니다. 손님은 없을 때도 있고 많을 때도 있고 들쭉날쭉하기 때문에 그에 맞춰 재료를 준비하고 운영하기가 쉽지 않다. 손님이 없는 날은 준비한 재료를 버려야 하니 손실이 날 수밖에 없고 장사가 잘 되는 날은 돈을 벌 수도 있겠지만 손실과 이익이 공존하면서 결국 합계는 키우는 것은 그리 쉽지 않다.

회계의 기본은 전체 매출에서 원가를 빼고 비용을 빼면 남는 것이 이익이다. 그것이 세전 이익이고 거기서 세금까지 빼고 나서 최종적으로 남는 것이 세후 이익이다.

그런데 장사를 하고 남은 세후 이익을 내가 기존에 다니던 회사에서 받던 월급만큼 받겠다고 하면 도대체 얼마의 매출을 올려야 할까? 그 매출에서 재료비 빼고 직원들 인건비 빼고 가게세 빼고 기타 들어간 비용들 다 빼고 대출이 있다면 대출이자도 빼고 그리고 마지막으로 세금까지 다 빼고 남은 것이 사장이 가져갈 수 있는 이익이다. 사장이 가져가는 월급을 일반 월급쟁이 수준으로 고정적으로 맞추는 것은 그리 쉬운 일은 아닐 것이다.

그러나 그게 끝이 아니지 않은가?

장사를 하기 위해 들어간 돈은 장사를 하지 않았다면 은행에 들어가서 돈을 벌고 있을 돈이니 그에 대한 기회비용까지 생각한다면, 장사를 해서 월급쟁이 월급보다 많이 받기는 쉽지 않다. 만약에 회사를 다니다가 장사를 하고자 하는 사람이 있다면 '적어도 그 전에 받던 월급＋내가 장사에 필요한 돈을 은행에 넣어뒀다면 받을 수 있는 이자'만큼은 수익을 남길 수 있는 자신이 있어야 한다.

이러니 장사를 해서 돈을 번다는 것은 결코 쉬운 일이 아니다. 회사를 다니는 것은 내 돈 한 푼 안들이고 그 월급 받는 것이니 사실은 이렇게 안전하고 쉬운 돈벌이가 어디 있겠는가? 내 돈을 날릴 일도 없고 나는 내 일만 신경 쓰면 되니 말이다.

그러니 직장 다니는 것보다 더 편하게 더 벌 것 같다고 생각하고 쉽게 장사나 사업을 시작하는 것은 매우 위험천만한 발상이다. 장사든 사업이든 그것이 힘든 직장 생활을 그만두기 위한 '대안'이 되어서는 안 된다. 그 일 자체가 직장보다 더 힘들더라도 내 '일'로써 지켜나갈 '목적'이 되어야 한다.

●●● 가난한 사람은 부자가 될 가능성이 더 큰 사람이다

나는 장사를 하는 집에서 자랐다. 내가 아주 어렸을 때 아빠는 다니던 직장을 그만두게 되었고(정확히 말하면 사고를 쳐서 짤린 것이지만) 그때부터 엄마 아빠는 딸 셋을 데리고 먹고 살기 위해서 장사를 시작해야 했다.

우리집은 코딱지만한 구멍가게를 한 적도 있었고, 식당을 한 적도 있었다. 나는 딸만 셋 중에 둘째 딸인데, 돈이 없다 보니 우리 세 자매는 가게에 딸린 방에서 생활을 해야 했다.

어릴 때는 우리 모두 철이 없어서 손님이 많이 오면 방을 손님에게 내어주고 다락방에 숨어 있어도 괜찮았다. 손님이 나가면 얼른 내려와서 불판에 타다 남은 고기를 집어먹곤 했다. 고기집에 살다 보니 고기는 자주 먹었는데도 손님이 남기고 간 그 타다 남은 고기가 어찌나 맛있던지 그걸 서로 주워 먹으려고 싸움까지 하곤 했다. 가끔 우리 방에서 회사 회식 손님을 받으면 좀 문제였다. 회식 손님들이 오면 술을 먹고 욕을 하고 주먹질을 하는 사람들이 꼭 있었다. 그럴 때면 우리는 다락방에 숨어 무서워하며 손님이 빨리 나가기만을 기다렸다.

나중에 아빠가 집주인 아저씨에게 어렵게 부탁을 해서 뒷마당 빈 공간에 조그마한 방을 만들어주었다. 사춘기를 앞둔 여자아이 셋이 지내기에는 너무나 작고 초라한 방이었지만 더 이상 다락방에 숨어 있지 않아도 되고 화장실도 갈 수 있어서 좋았다. 하지만, 잠을 잘 수 있는 방은 아니었기에 손님이 다 나가고 난 후 엄마는 손님방을 다 정리해서 우리가 잘 곳을 마련해주었다.

어려서 철이 없을 때는 그나마 괜찮았다. 언니와 내가 중학생이 되면서 가난한 장사집에 사는 것이 부끄럽고 불편한 일이라는 것을 알게 되었다. 가까운 곳에 있는 남녀공학 중학교를 다니고 있던 언니는 사춘기에 접어들면서 유흥가주변의 가게 집으로 들어오는 것을 부끄러워하기 시작했다. 그래서 학교 아이들이 우리집 앞을 지나가면 잠깐 운동화 끈을 매는 척을 하다가 지나가는 학교 아이들이 아무도 없을 때 얼른 뛰어서 집으로 들어오곤 했다. 나는 멀리 있는 여자중학교를 다녀서 그런 일은 없었지만, 하루는 학원을 다녀오는 길에 한 남학생이 계속 졸졸 쫓아오면서 이름을 가르쳐달라고 했다. 나는 약간 무섭기도 했고 부끄럽기도 해서 끝까지 모른 척 무시를 하고 빠른 걸음으로 집으로 왔지만 어느새 우리집 가게 앞에 도착하게 되었다.

나는 순간적으로 엄청나게 고민을 했다. 내가 가게로 들어가면 저 남학생은 우리집을 알게 될 것이었다. 그렇다고 내가 이름을 가르쳐준다고 그냥 거기서 돌아갈지 아닐지 어떻게 알겠는가? 나는 판단할 겨를도 없이 그냥 가게집으로 뛰어들어갔다. 그리고 그 이후부터 언제부턴가 우리집으로 나를 찾는 남학생들의 전화가 걸려와서 나는 아빠에게 엄청나게 혼나야 했다. 하지만 전화번호를 어떻게 알았는지 알고 보면 '가게 간판에 있는 전화번호를 보고' 알았다고 했다.

그래도 음식솜씨가 있는 엄마 덕분에 돼지갈비집은 꽤 잘 되었다. 하지만 엄마 아빠는 돈 때문에 가게에 사람을 쓰지 않았고, 밖에서 놀기 좋아하는 아빠 덕분에 엄마 혼자서 엄청나게 고생을 하면서 장사를 해야 했다.

덕분에 무척이나 공부를 잘했던 언니는 단지 장녀라는 이유만으로 가게에 나와서 고기 불판도 닦고, 파도 절이고 설거지도 해야 했다. 또 집안 사정이 어렵다는 이유로 서울로 대학을 가지 못하고 등록금이 싼 지방의 국립대를 가야 했다. 먹고 사는 게 힘들어 세 자식에게 신경 쓸 틈이 없던 엄마 아빠는 초등학교부터 고등학교까지 내내 반장을 했던 나의 담임선생님 이름은커녕 내가 몇학 년 몇 반인지도 잘 모르셨다.

부모님은 동생이 고등학교에 진학할 시기가 되자, 동생을 상업고등학교에 진학시키겠다 하셨다. 여자는 상업고등학교 나와서 은행 같은데 취직해서 돈 버는 게 최고라고 생각하셨다. 중학교 때까지 언니와 나보다 공부를 좀 못했던 동생을 고등학교만 졸업시키고 바로 돈을 벌게 하려던 것이다. 그것이 결코 나쁜 선택은 아니었지만, 그 당시 나와 언니가 결사반대를 했고 동생의 담임선생님의 만류로 동생은 인문계 고등학교에 진학했다. 그 동생이 지금 S대 의대를 졸업하고 의사를 하고 있다. 그때 부모님이 동생을 상업계고등학교에 진학시키겠다고 더 고집을 하였다면 아마 우리 식구는 의사를 못 볼 뻔했다.

내가 고등학교를 다닐 때쯤 우리집은 장사가 제법 잘 되었다. 그 당시 돈을 조금 모은 부모님은 다 큰 여자아이들을 유흥가 주변의 장사집에서 키우기 그랬던지 15년 동안 가게를 하던 집을 버리고 다른 가게로 옮기기로 했다. 이사를 간 집은 유흥가와는 거리가 번 가정집이 많은 동네에 있었는데 1층은 가게, 2층은 가정집이었다. 그 집주인은 1층 가게는 엄청나게 장사가 잘 되고 2층 살림집은 엄청나게 살기 좋다며 부모님을 꼬드겼다. 의심의 여지 없이 부모님은 당시 모은 돈을 탈탈 털어 권리금 1,000만 원과 전세보증금 3,000만 원을 주고 1, 2층을 통째로 세를 얻었다.

처음에는 그 집이 무척 좋았다. 어릴 때부터 늘 가게집에서 살았었기 때문에 그런 가정집에서, 그것도 2층집에서는 처음 살아본 것이었다. 하지만 그 생활은 오래 가지 못했다. 1층 가게 장사가 너무 안 되었기 때문이다.

지금의 나라면, 그때 부모님이 그 집으로 이사를 간다고 했을 때, 끝까지 반대하고 말렸을 것이다. 15년을 한 곳에서 장사해서 이제 장사도 잘 되고 단골도 생긴 것을 버리고 누가 봐도 장사 안 될 게 뻔한 가정집 주변으로 들어가다니! 아이들을 위한 선택이었다고는 하지만 경제적으로는 분명히 잘못된 선택을 한 것만은 분명했다.

아빠는 장사가 잘된다고 속이고 권리금까지 받아 챙긴 집주인을 찾아가 멱살을 잡았다. 그러나 그런다고 이미 준 권리금이 해결될 것인가? 잘 알아보지 않은 부모님의 잘못인 것을…….

형편은 계속 더 어려워졌고 우리는 그 집에 들어간 권리금을 그대로 날리고 다른 더 작은 집으로 이사를 가야 했다. 나는 그때 어렵고 불안한 가정환경이 너무 싫어서 차라리 삐뚤어지고 싶었다. 나 역시 서울의 대학 진학은 포기해야 했고 언니처럼 집에서 다닐 수 있고 등록금도 싼 국립대에 진학해야 했다.

나는 성적이 좋아서 내가 원하는 과를 선택할 수 있었고 이과였던 내가 전공을 선택한 이유는 딱 한 가지였다. 바로 '가장 취업이 잘 되는 과가 어디인가?'였다. 알아보니 당시 공과대학 중에서도 기계공학과가 가장 취업이 잘 된다고 했다(뭐, 그게 사실이 아니었을 수도 있겠지만). 나는 취직이 잘 된다는 말에 그 당시 장래희망이었던 건축가의 꿈을 버리고 기계공학과에 원서를 넣었다. 나는 마지막 학력고사 세대로, 기계공학과 시험을 치러 대학에 가니 그 많은 수백 명의 학생 중에 여학생은 찾아볼 수가 없었다. 아니다 다를까. 입학해보니 우리 과 100명 중에 여학생은 나밖에 없었다.

동생은 고등학교로 올라가서 점점 더 공부를 잘 하게 되었다. 나와 언니는 동생만큼은 서울로 대학을 보내겠다고 부모님의 반대를 무릅쓰고 직접 서울에 있는 학교로 원서를 넣었다. 부모님은 동생도 언니들처럼 지방에 있는 국립대에 진학해 의대를 가기를 원했지만 나와 언니는 막내만이라도 서울에 진학시키려고 애를 썼다. 다행히 동생은 비싼 사립

대도 아닌 서울에 있는 국립대에 떡하니 합격한 덕에 무사히 서울로 진학할 수 있었다.

부모님은 막내딸을 아는 사람 하나 없는 서울에 방 한 칸 구해주지 못하는 형편이었다. 잘 알지도 못하고 잘 살지도 못하는 먼 친척집에 임시로 데려다 놓고 내려오던 날 엄마는 내려오는 기차 안에서 내내 엉엉 우셨다. 공부 잘하고 예쁜 딸들을 남들처럼 뒷바라지하지 못하고 자식들 고생시키는 것이 마음 아팠을 것이다.

그래서 나는 동생을 데리고 있기 위해서 무조건 서울로 올라와야 했고, 취업이 잘 되는 학과를 잘 선택한 덕분인지는 몰라도 내가 원하는 기업들에 취업할 수 있었다. 그래서 엄마는 내가 서울로 취직을 해서 올라올 때 옆집에서 500만 원을 빌려서 주셨다. 그렇게 나는 사당동 오르막길 반지하방에서 서울 생활을 시작하게 된 것이다.

나는 성인이 되어서도 힘든 생활을 할 때마다 마음속으로 부모님을 많이 원망하기도 했다. '아빠가 회사 안 잘리고 잘 다녔더라면 조금은 더 좋은 환경에서 편안하게 살 수 있었을 텐데, 아빠가 좀 더 성실하고 성공적으로 돈을 벌었다면 엄마도 저렇게 평생 고생하고 지금 저렇게 아프지 않을 텐데' 하는 생각에 아빠를 많이 미워하기도 했다.

고등학교 때 충치로 뽑은 어금니를 그대로 방치해놓아 어른이 되어 그 주변 치아까지 다 망가졌다는 말을 들었을 때 자식에게 기본적인 신경도 못 써준 부모님이 야속하기만 했다. '엄마 아빠가 자식들에게 조금만 더 신경 썼더라면 서울로 대학을 나와서 조금은 더 쉽고 편하게 직장 생활을 했을 텐데.' 이런 상처들은 내가 생각하고 있던 것보다 더 깊었다. 아직 아물지 않은 듯 다 큰 어른이 되어서도 불쑥불쑥 올라와 나를 괴롭히기도 했다.

하지만 가난하고 싶어 가난한 부모가 세상에 어디 있겠는가. 자식들에게 잘 해주기 싫어서 무관심했겠나? 부모님도 가난한 부모 밑에 태어나서 돈 없이 자식 셋 데리고 먹고 살려고 하다 보니 그런 것이지, 가난한 부모님도 자식들에게 제대로 해주지 못한 마음이 오죽했겠는가?

'나는 가난하지 말아야지, 나는 내 아이들에게 이런 상처를 주지 말아야지.' 부모가 되어서 자식들을 키우며 먹고 사는 것이 얼마나 힘든 일인지를 깨달은 후에야 이제야 나는 내 부모를 이해하게 되었다.

사실 내가 가난한 부모에 대한 원망을 극복한 것은 스스로 부자가 되면서였다. 나는 내 돈으로 1,000만 원이 훨씬 넘는 돈을 들여 치아 대공사를 했고(물론 그래도 때를 놓쳐 완벽하게 건강한 치아를 갖지는 못했지만), 내 돈으로 수천만 원이 되는 MBA를 서울의 명문대에서 마쳤다(물론 그래도 서울의 명문대에서 대학을 나온 것만큼 완벽하게 인정받지는 못하지만 말이다).

어쨌건 나는 이제 부모의 도움이 없어도 내 힘으로 모든 것을 해결할 수 있게 되었다. 그러니 더 이상 가난한 부모와 과거를 원망해봤자 그게 무슨 소용이 있겠는가? 그런 원망할 시간에 스스로 해결하고 극복할 방법을 찾는 것이 더 나은 것이라는 것을 깨달은 것이다.

언니는 스스로의 힘으로 공부하여 박사학위까지 마치고 지금 지방의 한 대학에서 학생들을 가르치고 있고, 동생은 돈 잘버는 의사가 되었다. 동생은 엄마가 병을 버티고 더 오래 사실 수 있도록 경제적 의학적 지원을 아끼지 않고 있다.

가난한 부모 덕분에 오히려 나는 남들보다 강한 생활력과 부자가 되기 위한 절실함을 얻었다. 그래서 지금은 이렇게 작은 부자가 된 것이 아닌가. 이제 나는 부모님에게 원망이 아닌 감사의 마음을 가져야 할 것 같다.

최고의 재테크는
내 일을 사랑하는 것!

●●● 직장은 내가 힘든 대가로 나에게 돈을 주는 곳이다

직장을 다니면서 매월 월급을 받는다는 것은 너무나 고마운 일이지만, 직장 생활은 늘 고난의 연속이다. '이 망할 놈의 직장 당장 때려쳐야지' 하는 생각을 해보지 않은 직장인이 몇 명이나 있을까? 꽤 여러 번의 퇴직과 이직을 경험하고 산전수전 공중전 다 겪은 나도 최악의 미친 상사를 만나거나 직장이 내 꿈의 발목을 잡을 때 사표를 던지고 싶은 충동을 여전히 느낀다.

하지만 내가 퇴직과 이직을 하면서도 '일'을 쉬어야겠다는 생각을 해본 적은 없다. 어떤 '일'이든, 그게 많이 버는 일이든 적게 버는 일이든 혹은 지금 당장은 벌이보다 들어가는 것이 많은 일이든, 일은 지속해왔다. '직장'을 포기한 적은 있지만 '일'은 포기한 적이 없었다.

세상에 재미있기만 한 '일'은 없다. '직장'은 내가 힘든 대가로 나에게 '돈'을 주는 곳이다. 내가 직장에 나와 재미있는 일만 한다면 직장이 나에게 돈을 줄 필요가 없다. 직장이 즐겁고 재미있기만 하다면 내가 직장에 돈을 내고 다녀야 하는 것이다.

'일'과 '취미'의 차이점은 '일'은 돈을 벌어야 한다는 것이다. 그 말은 돈을 벌지 못하는 '일'은 일이 아니라 취미 생활이어야 한다는 말이다. 내가 글을 쓰고 여러 권의 책을 내면서도 전업작가로 나가지 않고 직장 생활을 유지하는 것은 아직은 내가 작가로서 충분히 돈을 버는 입장이 아니기 때문이다. 그래서 아직은 책을 쓰는 것은 나에게 '일'보다는 '취미'에 가깝다. 그래서 나를 필요로 하고 나에게 더 많은 월급을 주는 직장을 다니면서 내 꿈과 미래를 위해서 글을 쓰고 책을 내는 것이다. 하지만 언젠가는 이 일이 더 이상 '취미'가 아닌 내 '일'이 될 수도 있다는 꿈과 희망이 있기에 오늘도 이렇게 글을 쓰고 있다. 내가 잘할 수 있고 내가 진정으로 좋아하는 일을 하면서 돈을 벌 수 있다는 것은 얼마나 행운인가? 그래서 나는 그 행운을 잡기 위해 남들보다 조금은 더 바쁜 삶을 살고 있다.

어떤 경우든 일하지 않고 부자가 될 수는 없다. 부자 부모에게서 태어난 사람조차도 일하지 않으면 그 부를 지킬 수 없다. 부자가 되기 위해서 일은 필수적인 것이다.

••• 벌 수 있는 한 최대로 벌어라

그래, 이제는 사실대로 이야기해야겠다.

부자가 되기 위해서는 버는 것보다 모으는 것이 더 중요하다고 말은 했지만, 사실은 (당연한 말이지만) 어느 정도 수준 이상의 버는 것이 있어야 모으는 것이 가능하다. 버는 것이 없거나 기본적인 생활에 필요한 지출 수준보다도 버는 것이 더 작다면, 모을 것이 없는데 어떻게 모을 것인가?

그래서 부자가 되는 기본 전제 조건은 '벌어야 한다'는 것이다. 그것도 가능한 한 많이.

그래서 나는 결혼을 하는 후배들에게 꼭 하는 조언은 '힘들겠지만 가능하면 꼭 맞벌이를 하라'는 것이다. 맞벌이를 하는 것은 힘든 일이다. 여자에게만 힘든 것은 아니다. 맞벌이를 하는 남자에게도 힘든 일이다. 하지만 똑같은 조건이라도 맞벌이와 외벌이의 차이는 10년 뒤에 너무나 극명하게 나타난다. 고생스러운 것은 10년이지만 그 차이는 평생 갈 수 있다.

남편의 대학 동기인 L 씨. 둘은 같은 시기에 직장에서 직장 생활을 시작하여 신입사원 시절부터 함께 다니며 주식 투자도 같이 하고 (그러다 같이 날리고) 술도 마시고 지금도 같이 친하게 지내고 있다. L 씨도 우리와 비슷하게 결혼했고 우리처럼 아이가 둘이고, 둘은 여전히 같은 회사에서 같은 직급에 비슷한 월급을 받고 있다. 남편과 L 씨가 살아온 삶은 거의 다를 것이 없다.

그러나 10년이 지난 지금, 남편과 L 씨의 삶은 겉보기엔 똑같지만 사실은 속은 많이 다르다. L 씨의 아내는 첫째 아이가 태어나면서 다니던 직장을 그만두었다. 안정적인 직장이 있는 L 씨에게 그것은 당연한 일이었다.

반면에 나는 결혼해서도 일을 계속했다. 아이를 두고 일을 한다는 것은 상상보다 훨씬 힘든 일이지만, 가난하게 살아 돈에 대한 욕심이 있어서 그런 것인지 쉽게 일을 그만둘 수 없었다.

그래서 지금 단순히 '돈'만 가지고 생각한다면, 남편과 L 씨의 차이는 처음에는 비슷했지만 (아니다, 처음에는 마이너스 통장이 없는 L 씨가 남편보다도 사정이 훨씬 나았을 것이다) 시간이 지날수록 그 격차는 점점 더 벌어져 이제 L 씨는 우리를 따라잡기 어려울 정도가 되었다.

L 씨는 외벌이를 하면서 4인 가족 생활비와 아이들 교육비를 감당하느라 빠듯한 이 시대의 평범한 가장이다. 아이들이 크는 만큼 마이너스 통장을 내야 생활이 유지가 된다. L 씨는 마이너스 통장 대출만 조금씩 늘어가고 있다. 반대로 우리 부부의 경우, 생활비는 훨씬 많이 들어가겠지만 시부모님이 아이들을 돌봐주고 맞벌이라 조금씩이라도 남는 돈을 모을 수 있었다.

우리가 조금씩 플러스되어 갈 때, L 씨 부부는 조금씩 마이너스가 되어갔는데 시간이 지날수록 그 격차가 더 커질 것은 당연한 것이다.

물론 맞벌이를 한다는 것은 더 버는 돈의 가치 이상으로 잃는 것들이 많이 있다. 또 맞벌이를 한다고 해서 다 부자가 되는 것도 아니다. 더 버는 것보다 더 쓰는 집도 많다.

하지만 부자가 되기 위해서는 일단은 벌어야 하며, 그것도 벌 수 있는 한 가능한 한 많이 벌어야 한다. 그러기에 부부뿐만 아니라 온 식구들이 힘을 합쳐 일을 할 수 있는 사람은 가능한 한 일을 해서 돈을 더 벌도록 서로 노력해야 한다.

가족 중 돈을 벌 수 있는 사람이 한 명밖에 없다고 하자. 만에 하나라도 그 사람이 돈을 벌기가 어려운 상황에 닥치면 기본적인 생활을 유지하기 위해서는 모아놓은 돈을 까먹거나 모아놓은 것도 없다면 빌려서라도 쓸 수밖에 없다. 이런 상황이 오면 절대 부자가 될 수 없다. 매월 들어오는 안정적인 급여를 통해 경제적으로 어려움 없이 살던 가족도 갑자기 가장이 아프거나 불의의 사고로 인해 돈벌기를 멈추게 되면 부자가 되기는커녕 한순간에 궁핍한 생활로 떨어질 수밖에 없게 된다.

이런 불의의 사태에 대한 대비를 위해서라도 가족 중에 돈을 벌 수 있는 사람이 있다면 작은 돈벌이라도 일을 지속할 수 있도록 서로를 지원하는 것이 필요하다.

●●● 일터에서 살아남는 자가 최고의 재테크 여왕이다

하지만 일하고 싶다고 해서 누구나 일할 수 있는 것은 아니다. 취업하는 것도 워낙에 힘들지만 취업을 했다고 해도 직장 생활을 유지하는 것은 항상 고난의 연속이다.

흔히들 사회생활은 전쟁터나 혹은 정글에 비유한다. 경쟁하며 살아남아야 하는 약육강식이 지배하는 곳이기 때문이다. 하지만 반대로 이런 말도 한다.

"강한 자가 살아남는 것이 아니고 살아남은 자가 강한 것이다."

월급쟁이로 직장을 다니든 내 사업을 하든 이런 전쟁터 같은 비즈니스 세계에서 살아남기 위해서는 철저한 자기관리와 준비가 필요하다.

직장인이라면 결국 직장일을 쉽게 멈추지 말고 좋은 경력으로 잘 관리하는 것이 장기적으로 부자 되는 지름길이 된다. 이런 경력관리를 위한 투자는 단기적인 시각으로 돈을 아끼려고만 하지 말고 중장기적인 시작을 가지고 과감한 투자가 필요하기도 하다.

예를 들어, 직장인으로서 국내 대학에서 야간 MBA과정을 밟는 것은 수천만 원이 들어가는 손해 보는 일일지도 모른다. 하지만 장기적으로 보면 그 수천만 원 투자가 연봉을 올리거나 직장 생활을 연장하여 수억 원의 이익을 더 가져다 줄 수 있는 투자가 될지도 모른다.

직장인이라면 연봉도 많이 주고 근무 분위기도 좋은 직장에 오래오래 다니는 것이 부자가 되는 가장 좋은 방법 중의 하나이기 때문에 그런 직장, 그런 돈벌이를 위해서 부단히 노력해야 한다.

그러나 '평양감사도 제 싫으면 못한다'고 내가 아무리 월급이 좋아도 몸과 마음이 아플 정도로 싫으면 그건 어쩔 수 없는 일이다. 일 때문에 받은 스트레스로 몸과 마음의 병을 얻는 사람보다는 건강한 백수가 100배 낫다. '돈'은 내 삶의 목적이 아니라 나와 내 가족이 건강하고 행복하게 살기 위한 수단일 뿐이다.

오래도록 건강하게 돈을 벌 수 있기 위해서라도 미래의 가치를 생각하고 이를 위한 투자를 해야 한다.

5부

우아하게
쓰는 돈은
고급 투자다

쇼핑만 잘해도 돈이 된다

우리나라에서 제일 비싼 강남의 주상복합을 소유하고 계시고 벤츠 S클래스를 몰고 다니시는 부자 사장님, 그는 해외여행도 자주 다녀오시고 유명 맛집을 찾아다니시며 매우 여유롭게 생활하는 분이다.

지인들과 함께 스타벅스에서 부자 사장님을 만났다. 그중 가장 막내인 내가 주문을 받아와야 했다. 물론 계산할 카드는 부자 사장님이 주셨다. 모두가 아무 생각 없이 아메리카노와 카페라테를 주문할 때 그는 나에게 이렇게 주문했다.

"나는 오늘의 커피 숏(Short) 사이즈로 하고, 따뜻한 우유 조금만 받아
줘요."

"네, 알겠습니다."

그런데 주문을 하러 가니 메뉴판에 숏 사이즈는 없었다. 메뉴판에는
톨(Tall)과 그란데(Grande) 메뉴만 있을 뿐이었다. 잠시 고민하는 나를 보
고 점원이 물었다.

"뭐 찾으시는 거 있으세요?"

"아, 여기 커피 사이즈가 뭐뭐 있나요?"

"네, 숏(Short), 톨(Tall), 그란데(Grande), 벤티(Venti) 이렇게 있습니다."

'아…… 제일 작은 사이즈가 숏이구나'라고 생각하며 나는 메뉴를 주
문했다.

"따뜻한 우유 조금만 주세요"라는 말도 빼놓지 않았다.

그리고 커피를 받아왔을 때, 그는 숏 사이즈의 오늘의 커피에 따뜻한
우유를 살짝 부었다.

"그렇게 드시면 그냥 카페라테 되네요?"

나는 웃으면서 말했다. 그러자 그가 말했다.

"그렇지, 나는 카페라테 마시면 양도 너무 많고 우유가 너무 많이 들
어가서 배가 불러. 이게 딱 좋아."

이미 늦은 시간에 저녁을 1차로 먹은 후 2차 자리였기에 다른 몇 사람
들은 아메리카노와 카페라테를 다 비우지 못하고 그 모임은 파하였다.

그럼, 여기서 잠깐. 한 선배가 스타벅스에서 카페라테를 시키고 다 마
시지도 못하고 반을 남기고 간 것과 부자 사장님이 오늘의 커피 숏 사이

즈를 시킨 가격을 한번 비교해보자(현재 서울 시내 중심가에 있는 스타벅스 매장의 판매 가격 기준이다).

스타벅스 오늘의 커피 숏 사이즈는 3,100원이다. '오늘의 커피'는 흔히들 마시는 '아메리카노'보다 가격이 싸다. 물론, 이 가격들은 메뉴판에는 없다. 메뉴판에 나와 있는 것 중 가장 많이 먹는 아메리카노 톨 사이즈의 가격은 3,600원이다. 그리고 우유가 들어간 카페라테 톨 사이즈 가격은 4,400원이다. 오늘의 커피 숏 사이즈 3,100원과 카페라테 톨 사이즈 가격인 4,400원 사이에는 무려 1,300원 차이며 이것은 무려 30%의 가격차이다. 1,300원 아껴서 뭐할거냐고 생각하는 사람이 있을지 모르겠지만, 이런 지출의 차이는 비단 스타벅스에서만 일어나는 일은 아니다.

남들은 부자가 되려고 맛있는 스타벅스 커피를 참으며 돈을 모으겠지만 부자 사장님은 자기가 좋아하는 스타벅스 커피를 마시면서 똑 같은 가치를 얻으면서도 남들보다 30% 싼 가격을 지불하는 것이다.

이것이 바로 '쓸 거 쓰면서 부자 되는 방법'이다. 물론, 비싼 커피 안 마시면 더 빨리 부자가 될 것이다. 그것은 이제 설명할 필요도 없는 당연한 것이다. 그러나 현대 사회에서 부자가 되고 싶다고 배고픈데 밥 안 먹고, 남들 다 가는데 혼자 커피전문점 안 갈 수 있나. 시간이 늦어도 절대 택시는 안 타고 대중교통만 기다리고, 맨날 처량하게 한 가지 옷만 입고 다니고, 밥 한 번 사주는 일 없이 얻어먹고 다니기만 한다고 진정 부자가 되겠는가? 그렇지 않다. 오히려 부자가 되기도 전에 사회성과 매력이 없어서 돈 벌 기회마저 줄어드는 것이 현실이다.

'지출을 줄여라'라는 말은 자린고비처럼 '쓰지 마라'는 이야기가 아니다. 부자 사장님처럼 '잘 써라'라는 이야기다.

●●● 무조건 줄이려 하지 말고 효율적인 지출을 하라

우리는 지출을 하지 않을 방법을 찾기보다 효율적으로 지출하는 방법을 찾아야 한다. 비싼 스타벅스 커피 한 잔을 마셔도 남들보다 더 작게 쓰되 스타벅스 커피의 맛과 분위기를 느끼고 더 큰 만족감을 느낄 수 있어야 한다.

'효율적'이라고 할 때 '효율'은 인풋(Input) 대비 아웃풋(Output)을 말하는 것이다. 인풋, 즉 들어간 것 대비 아웃풋, 즉 나오는 것이 큰 것이 효율이 높은 것이다. 그러니까 효율을 올리는 데는 두 가지 방법이 있다. 들어가는 것이 동일하면 나오는 것을 올리든지, 혹은 나오는 것이 동일하다면 들어가는 것을 낮출 경우 효율을 올릴 수 있다.

이런 효율을 지출의 관점에서 이야기하자면, 같은 값을 주고 산 물건이라도 더 잘 이용하고 만족도가 높으면 효율이 높은 것이다. 혹은 똑같은 물건이라도 더 낮은 값을 지불하고 사면 효율을 올릴 수 있다. 같은 가격을 주고 산 같은 제품의 소비라도 그 가치는 사람마다 다를 수 있다. 그러니 자신에게 꼭 필요한 제품을 싸게 잘 사고 더 열심히 잘 사용하면서 만족도를 올리면 그것이 가장 효율적인 소비인 셈이다.

지출을 하지 않을수록 돈이 더 많이 모이기는 하겠지만 돈이 많다고 다 부자가 되는 것은 아니다. 부자는 제대로 쓸 줄도 알아야 한다.

●●● 백화점은 멀리 있는 곳으로 가라

나는 직장에서 마케팅 전문가로 오랫동안 활동해왔다. 그래서 기업 입장에서 상품의 판매와 유통의 구조에 대해서 매우 잘 아는 편이다. 그래서 내가 자주 이용하는 작은 쇼핑의 지혜가 있는데 그것은 바로 '백화점은 멀리 있는 곳으로 가고 할인점은 큰 곳으로 가는 것'이다.

그래서 나는 아이들 옷을 살 때 고향에 내려갈 때마다 고향의 백화점을 이용하는 편이다. 그럼 서울 시내 백화점에서 애들 옷을 살 때보다 심리적으로 약 30% 정도는 싼 느낌이 든다. 왜냐하면 백화점의 각 지점마다 제품의 가격이나 행사가 다 다르기 때문이다.

자세히 설명하자면, 똑같은 백화점의 똑같은 브랜드 매장이라도 서울의 강남에 있는 백화점 매장과 지방에 있는 백화점 매장은 상품 구색이 다르다.

예를 들어 압구정에 있는 백화점은 돈 있는 사람들이 선호하는 고가 위주의 상품 중심으로 진열이 될 것이고 지방 백화점은 지방의 경제 수준에 맞는 상품 중심으로 진열이 될 것이다. 각 매장의 상품 구색뿐만이 아니다. 각 지점마다 실시하는 행사의 상품과 내용도 조금씩 다르다. 예를 들어 압구정 백화점의 경우는 가격 할인 행사보다는 VIP 고객들을 더 유치해서 더 고가의 상품을 팔기 위한 마케팅 전략을 주로 펼치겠지만, 지방이나 외곽의 백화점은 브랜드를 선호하지만 비교적 저렴한 것을 선호하는 고객들을 끌어들이기 위한 가격 할인 행사를 더 많이 펼칠 것이기 때문이다. 백화점은 고가의 제품을 파는 특성 상, 지역이나 상권의 경제력 차이에 따라 매출에 영향을 받는다. 비싼 동네의 백화점은 가격 행사를 많이 하지 않아도 매출이 꾸준하게 많이 나오는 반면, 외곽이나 지방의 백화점은 할인 행사가 있을 때만 백화점 손님이 늘어나서 거기서 일어나는 매출이 커지는 경우가 많다. 그래서 외곽이나 지방의 백화점에 가면 비교적 저렴한 브랜드나 가격할인 행사장이 더 많은 편이기 때문에 값비싼 특정 명품 브랜드가 꼭 필요한 경우가 아니라면 백화점은 외곽이나 지방으로 멀리 가는 것이 더 저렴한 쇼핑을 할 수 있다.

또 서울 시내 중심가에 있는 백화점은 비싼 부동산 가격 때문에 그리 넓은 매장을 가지지 못하지만, 외곽이나 지방으로 갈수록 비교적 부동산 가격이 싸므로 더 넓고 큰 매장을 가지고 있는 경우가 많다. 서울 중심에 있는 백화점보다 서비스가 더 좋다고 장담은 못하지만 그 지역 내에서는 최고의 서비스를 받으면서 편하게 쇼핑할 수 있는 곳이기도 하다.

따라서 같은 백화점이라도 압구정에 있는 지점과 지방의 지점에서 쇼핑하는 것은 상품구색과 행사, 가격할인 혜택을 얼마나 받을 수 있느냐가 달라지고 백화점에서 자체적으로 제고하는 서비스는 큰 차이가 없기 때문에 백화점은 외곽이나 지방 쪽으로 멀리 갈수록 더 알뜰하면서도 효율적인 쇼핑을 할 수 있다.

백화점에서 파는 좋은 물건을 할인점보다 더 싼 가격으로 구입할 수 있는 기회도 있다. 백화점의 식품 코너는 할인점에 비해 품질도 좋고 가격도 매우 비싸지만, 백화점이 하루 영업을 마감하기 전에는 좋은 물건을 할인점보다 더 싼 가격에 제공하기도 한다. 고객들에게 더 좋은 품질의 제품과 서비스를 제공하고자 하는 백화점에서는 식품의 신선도를 유지하기 위해 백화점 마감시간 한 시간쯤 전부터 할인점보다 더 좋은 조건으로 식품 관련 제품을 판매하기도 한다.

그러니 백화점에서 누릴 수 있는 고품질의 제품과 서비스도 누리면서 다른 사람보다 더 효율적으로 쇼핑할 수 있는 방법은 찾아보면 많이 있다.

••• 할인점은 크고 사람이 많은 곳으로 가라

그럼 할인점은 어떨까? 이마트, 홈플러스, 롯데마트 같은 할인점도 외곽이나 지방처럼 매출이 적은 곳이 쇼핑하기가 더 좋을까? 아니다. 할인점은 그렇지 않다. 할인점은 백화점과는 반대로 손님이 많고 장사가 잘 되는 큰 지점으로 가야 한다.

왜냐하면 할인점은 주로 서민들이 생필품과 식품을 사기 위해서 이용하는 곳이기 때문에 비교적 고정적인 방문객과 매출을 유지하는 경우가 많다. 고객의 입장에서 할인 행사가 있다고 해서 그 할인점을 가고, 할인 행사가 없다고 해서 그 할인점을 안 가는 것이 아니기 때문이다. 대신 할인점에서 이루어지는 행사는 주로 할인점을 방문한 고객들이 그 할인점 내에서 A 브랜드 제품을 살 것인지 B 브랜드 제품을 살 것인지 경쟁하는 데 쓰이게 된다. 무슨 말인고 하니, 어떤 제품을 1+1 행사를 한다고 해서 그걸 사기 위해서 이마트 왕십리점을 가는 것이 아니라, 이마트 왕십리점을 갔더니 1+1 행사를 하길래 다른 상품이 아니라 행사를 하는 그 상품을 구매한다는 것이다.

그리고 할인점 행사는 할인점에서 자체적으로 시행하는 것보다 주로 브랜드에서 시행하는 경우가 많다. 예를 들어 롯데마트 잠실점에서 만두 시식과 할인 행사를 한다면, 롯데마트 측에서 행사를 하는 것이 아니라 만두를 제조해 롯데마트에 납품하는 기업에서 시식과 할인 행사를 진행하는 것이다. 매장의 행사와 프로모션은 기업의 마케팅 활동의 일부이기 때문이다.

따라서 기업 입장에서 할인점 행사를 할 때는 가능한 한 사람들이 많이 와서 노출도 많이 되고 매출도 많이 일어나는 큰 매장에서 하는 것이 행사의 효과가 더 커지므로 가급적 매출도 크고 큰 매장을 선호한다.

이러한 이유로 할인점을 이용할 때는 매장도 크고 사람도 많이 오는 매장을 선택하는 것이 할인행사나 시식행사가 더 많고 따라서 같은 물건이라도 더 싸게 구입할 가능성이 더 많아지는 것이다.

●●● 홈쇼핑은 반품을 이용하라

백화점, 할인점에 이어 우리가 정말 사랑하는 쇼핑이 있다. 바로 홈쇼핑이다. 홈쇼핑은 늘 예쁜 언니들이 나를 향해 수다를 떠는 것 같다. 결국 드라마를 보다가도 홈쇼핑 프로그램을 보게 만들어 내 전화기를 통해 결제를 시키고야 만다.

주문을 할 때는 일단 지금 주문했다가 나중에 반품해야지 하는 마음으로 주문하지만 막상 배송을 받게 되면 반품하기도 귀찮고 '다른 데보다 엄청 싸게 샀는데 다음에 언젠가 필요하겠지' 하는 마음으로 박스째 쌓아놓게 된다.

홈쇼핑은 여러 가지 상품 패키지를 복잡하게 하고 별로 필요도 없는 사은품을 붙여 전체 가격이 매우 싼 것처럼 보이지만 사실은 홈쇼핑이 끝나고 인터넷을 통해서 꼭 필요한 본품 하나만 최저가로 사는 것이 가장 이익이다.

홈쇼핑 상품은 딱 나 같은 여자들을 타깃으로 집중적인 마케팅을 펼치기 때문에 정말 안 넘어갈래야 안 넘어갈 수가 없다. 홈쇼핑 방송 중에는 현재 홈쇼핑에서 방송하고 있는 상품 구색이나 가격보다 더 좋은 조건을 찾기는 쉽지 않다. 왜냐하면 홈쇼핑의 마케팅 전략으로 복잡한 패키지를 만들거나 사은품을 붙여서 상품 가격비교를 어렵게 하기 때문이다. 하지만 홈쇼핑으로 구매한 제품은 한참 뒤 인터넷으로 다시 찾아보면 홈쇼핑보다 더 좋은 구매조건이 반드시 있게 마련이다.

나는 3만 원짜리 화장품 딱 한 개가 필요할 뿐인데, 그 화장품을 3~5개 이상 패키지로 묶어버리고 거기에다가 당장 필요도 없는 다른 화장품들과, 각종 선글라스나 가방 같이 쓰지도 않을 사은품까지 포함하여 10만 원이 넘는 돈을 쓰게 하는 것이 홈쇼핑의 전략이다(그게 이상하게도 분명히 필요가 없는데도 불구하고 방송 중에는 나에게 정말 필요한 상품처럼 여겨지니 그게 문제다).

하지만 방송이 끝나고 며칠 뒤 내가 배송을 받아서 그것을 반품을 할 것이냐 말 것이냐를 고민하고 있을 때쯤에는 인터넷으로 내가 꼭 필요한 단품의 가격, 즉 필요 없는 패키지나 사은품을 뺀 단품의 가격을 다시 찾아봐야 한다. 그럼 내가 3만 원짜리 화장품 하나를 살 것인지, 그것을 포함한 많은 패키지와 사은품을 주는 10만 원짜리를 사야 할 것인지 이성적인 판단이 된다.

하지만 이렇게 그들의 전략을 잘 아는 나도 내가 쓰지도 않는 화장품의 사은품들과 가방들이 널려 있다. 치명적인 매력을 가진 홈쇼핑이지만, 한번 더 비교해보고 반품을 귀찮아하지 않으면 더 알뜰한 소비를 할수 있다.

홈쇼핑의 가장 장점은 바로 반품이 공짜이며, 또 다른 유통에 비해서 무료 체험분도 더 많이 제공하는 데 있다. 그러니 체험분을 공짜로 다써보고 천천히 가격비교를 한 다음 꼭 필요한 것이 아닐 경우는 반품을 활용해라. 그렇게 하면 이보다 더 알뜰한 쇼핑이 어디 있겠는가? 내 돈한 푼 안 들이고 쇼핑도 하고 체험도 하고 반품까지 하니 말이다.

하지만 너무 즐길 경우 홈쇼핑 업체의 블랙리스트로 올라갈 수도 있으니 적당히 즐기도록 하자.

●●● 해외직구를 이용하라

요즘은 나라 사이에 유통 장벽이 무너져서 해외직구를 이용하여 직접 쇼핑하는 사람들도 점점 늘어나고 있다. 특히 유명하고 값비싼 제품은 세금의 차이 등으로 인해 나라마다 상품 가격이 천차만별인 경우가 있다.

그래서 직접 해외에서 제품을 구입하거나 병행수입 제품을 이용한다.

병행수입 제품이 무엇일까? 간단하게 설명하자면, 같은 브랜드의 동일한 상품이지만 우리나라가 아닌 해외에서 판매되고 있는 상품을 그대로 우리나라로 가져오는 것이다.

예를 들어 명품 ○○브랜드가 있다고 하자. 아마 세계적으로 유명한 제품이라면 '○○코리아'라는 별도 법인이 설립되어 한국 시장의 판매를 별도로 담당하고 있을 것이다. 혹은 어떤 유통 기업에서 ○○본사와 계약하여 한국시장의 총괄판매권을 얻어 본사로부터 제품을 수입해서 국내에 판매하고 있을지도 모른다. 이럴 경우 제품의 가격 책정 및 판매, 고객 서비스 등은 '○○코리아'나 한국시장 총판기업에서 맡아서 할 것이다. 그럼 우리나라의 관세와 판매운영 기업의 마진 등이 붙어서 그 제품의 한국 가격이 결정될 것이다. 그리고 한국소비자를 위한 제품의 설명서나 패키지가 한글로 제공될 수도 있고 서비스도 한국의 법과 한국의 소비자에 따라 차별화되어 제공될 것이다.

그런데 아마 세계적으로 유명한 제품이라면 다른 나라에서도 똑같은 제품이 판매되고 있을 것인데, 그 나라의 관세와 그 나라의 판매 방식, 혹은 마케팅 행사에 따라서 같은 제품이라도 우리나라의 가격이나 서비스와 다를 수 있다.

이렇게 '○○코리아'나 한국시장 총판기업에서 공식적으로 한국시장에 파는 제품이 아니라 다른 나라에서 판매되는 제품을 들여오는 것을 '병행수입 제품'이라고 한다.

이렇게 해외에서 직접 구입을 하게 되면 같은 제품이라도 국내보다 저렴하게 제품을 구할 수 있다. 특히 미국에서 쇼핑 할인 축제인 블랙프라이데이(Black Friday)가 열리는 날이면 상상도 못할 가격으로 유명제품들이 판매되므로 많은 똑똑한 소비자가 직접 온라인을 통해 제품을 구매하기도 한다. 그리고 요즘은 이러한 해외 직구 고객을 위한 해외직구를 대행해주는 기업들도 많이 있다.

하지만 해외직구의 경우 배송비와 관세에 대한 계산을 잘 계산을 해야 하고 또 배송 중 파손이 되거나 불량품을 배달 받았을 때 서비스를 받기가 어려우므로 잘 알아보고 선택해야 한다.

이해하기도 힘든 어려운 다른나라 글자 속에서 쇼핑하는데, 시간 두세 배 걸리고, 또 주문하는 데도 노력과 시간이 두세 배 걸리고 잘못된 배송을 받으면 배보다 배꼽이 훨씬 큰 것이 해외직구이기도 하다. 우리나라에서 30만 원이면 사는 제품을 해외직구로 20만 원에 사려다가 결국 40만 원을 내야 하는 경우가 생기거나 그 20만 원도 날릴 수 있다는 말이다.

결론은 백화점이든 할인점이든 홈쇼핑이든 해외직구든 역시 쇼핑은 하기 전에 꼭 필요한지 잘 알아보고 알뜰하게 구매하는 것이 중요하다. 그럼에도 불구하고 쇼핑은 자주 하지 않는 것이 부자 되는 비법인 것만은 확실한 것 같다.

생활 습관만 바꿔도
월 30만 원 아낀다

●●● 대가족 & 다자녀 전기요금 할인제를 이용하라

나는 서울 올라와서 자취 생활하면서 반지하방에 오래 살아서 그런지 집이 어두운 것이 참 싫다. 그래서 낮이라도 내가 생활하는 공간이 직사 광선이 안 들어오는 곳이라면 불을 켜놓고 생활한다. 그런데 남편은 전기세 좀 아끼겠다며 내가 가는 곳마다 졸졸 따라다니면서 전등을 끈다. 이런 식이다. 내가 서재에서 일을 하다가 잠깐 작은 방에 뭔가를 가지러 갔다 오면 어느새 서재방 불이 꺼져 있다. 내가 거실에서 TV를 보다가 애들이 불러서 잠깐 애들한테 갔다 오면 그새 TV와 거실 불이 꺼져 있는 것이다.

"여보! 제발 나 따라다니면서 불 좀 끄지 마! 전등을 켤 때 전기가 제일 많이 든대. 잠깐 나왔다가 들어가는 거는 껐다가 켜는 것보다 그냥 켜두는 것이 전기를 더 아끼는 거라구!"

나는 소리를 지르지만 남편은 못 들은 척 졸졸 나를 따라다닌다. 그러면서도 남편은 미국 메이저리그 야구를 하는 기간이면 거실에서 TV를 보다가 잠이 들어서 내가 아침에 나와보면 밤새 거실의 전등과 TV, 셋톱박스는 켜져 있는 상태이거나, 혹은 TV를 보다가 TV만 끄고 밤새 셋톱박스는 혼자 돌려놓는 식이다.

그냥 생각해도 잠깐씩 전등 소등 제대로 하는 것과 제대로 TV와 셋톱박스를 끄고 자는 것, 어느 것이 더 많은 전기를 아낄 수 있는 방법인지는 뻔한 것이다.

3대 여섯 식구가 살다 보니 전기 쓰는 양은 사실 엄청날 수밖에 없었다. 살림살이가 큰 시어머니와 손이 큰 며느리 덕에 우리집은 냉장고 두 대에, 김치냉장고 따로, 세탁기 두 대, 전기밥솥 두 대, 대형 TV 두 대, 아이들 컴퓨터와 내 노트북 따로, 비데 두 대, 냉온정수기와 여름에는 에어컨, 겨울에는 방마다 전기장판들까지 가동하다 보면 한 달에 수십만 원씩 전기세가 나온다. 전기세는 누진제다 보니 많이 사용하는 집은 조금만 더 사용해도 비용이 엄청나게 늘어난다.

다행히 한전에서는 대가족이나 다자녀가구에는 전기요금을 할인해주는 제도를 실시한다. 해당 서류를 가지고 한전을 직접 방문하거나, 관리비에 전기세가 포함된 아파트의 경우는 관리사무소에서 신청을 받는

다. 이런 전기요금할인제를 신청하면 최소 몇만 원에서 전기를 많이 사용하는 집의 경우는 몇십만 원의 효과를 보기도 한다.

5인 이상의 가족이 신청할 수 있는 대가족 전기요금할인제는 기본 누진제의 전기요금제도 아래에서 월 301~600kWh 사용량에 대해서 한 단계 낮은 요금을 적용하는 것이다. 누진제의 기본은 많이 쓸수록 더 많은 비용이 부가되는 것이므로 전기를 많이 쓰는 대가족의 경우 한 단계 낮은 요금을 부과 받는 것은 매우 큰 차이가 있다.

그리고 3자녀 이상 가구의 전기요금할인제는 사용전기량의 20%를 할인해주는 제도이다. 대가족요금이 월 301~600kWh 사용량에 대해서만 혜택을 받는 데 비해 3자녀 이상 가구 요금제는 어떤 경우든지 20% 할인을 받으므로 그것이 더 유리할 수도 있을 것이다. 고맙게도 5인 이상 대가족이면서 3자녀 이상을 둔 가구는 대가족 요금과 3자녀 이상 요금제 중 더 싼 것으로 계산되어 전기세가 부가된다.

●●● 전기 먹는 하마는 따로 있다

이 제도를 알기 전에는 여섯 식구가 엄청난 전자기기들을 사용하며 전기를 팍팍 써댔으니 얼마나 많은 전기세가 나왔겠는가? 더구나 시부모님과 살림을 합친 처음에 평수가 넓은 새 아파트로 이사를 가서 아무것도 모르고 편리하다는 생각에 '식기세척기'를 마구 돌려댔을 때는 전기세가 50만 원도 넘게 나온 적도 있었다. 어머니는 어딘가에 전기가 누전

되서 이렇게 많이 나오는 것은 아닌지 깜짝 놀라 관리사무소와 한전에 연락을 했다.

검사를 하러 온 한전 직원은 이것저것 둘러보더니 말했다.

"누전으로 인한 전기요금은 아닌 것 같습니다. 만약 누전이 발생하면 차단기가 작동하기 때문에 누전으로 인한 전기요금이 더 나오는 경우는 거의 없다고 봐야 합니다. 그런데 가정에서 사용하는 전기요금은 주로 순간적으로 열을 발생시키는 곳에서 많이 사용됩니다. 그래서 전기주전자나 매일 꽂아놓는 전기밥솥 같은 것이 전기를 가장 많이 먹는데요. 갑자기 전기세가 많이 나왔다면 그동안 잘 사용하지 않다가 최근에 많이 사용하신 전자기기가 있는 건 아닌지 한번 살펴보세요."

그러고 보니, 아이들이 어리니 전기주전자를 수시로 쓰고 이사를 와서 빌트인되어 있는 식기세척기를 보고 매번 식사가 끝날 때마다 돌려 댄 것이 생각났다. 식기세척기는 깨끗하게 그릇을 닦기 위해 오랜 시간 작동되고 뜨거운 물로 헹궈내니 매번 얼마나 많은 전기세가 들겠는가?

그 이후로 우리는 전기에 대해서 신경을 쓰게 됐다. 그래서 남편이 나를 졸졸 쫓아다니면서 형광등을 끄고 다니는 것이다. 하지만 전기를 많이 먹는 주범은 따로 있다. 바로 항상 켜져 있는 전기기기와 항상 콘센트에 꽂혀 있는 전자제품의 대기전력이다.

사실 쓰지 않는 전자기기는 콘센트를 뽑아서 대기전력을 아끼라고 하는 것은 요즘 다 아는 이야기지만 실제로 그것을 실천하는 것은 너무나 귀찮고 어렵다. 전자제품의 전원버튼을 누르고 나서 별도로 전기콘센트를 매번 빼고 꽂는 데 얼마나 많은 힘과 귀찮음이 들어가는지, 그것을 진짜 실천해본 사람만이 안다.

그러던 어느 날, 우리는 큰 투자 결심을 했다. 바로 가능한 한 모든 전기콘센트를 스위치형 절전 멀티탭으로 바꾸는 것이었다. 절전 멀티탭은 멀티탭에 부착된 똑딱 스위치를 내리기만 하면 전기를 차단하여 콘센트를 뽑아놓는 효과가 있어 대기전력을 아낄 수 있는 제품이다.

이런 절전형 멀티탭을 사용하기 위해서는 가장 먼저 집안에서 사용 중인 멀티탭과 사용하는 전자제품을 정리하여 절전형 멀티탭의 종류를 정해야 한다. 각 전자기기의 용도와 자리 별로 전기구멍은 몇 개짜리가 필요한지, 멀티탭의 길이는 몇 미터짜리가 필요한지, 각 전기구멍별로 개별 스위치가 있는 것이 필요한지, 아니면 한 번에 끄고 켜는 스위치가 있는 것이 좋은지 잘 정리를 한다. 절전형 멀티탭은 생각보다 꽤 고가이기 때문에 미리 정해놓고 구매하지 않으면 그 금액이 엄청나게 들어가니 반드시 구매 전에 각 사용처별로 종류를 정해놓고 구매해야 한다.

그렇게 우리가 온 집에 들어갈 절전형 멀티탭을 사왔더니 그것만도 십여만 원이 훌쩍 넘게 들었다.

"이거 사서 전기세 아끼는 것보다 이거 산 비용이 더 들어가는 거 아니야?”

나는 한편으로 의심을 하면서 집안 전자기기를 가능한 한 모두 절전형 스위치 멀티탭으로 바꿔버렸다. 그리고 식구들에게 잠깐이라도 사용하지 않을 때는 전원버튼을 끈 후 멀티탭 스위치도 눌러 같이 꺼줄 것을 당부했다. 절전형 멀티탭은 콘센트를 뽑았다가 끼웠다가 하는 것에 비하면 정말 편리했다. 똑딱이 버튼 하나로 모든 것이 끝나니 아이들이나 시부모님들도 사용하기 불편해하지 않았다.

이렇게 냉장고처럼 24시간 전기를 사용해야 하는 전기기기를 제외한 거의 모든 전기기기에는 절전형 멀티탭으로 대기전력을 잡은 것이다. 특히 전기밥솥, TV, 셋톱박스, 컴퓨터, 휴대폰 충전기 같이 대기전력을 많이 먹는 제품들은 사용하지 않을 때는 항상 절전형 멀티탭의 스위치를 끄는 것이 생활화되었다.

그리고 몇 달 후 전기요금을 살펴보니, 웬걸! 절전형 멀티탭 구매를 위한 투자비는 거의 한 달 만에 다 뽑은 듯했다. 매월 쓰는 금액에서 10만 원 이상의 전기요금이 줄어든 것이다. 설마 했던 나도 깜짝 놀랐다.

이렇게 요즘은 우리집 전기요금이 채 10만 원이 나오지 않는다. 그래도 다른 집에 비하면 엄청 많이 나오는 전기요금이지만 수십만 원이 나오던 때에 비하면 반에 반 이하로 줄였으니 전기사용 습관만으로도 월 20만 원 이상을 줄인 것이다.

우리집처럼 전기를 많이 써서 전기요금을 많이 내던 집일수록 이런 전기 생활습관으로 아낄 수 있는 돈도 커진다. 전기세는 누진세이므로 적게 쓰는 사람들은 전기세도 적게 내지만, 그렇기 때문에 아낄 수 있는 금액은 그리 크지 않을 수도 있다. 그래서 우리집처럼 십몇만 원 들여서 모든 전기기기 콘센트를 절전형으로 바꿔봤자 한 달에 몇백 원 전기세를 아끼는 것이라면 본전 뽑는 데만 수십 년이 걸릴 수도 있다. 그러니 이런 것도 남들 말만 듣고 따라 할 것이 아니라 잘 알아보고 선택하는 것이 좋겠다.

하지만 이렇게 누구나 알고 있지만 실천하지 않는 것, 그것을 하루라도 빨리 실천하는 것이 바로 부자가 되는 비법이다.

●●●● 온 가족 통신요금 점검으로 월 10만 원을 아낀다

시부모님, 우리 부부, 우리 아이들까지 우리집은 여섯 식구가 모두 휴대폰을 쓰고 있다. 그리고 케이블 TV와 인터넷, 집전화까지 다 합치면 우리집은 어마어마한 통신비 지출을 하고 있는 셈이다.

L 통신사를 쓰고 있는 큰아이는 주로 할머니와 엄마, 그리고 가끔 친구들에게 보내는 알림장 문자가 주 사용처였으나, 요금제가 맞지 않아 한 달에 3~4만 원이 넘는 요금을 내고 있었고, K 통신사를 쓰는 작은아이는 거의 사용량이 없고 가끔 학교에서 집으로 올 때 할머니나 나에게 전화를 하는 게 다인데 기본요금이 매우 높은 요금제를 쓰고 있었다. 나는 집과 회사에서 데이터를 무선으로 쓰므로 그렇게 많은 데이터가 필요 없음에도 불구하고 높은 데이터 사용량을 보장하는 비싼 요금을 쓰고 있었고, 어머니는 집에서는 무선인터넷으로 와이파이 연결이 가능한

데도 그 방법을 몰라 집에서도 유료의 무선통신 데이터를 사용하고 있었다. 그리고 아버님은 스마트폰이 아닌 피처폰을 사용하고 계셔서 이미지나 큰 용량의 문자를 받고 보낼 때마다 비싼 별도 요금을 지불해야 했다. 남편은 매월 제공받는 무료통화서비스를 다 이용하지 못하고 있었다. 남편의 무료통화 서비스가 남아 있음에도 불구하고 내가 남편에게 전화를 하여 내 통화요금을 쓰는 것처럼 말이다.

그뿐 아니라, 우리집 인터넷 서비스와 케이블TV, 그리고 집전화도 제각각의 상품을 쓰고 있었다.

나는 남편과 머리를 맞대었다.

"안 되겠어. 지금 우리집 지출에서 집으로 나가는 거 빼면 거의 통신비가 가장 비중이 높은 거 알아? (물론 먹는 데 쓰는 지출이 제일 많긴 하지만…… 우리는 엥겔지수가 엄청 높은 집이다) 이걸 다시 다 정리해야겠어."

그래서 식구들 각자의 사용량과 사용 패턴에 맞는 휴대폰요금제를 알아보고, 가족끼리 할인되는 제도나, '휴대폰+인터넷+케이블'을 합치면 할인해주는 상품 등을 알아보았다. 그런데 기간 약정 등이 걸려 있어서 당장 해지할 수 없는 것도 있었지만, 그렇게 리모델링을 해서 계산해보았더니 10만 원에 가까운 요금을 아낄 수 있었다. 일단 데이터가 많이 들어간 비싼 요금을 쓰고 있는 내 요금을 데이터가 작은 것으로 대폭 줄이고 큰아이와 작은아이는 어린이만 사용하는 더 저렴한 요금을 알아본 후 큰아이는 평일 낮시간 통화요금이 작은 것으로, 작은아이는 기본요금이 가장 저렴한 것으로 바꾸었다.

시부모님 통신비는 우리가 내고 있지 않았지만 이번에 전화기를 새로 바꿔드리면서 우리 통장에서 나가는 걸로 바꾸고 대신에 더 저렴한 요금제로 바꾸었다. 남편과 나는 각자 무료통화량을 충분히 활용하는 것은 물론이다. 그뿐만이 아니라 여러 통신사로 흩어져 있는 가족들의 통신사를 통합하거나 '인터넷+케이블TV+집전화'를 패키지로 묶어서 가장 효율적인 방법을 찾았다. 할인해주는 상품이 많기 때문이다.

이렇게 요즘 시대에 온 가족 누구나 가지고 있는 통신기기 사용요금을 점검하면 매월 생각보다 큰 금액을 아낄 수 있다. 통신요금은 매월 나가는 것이므로 조금만 아껴도 꽤 큰 금액을 절약할 수 있다.

똑똑한 언니는
보험도 똑소리나게 가입한다

나는 보험이 없다(아, 자동차보험은 법적으로 강제되어 있는 것이라 어쩔 수 없다). 요즘 시대에 보험 없다고 하면 사람들이 나를 이상하게 쳐다볼 것이다. 그러나 나는 내가 번 돈으로 나부터 부자가 되어야지, 불의의 사고가 생길지 안 생길지도 모르는데 내 돈으로 보험회사가 먼저 부자 되는 것 같아서 보험 가입이 별로 맘에 안 든다.

그리고 결혼하면서 남편이 들고 있던 보험들도 다 해지해버렸다. 물론 당시에 남편이 사고를 크게 쳐서 보험 넣을 돈이 없기도 했지만 이후로도 보장성 보험은 들고 싶지 않았다. 특히 나는 생명보험을 매월 꼬박 꼬박 넣어야 할 가치를 느끼지 못했다. 예를 들어 남편의 생명보험은 남편이 살아 생전에는 일해서 보험료 넣으라고 고생만 할 것이고 죽어서는 가족들만 좋은 일 시킬 텐데 그런 일을 왜 하는지 모르겠다.

그래서 나는 생명보험을 들어서 '내가 죽어도 내 가족들은 편히 살겠지'라고 생각하기보다 '내가 내 가족들과 더 건강하게 오래오래 같이 살아야지' 하는 마음으로 보험에 들 돈으로 더 건강하고 맛있는 거 사먹으면서 사는 게 더 낫다고 생각했다. 물론 이건 내 생각이 그렇다는 것이지, 사람이 살다 보면 어떤 일을 당할지 모르기 때문에 불의의 큰일에 대비해서 보험을 드는 것은 결코 나쁜 일은 아니다.

나는 가끔 '이런 보험 상품을 최초에 만든 사람은 분명 천재일거야'라는 생각을 하기도 한다. 보험의 기본적인 컨셉은 평소 작은 돈을 내어도 만약의 사고가 나는 경우 자기가 낸 돈보다 더 큰 보장을 받을 수 있으니 가입자 입장에서도 좋은 것이고, 보험회사는 이렇게 다른 사람의 돈을 모아서 돈을 버니 정말 대단하지 않은가?

보험회사의 수익모델은 의외로 간단하다. 사람들이 보험에 가입해서 내는 보험금이 보험회사가 지급해야 하는 보험금보다 많으면 보험회사는 돈을 버는 것이다. 그래서 보험회사는 사람들이 보험에 많이 가입하도록 좋은 상품을 만들고 대신에 보험금 지급은 너무 많이 되지 않도록 운영을 잘 할 것이다. 이렇다 보니, 기본적으로 보험상품은 복잡해질 수밖에 없다.

이런 복잡한 상품을 판매하기에 가장 좋은 방법 중 하나가 바로 인적

판매다. 복잡한 상품을 사람이 직접 설명해주고 계약을 하도록 하는 것이다. 그래서 보험회사에서 보험판매를 하는 사람은 보험 판매실적에 따라 급여를 받는다. 보험왕이 되는 사람은 연봉이 10억이 넘기도 한다.

그리고 요즘은 보험을 이용하여 범죄를 저지르는 사람도 많이 있다. 보험상품을 악용해 가짜로 다치고 일부러 다치고 다른 사람을 해쳐서 보험금을 타내는 세상이다. 그러니 보험사에서는 보험금 지급에 더 까다로워 질 수밖에 없고 그에 따른 심사와 조사비용도 더 많이 들어갈 것이다.

이런 구조 아래에서 내가 보험회사에 내는 돈에는 보험을 나에게 판매한 분에게 돌아갈 급여의 일부도 포함된 것이고 보험회사의 운영에 필요한 각종 비용이 일부 포함되어 있는 것이다.

●●● 보장성 보험 vs 저축성 보험

당신이 들고 있는 보험에는 크게 보장성 보험과 저축성 보험이 있다.

보장성 보험은 다치거나 사망하거나 혹은 치료를 받을 일이 발생할 때 돈을 지급하는 상품이다. 매월 내는 금액이 비교적 낮을 수 있으며, 사고가 발생하면 내가 낸 돈보다 훨씬 더 큰 금액을 받을 수도 있다. 하지만, 보험계약에 해당되는 사고가 생기지 않는 이상은 내가 낸 돈도 돌려받지 못할 수 있다. 예를 들어 내가 암보험에 들었을 때, 내가 보험계약 조건에 따른 기간 동안 보험 계약 조건에 맞는 암에 걸리면 내가 낸 돈보다 더 큰돈을 받을 수도 있지만 내가 평생 암에 걸리지 않거나 혹은 보험계약 조건에 맞지 않는 병에 걸린다면 내가 낸 돈도 돌려받지 못할 수 있는 것이다.

반면 저축성 보험은 말 그대로 저축을 하기 위한 보험이다. 돈을 모으기 위한 보험이므로 내가 낸 돈에 이자를 붙여서 목돈을 마련할 수도 있다. 그래서 가입자가 매월 내는 보험료를 살펴보면 순보험료와 사업비로 나누어진다. 순보험료는 다시 위험보험료와 저축보험료로 나뉘는데, 위험보험료란 앞서 설명한 보장성 보험금처럼 사고가 일어나지 않으면 받지 못하는 것이기 때문에 나중에 해지할 때 원금을 돌려받을 수 없는 것이고, 저축보험료는 해지하거나 만기가 되었을 때 돌려받을 수 있는 것이다. 그리고 사업비는 보험가입을 권유한 상담원에 대한 수당 및 보험회사가 상품을 운영하기 위한 비용을 말한다.

결론적으로 보험회사에서는 처음부터 아주 쉽게 누구나 탈 수 있는 보험상품을 만들지도 않을뿐더러, 사고를 당했다고 무조건 자동으로 지급하는 것이 아니라 가입자가 직접 보험금 신청을 해야만 까다로운 심사를 거쳐 보험금을 지급하는 것이다. 내가 내는 보험금에는 내가 돌려받지 못하는 보험료와 보험설계사 언니들의 급여, 보험회사의 운영비 일부까지 포함되어 있는 것이다.

그런데 본인이 매월 꼬박꼬박 내고 있는 보험상품의 내용이나 혜택이 정확하게 뭔지도 모르고 그냥 '혹시나' 하는 마음으로 들고 있는 보험이 있다면? 그 보험은 나중에 사고가 나도 챙겨서 지급받기도 어려운 보험이므로 당장 해지하는 것이 맞다.

하지만 참 사람 마음이 간사하고 사람 일은 언제 어떻게 될지 모르기 때문에, 이제까지 그 보장 범위 안의 사고나 병이 안 생겼다고 하더라도 당장 쉽게 해지 결정하기가 어렵다. 해지하고 나서 내일 당장 그 사고가 나면 어떡하는가?

그러나 보장성 보험의 경우 지금까지 들어간 비용은 이미 다 없어진 비용이다. 내가 노력한다고 더 받을 수도 없고 더 늘어나지도 않는, 이미 매몰된 비용이다. 이때 중요한 것은 지금까지 들어간 돈이 아니라, 앞으로 들어가야 할 돈이다. 미래가치를 따져야 한다.

우리 생활에서 이러한 '매몰비용' 때문에 합리적인 의사결정을 할 수 없는 일은 매우 많이 일어난다. 사람들은 본능적으로 손실을 싫어하는데 이것이 전문용어로는 '손실회피' 현상이라고 한다. 사람들은 이익을 얻었을 때 느끼는 기쁨보다 손실로 인한 심리적 고통을 두 배 이상 더 크게 느낀다고 한다. 그래서 사람들은 이미 회수할 수 없는 매몰비용임을 알면서도 손실에 대한 고통이 두려워서 그 판단을 미루거나 잘못된 판단을 해버리는 것이다.

이런 매몰비용에 대한 의사결정은 언젠가 한번 아파야 할 것이기 때문에 미루지 말고 빨리 하는 것이 좋다. 그 아픔이 두려워서 계속 피 같은 내 돈을 보험회사만 부자되라고 기부하고 있을 수는 없는 일 아닌가?

현재 가입되어 있는 보험들을 꼼꼼하게 정리해서 내용을 잘 확인해보자. 그중에서 내용을 잘 모르는 것이 있다면 보험회사에 전화를 걸어 꼼꼼하게 지급조건이나 내용을 확인해야 한다. 뭔가 자세하게 설명해주지 않거나 찜찜한 마음이 든다면 거기에는 당신이 모르거나 혹은 잘 챙기지 않았던 불리한 문제가 있을 수 있다. 그런 다음, 반드시 필요한 것만 남기고 애매한 것은 딱 잘라 해지해야 한다.

하지만 막상 해지할 때가 되면 또 '이게 필요할지도 몰라'라는 생각이 불쑥불쑥 들것이다. 그러니 보험에 대한 해지 결정을 할 때는 지금까지 부어왔던 돈의 크기에 대해서는 완전 잊어라. 생각도 하지 마라. 그리고 지금까지 보험은 한 번도 들어본 적 없는 사람처럼 현재 시점에서 필요한 보험이 무엇인지 계획을 짜야 한다. 그래서 그 계획에 맞지 않는 보험은 다 해지하는 용기를 내야 한다.

아픈 만큼 성숙해진다고 했다. 아픈 만큼 부자가 될 것이다. 매도 먼저 맞는 것이 낫다고 했다. 매몰비용에 관한 의사결정은 빠르면 빠를수록 좋다. 굵고 짧게 아프고 더 빨리 부자 되자.

팔아야 돈이 된다

몇 년 전 내가 아이패드를 너무 가지고 싶어서 안달이 나 있을 때였다. 사고 싶어서 가격도 다 알아봤지만 막상 너무 비싼 데다가 이미 아이폰과 큰 화면의 노트 갤럭시폰까지 가지고 있어 아이패드가 왜 필요하냐며 애써 스스로를 위로하고 있을 때였다.

그때 마트를 지나가는 나와 남편을 붙잡은 커다란 판촉물 하나. 고수익을 보장하는 연금 상품에 가입하면 아이패드를 사은품으로 준다는 것이었다.

그렇잖아도 높은 금리를 주는 적금상품을 알아보고 있었던 터라, 나와 남편은 적극적으로 상담에 임했다. 10년 이상만 넣으면 비과세도 되고, 금리도 매우 높았고, 한 달에 불입하는 금액도 부담스러운 정도는 아니었다. 모든 것이 완벽하게만 느껴졌다. 상담사 언니가 판촉물을 통해서 내가 10년간 꼬박 연금상품을 넣으면 10년 뒤 엄청난 이자가 붙는 것을 확인해주었고 나는 아이패드에 눈이 멀어 덜컥 계약을 해버렸다. 그리고 나는 '10년만 넣고 빼야지, 그 전에라도 언제든 원금은 받을 수 있으니까 만기 이자를 포기해도 아이패드를 공짜로 얻어서 잘 사용하면 그것이 가치 있는 것일거야!'라고 생각하며 신나게 아이패드를 사용하고 있었다.

그러던 어느 날, 매월 연금저축으로 들어간 금액이 현재 이자까지 붙어서 정확히 얼마가 되어 있는지 금액을 알고 싶어서 보험사 사이트에 들어갔고, 거기서 현재까지 들어간 원금은 확인할 수가 있었다. 그런데 사랑하는 내 돈을 정확하게 알기 위해서는 그것만으로는 부족하다. 나는 지금 당장 해지할 경우 내가 받을 수 있는 돈(그것이 실제로 현재 내 돈의 가치다)과 내가 나중에 연금으로 언제 얼마를 받을 수 있는지(그것이 내 돈의 미래가치다)를 확인하기 위해 보험사에 전화를 걸었다.

그런데 어찌된 일인지 상담원이 잘 이야기를 해주려 하지 않았다. 아마도 내가 해지 요청을 하기 위해서 문의를 하는 것으로 생각하고 해지를 방해하려는 의도였던 것 같다. 나는 자꾸 이래저래 말을 돌리는 상담사에게 화가 나서 더 꼬치꼬치 자세한 내용을 캐물었다.

그런데 이게 무슨 일인가? 내가 가입한 상품은 '연금저축'이기 때문에 중도해지를 할 경우 연말정산 소득공제를 받은 원금과 이자에 대해서 기타소득세(20%)와 지방소득세(2%)를 원천징수하고 내어준다는 것이다. 내가 지금까지 넣은 돈이 1,000만 원이라면 거기서 22%, 즉 220만 원을 떼고 나에게 준다는 것이다. 그것 말고도 내가 가입한 지 5년이 되기 전에 해지를 한다면 그때까지 넣은 돈의 2%를 가산세로 또 원천징수를 하고 내어준단다.

그럼 나는 처음에 계약한 대로 10년간 열심히 돈만 내다가 내가 55세 할머니가 될 때까지 기다려야 연금형태로 내 돈을 받는 수밖에 없는 것이다. 내가 이런 사실을 가입시에 정확히 알았다면, 아무리 아이패드가 탐이 났어도 절대 가입하지 않았을 것이다. 내 돈 수백만 원을 날릴 수도 있는 결정을 수십만 원짜리 아이패드에 걸지는 않았을 것이기 때문이다.

내가 55세가 되었을 때 세상이 어떻게 될지 누가 알겠는가? 당장 내가 어디서 뭘 하고 있을지도 모를 일이고 그 금융회사가 어떻게 되어 있을지도 모를 일이다. 불확실한 미래의 연금을 위해서 확실한 현재의 내 돈을 계속 부어야만 하는 것이다.

●●● 물가는 내가 부자 되는 속도보다 더 빨리 오른다

가난했던 부모님이 30년간 꾸준히 저축을 넣은 적이 있었다. 1970년에 웬만한 직장인 월급은 10만 원도 안 되던 시절이었다. 가난했던 부모님은 알뜰하게 모아서 매월 3만 원씩을 저축하였다. 그 당시 3만 원은 매우 큰돈이었다. 당시 몇백만 원이면 좋은 집 한 채 살 수 있을 정도였으니, 30년 뒤에는 좋은 집에 살면서 편안히 노후를 보낼 수 있을 거라고 생각했을 것이다. 그리고 그 큰돈인 매월 3만 원은 30년 뒤 만기가 되었을 때 2,000만 원 남짓이 되어 있었다.

그런데 2000년도에 2,000만 원으로 부모님이 할 수 있는 건 그리 많지 않았다. 그 사이 물가는 몇 배, 몇십 배로 올랐기 때문에 평생 모은 돈으로 집 한 채는커녕 전세금 맞추기도 힘들었다.

복리도 좋고 장기투자도 좋지만 이렇게 장기투자에는 큰 함정들이 존재한다. 내가 돈이 필요할 때 맘대로 쓰지도 못하고 물가상승률 때문에 돈의 가치는 점점 떨어지게 된다.

그러니 내가 가입한 장기투자 상품은 내가 늙었을 때의 가치가 얼마나 될지는 아무도 모르는 것이다. 그래서 오랜 기간 넣어야 하는 10년 이상의 장기투자 상품, 내가 늙어서 받을 수 있는 연금상품은 가입 전에 중도해지나 만기에 받을 수 있는 금액과 방법을 잘 알아봐야 하고 고금리의 이율을 제공하더라도 그것을 물가상승률과 비교하여 신중하게 결정해야 한다.

●●● 현금이 아닌 것은 돈이라 착각하지 마라

한 목장 아가씨가 있었습니다. 아가씨는 우유를 담은 항아리를 이고 시장에 팔러가는 도중 달콤한 상상을 시작했습니다. '이 우유를 팔아 달걀을 사고, 달걀은 병아리가 되고 병아리를 팔아 광주리를 사게 되겠지? 생각만 해도 좋다.' 발걸음에 신이 나기 시작했습니다. '광주리를 사서 달걀을 포장해서 팔면 그냥 달걀을 파는 것보다 비싸게 팔 수 있겠지? 많이 팔리면 조랑말 하나를 사자. 이렇게 걸어 다니지 않아도 될 거야. 바람에 흩날리는 내 머리카락은 근사해 보이겠네…… 너무 괜찮은데?' 상상은 꼬리에 꼬리를 뭅니다.

아가씨는 기쁜 나머지 깡충깡충 뛰었습니다. 그런데 그 순간! 머리에 올리고 있던 항아리를 깜박했습니다. 항아리는 그만 땅에 떨어져 박살이 나고 말았습니다.

아이들이 읽는 명작동화인《우유항아리》라는 이야기에 나오는 이 아가씨는 우유를 팔러 가다가 즐거운 상상에 빠져 우유항아리를 깨고 말았다. 우리가 객관적으로 보면 바보 같은 짓 같지만 사실 우리도 늘 이런 바보 같은 상상을 하고 있다.

만약 내가 주식 투자를 하고 있는데 주가가 상승하면 나는 이미 부자가 되어 지출이 늘어난다. 만약 내가 1만 원에 산 주식이 2만 원이 되면, 나는 이미 투자한 돈의 두 배나 번 것이다. 두 배 가격에 팔아야 내 돈이지만 이미 마음은 두 배, 세 배로 달리고 있으니 기분이 좋아서 돈을 막 쓰게 된다.

하지만 2만 원이었던 주가가 5,000원으로 떨어지면 나는 원금을 건지기 위해 '1만 원까지만 올라라'라는 마음으로 마냥 기다린다. 그러다가 또 주가가 1만 원 이상이 되면 더 벌 수 있을 것 같은 기대에 팔지 못한다. 결국 주가가 오르면 돈은 돈대로 쓰지만, 나는 돈을 벌지도 못 한 채, 그냥 주가만 자기 혼자 오르락내리락 하고 있는 것이다.

주가가 올라 열 배가 되면 뭐하고 주가가 내려서 반토막이 되면 뭐하나? 결국 내가 번 돈은 '내가 판 돈－내가 산 돈'이다. 중간에 수수료 등이 약간 들어가긴 하겠지만 말이다. 팔아야 수익이 난다는 말이다.

부동산도 마찬가지다. 부동산 가격이 급등하여 우리집이 두 배가 되면 어떻고, 하락하여 반토막이 되면 어떤가? 내가 살고 있는 부동산의 가격은 내가 보유한 돈과 내 실생활과는 전혀 상관이 없는 것이다. 나는 똑같은 집에서 똑같은 생활을 하고 있을 뿐이다. 사실 달라지는 것은 기분밖에 없다. 내 집의 가치가 올라가면 기분이 좋고 내 집의 가치가 내려가면 기분이 나빠지는 것이다.

그런데도 주가가 오르면 팔기도 전에 지출부터 늘리고 부동산이 오르면 팔기도 전에 이미 부자가 된 것처럼 생활을 하니 결국은 지출만 늘고 돈은 못 버는 상황이 반복되는 것이다.

우유항아리를 시장에 가지고 나가서 팔고 난 후 그 다음에 춤을 춰야 한다. 우유항아리를 팔기도 전에 내가 부자가 된 것 같은 착시현상을 조심하라.

나도 주식 투자를 한다. 대박은 아니지만 짭짤하게 벌어본 적도 꽤 있다. 하지만 나는 철저하게 여윳돈으로 한다. 그리고 망할 확률이 없는 안전한 종목을 택하지만, 그것도 불안해서 혹시라도 그 회사가 망해서 주식이 휴지조각이 된다고 해도 내가 삶을 살아가는 데는 전혀 지장이 없을 정도의 금액으로만 한다. 그럼 주식이 조금 내리든 조금 오르든 크게 마음의 동요가 없다. 불안하지 않으면 여유를 가지고 기다릴 수 있다. 그래야 그게 언제건, 내가 원하는 수익률이 날 때 팔 수 있는 것이다.

내가 1,500만 원으로 한 주에 3만 원쯤 하는 주식을 산 적이 있다. 그 주식은 3만 3,000원 정도까지 오르더니 이내 쭉쭉 떨어져서 1만 4,000원쯤까지 떨어졌다. 반토막 이상의 손실을 본 것이다. 이럴 경우 손절매하고 팔아야 하지만 나는 그냥 기다렸다. 어차피 당장 필요한 돈이 아니기 때문이었다. 어차피 오르던 내리던 내가 파는 시점의 가격이 중요한 것이지 지 혼자 왔다갔다 하는 가격은 중요치 않았다. 그렇게 기다리다가 1년이 지나갔다. 나는 처음에 그냥 '은행이자보다 많이 나오면 되지'라는 마음으로 주식 투자를 한 것인데 은행이자는커녕 지금 팔았다가는 완전 손해다.

그래서 나는 목표금액을 이렇게 정했다.

'은행이자보다 많이 받을 수 있을 때까지 기다렸다가 적어도 은행이자만큼은 챙기고 받을 거야!'

그러다가 2년이 지났다.

‘에잇, 기왕 이렇게 된 거 내가 1,500만 원을 2년간 저축은행에 넣었을 때 받을 수 있는 은행이자만큼 수익이 나면 팔거야!’

3년이 지났다. 나는 목표금액을 수정했다.

‘내가 1,500만 원을 3년간 은행에 넣었을 때 받을 수 있는 은행이자만큼 수익이 나면 팔 거야!’

3년쯤 기다리니 주가가 회복되었다. 나는 결국 1,500만 원을 3년간 은행에 넣어놓은 이자보다 훨씬 더 높은 금액에 주식을 팔 수 있었다. 그러니 주식 투자를 해서 그냥 은행에 넣어놓은 것보다는 더 큰 이익을 얻은 것이다. 그럼 이 주식 투자는 성공한 투자가 된다.

만약에 3년이 지나도 안 올랐다면?

아마 나는 10년이라도 가지고 있었을지도 모른다. 왜냐하면 나는 처음부터 그 돈이 휴짓조각이 되도 내가 사는 데 지장이 없다는 최악의 상황을 가정하고 한 투자이기 때문이다. 대신 10년 동안 가지고 있다면 주식 투자수익 목표금액은 ‘10년간의 은행이자’ 정도로 많이 올라갔을 것이다. 그러나 이 ‘10년간의 은행이자’ 수준도 보통 주식을 하는 사람들이 쉽게 벌고자 목표하는 금액보다는 결코 크지 않으니 아마 달성 가능한 수준일 것이다. 1,500만 원을 5% 금리를 주는 1년 정기예금에 10년간 넣어놓는다면 2,400여만 원 정도가 된다. 10년간 물가도 오르고 기업가치도 오를 테니, 이 정도 수익을 올리는 것은 불가능한 일도 아니다.

이렇게 하면 결코 내가 주식을 해서 손해볼 일이 없다. 철저하게 여윳돈을 가지고 한 것이므로 주식 투자수익이 은행 예금수익보다 크지 않은 이상은 절대 주식을 팔지 않을 것이니까 말이다. 주식은 다 날려도 좋을 만큼만 하고 무조건 기다릴 수만 있다면 해볼 만한 투자상품이다.

하지만 과연 누가 주식의 미래를 장담할 수 있겠는가? 침팬지와 사람과의 주식 수익률 경기 실험에서 침팬지가 사람을 이긴 것은 주식의 미래를 보장하지 못하는 유명한 일화다. 주식은 이렇게 내 맘대로 되지 않는다.

●●● "이건 비밀인데……"로 시작하는 정보는 믿지 마라

"이건 비밀인데, 너에게만 알려주는 정보야."

모든 비밀 정보는 그렇게 시작된다. 그리고 그 정보는 나만 아는 비밀 정보가 되어 또 내가 믿을 만한 사람에게만 전달한다.

"이건 비밀인데, 너에게만 알려주는 정보야……"라고 말하며.

인간관계가 괜찮은 사람치고 이런 고급 정보를 받아보지 않은 사람은 없을 것이다. 그리고 확실한 정보라고 생각되어 주식이나 사업에 투자를 했을 수도 있다.

그러나 나는 사람은 믿지만 정보는 믿지 않는다. 그 정보가 나에게 오기까지 과연 얼마나 많은 사람들이 나보다 먼저 그 정보를 알았을지 모르는데 그것이 정말 비밀 정보일까? 아무리 믿을 만한 사람이 주는 정보라고 그것이 나만 아는 비밀일 가능성은 사실은 매우 희박하다.

'여섯 다리의 법칙'에 의하면 여섯 명의 사람들을 거치면 지구상의 그 누구와도 연결된다고 한다. 단 6단계 인맥만 거치면 지구상의 모든 사람들에게 정보를 전달할 수 있는 것이다. 그러니 내가 들은 정보는 이미 세상 사람들도 다 알고 있으면서 말만 안 하는 비밀도 아닌 비밀 정보일 수도 있다.

우리는 성실하게 일하고 합법적으로 한 푼 한 푼 모아서 부자가 되려고 하는 사람들이지만, 주변에는 이렇게 성실한 사람들을 등쳐서 부자가 되려고 하는 사람들도 생각보다 많다.

몇 십 년 성실히 직장을 다니다가 퇴직금을 받고 은퇴한 사람들에게는 돈 냄새를 맡고 접근하는 사람들이 반드시 있다. "이건 비밀인데요……" 하면서 정보를 알려주는 사람들. 물론 그중에서 진짜 대박 정보가 절대 없다고 장담할 수는 없겠지만 내 주변에서 들어본 이야기 중에서 퇴직금을 가지고 주식이나 사업에 투자한 많은 분들 중에 대박 났다는 분 이야기는 한 번도 못 들어봤다.

오히려 성실하고 똑똑하고 직장에서도 높은 자리까지 올라갔다가 퇴직한 사람들이 퇴직금을 이용한 투자에 더 크게 당하는 경우가 많은데, 직장에서의 성공으로 사람과 사업에 대한 자신감과 믿음을 가지고 있기 때문에 더 그런 사기꾼에 잘 걸려드는 분들도 있다. 그 정보를 대쪽같이 믿어서라기 보다는 잘 안 됐을 경우를 상상해본다고 해도 '뭐 내가 평생 열심히 일해서 가족들 다 먹여 살리고 이제 이 돈으로 노후를 편안하게 보내야지. 설마 잘못 되겠어?'라는 마음으로 그 대박 비밀 정보를 그냥 보내지 못하고 걸려들고 마는 것이다.

도박장에 가도 옆 자리에 '대박'을 터트리는 사람은 존재한다. 그러니 내가 대박을 터트리지 말라는 보장도 없다. 하지만 도박장 밖을 나가면

차 날리고 집 날리고 거지꼴로 사는 사람들이 대박을 터트린 사람보다 몇십 배 몇백 배 더 많다. 그러니 '잭팟' 터트릴 상상을 하는 것과 동시에 도박장 밖에서 모든 것을 잃고 사는 사람이 있다는 것도 반드시 생각해야 한다.

주식시장에서 내가 침팬지를 이기고 부자가 될 확률과 도박장에서 내가 대박을 터트리고 부자가 될 확률, 둘 중 과연 어느 것이 더 높을까?

쓰는 것이 곧 버는 것이다

●●● 빌려주는 돈과 주는 돈을 구별하라

남편의 후배에게 오랜만에 연락이 왔다. 사정이 어려워졌다는 이야기를 들은 적이 있는데 돈 300만 원만 빌려달라는 것이었다. 결혼 전의 남편 같았으면 300만 원이 아니라 본인이 대출을 해서라도 500만 원, 1,000만 원도 빌려줬을 사람이다.

남편이 어떻게 하면 좋겠냐고 나에게 물었다. 나도 고민이 되었다. 나는 남편에게 대답했다.

"어차피 받을 수 있는 돈 아니잖아. 자기 후배가 그렇게 오랜만에 전화해서 자기한테까지 돈 이야기하는 거 보면, 많이 어려운 거잖아. 그렇다고 못 받을 거 뻔히 알면서 많이 줄 수도 없고. 그냥 자기가 안 받아도 되는 돈 부조한다 생각하고 보내주면 어때?"

나도 차마 얼마를 보내줘라 말을 못했다. 아마 남편이 서운치 않을 정도로 보내줬을 것이다.

친구 사이, 혹은 더 가까운 가족 사이에 돈 문제 때문에 의 상하는 경우가 많이 있다. 가까운 사이의 누군가가 경제적으로 어려운 일을 당하게 되면 못 본 척 할 수도 없고 그렇다고 피땀 흘려 모은 내 돈을 막 퍼줄 수도 없고 정말 안타깝고 난감한 일이 발생한다.

가까운 사람이 나에게 사기를 칠 목적으로 나쁜 마음을 가지고 '돈을 투자하라'는 것이 아닌, 경제적으로 어려움에 처한 사람이 '돈을 빌려달라'라고 말한다면 어떻게 해야 할까? 내가 구할 수 있는 한 최대한 구해서 빌려줘야 할까? 아니면 못 받을 수도 있는 돈이니 절대로 빌려주면 안 되는 것일까?

현명한 분들의 조언을 듣는다면, '빌려주는 것이 아니라 줄 수 있을 만큼 주라'고 말한다. 못 받는다고 생각하고 내가 줄 수 있는 만큼만 성의를 보이라고 말한다. 그러면서 "이게 최대한이다. 더 못 해줘서 미안하다"는 말을 덧붙여야 한다. 가까운 사람을 믿고 도와주는 것은 좋지만 내가 무리를 해서 최대한 돈을 해주어 결국 돈도 받지 못하는 상황에 오면 믿었던 사람과의 관계마저 원수가 되게 되고 돈 잃고 사람 잃은 것이 되는 것이다.

●●● 밥 사주는 돈은 아끼지 말고 술 사주는 돈은 아껴라

회사를 다니다 보면 가끔씩, 커피 한 잔 값, 담배 한 개비 값을 아끼려는 사람들이 있다. 그들은 항상 "동전이 없어서" "담배가 방금 떨어져서"라고 말하지만 사실은 그 푼돈 아끼는 것을 즐기고 있음을 우리는 알고 있다.

형편이 그렇게 나쁘지도 않고 또 연봉도 많이 받으면서 자기 돈으로 밥 한 번, 커피 한 잔 안 사는 사람들. 금방 부자될 것 같지만 이상하게 현실은 그렇지 않다. 오히려 자신에게 쓰는 것은 검소하지만 다른 사람들에게 밥 잘 사주는 사람이 시회에서도 더 인정받고 연봉도 더 많이 받고 더 빨리 부자 된다.

그러니 내 돈 아끼자고 다른 사람 주머니 축내지 말고 밥 사주는 돈은 아끼지 마라. 사람 관리하고 좋은 평판 얻는 데는 그만한 돈이 없다.

그러나 술 사주는 돈은 아껴야 한다. 술 잘못 사주면 돈 잃고 사람 잃는다. 술값은 술값대로 쓰고 결국 서로 좋은 소리 못 듣는 경우를 많이 봤다. 수십만 원어치 술을 사 먹이고도 수백만 원어치 욕먹는 경우도 생기다. 술 얻어 먹은 것은 별로 기억도 못한다.

수십만 원어치 술 사준 기억보다 몇천 원짜리 밥 사준 기억이 더 오래 남는다. 그러니 밥 사주는 돈은 아끼지 말고, 술 사주는 돈은 아껴라.

●●● 장난감의 가치는 3일을 넘지 못한다

매우 가까이 지내는 남편의 후배 부부가 있다. 부부 모임을 한 어느 날, 그녀가 말했다.

"돈이 없어 힘들어 죽겠어요. 아이가 사달라고 조르는데 장난감도 못 사주고 있어요. 저 사람은 그것도 모르고 맨날 술 먹고 노는 것만 좋아하니…… 어제도 회사 사람들이랑 술 먹고 들어왔는데 아침에 호주머니 살펴보니 50만 원짜리랑 20만 원짜리 카드 영수증이 있는 거예요!"

그렇게 자기 남편을 타박하는 모습이 거의 울기 직전의 표정이었다.

"말로는 그동안 자기는 맨날 얻어 먹기만 하고 한 번도 산 적이 없어서 한번 사기도 해야 하고 50만 원 짜리는 일단 자기가 긁어서 다른 사람들에게 받기로 했다는데 왜 저렇게 생각이 없는지 모르겠어요. 저는 우리 애가 사달라는 자동차 장난감도 못 사줘서 속상해 죽겠는데 말이에요."

그러면서 그녀는 참아왔던 눈물을 쏟아냈다. 갑자기 모두가 숙연해졌다. 나는 분위기를 전환하기 위해 이야기했다.

"애들 비싸고 좋은 장난감 필요 없어. 안 그래도 똑똑한데 뭘! 우리 애들도 그냥 좋은 장남감 없이도 집에 있는 거 가지고도 혼자 잘만 놀던걸."

실제로 그랬다. 나는 어린 애들을 대상으로 창의력 발달이니 지능발달이니 이런 말로 현혹하면서 비싼 장난감을 파는 것에 대해 큰 불신을 가지고 있다. 애들이 장난감을 가지고 놀아봤자 얼마나 지능이 발달하겠는가? 그런다고 아이큐 100인 아이가 200이 될 리가 없지 않은가?

모임을 마치고 돌아와 남편이 말했다.

"장난감 하나 사줄까? 아까 마음이 안 좋아서 내가 '애기 장난감 하나 사줄게요' 이야기도 해버렸고."

"그럴까? 돈이 없어 애 장난감도 못 사준다고 눈물 흘리려고 하니. 요즘 많이 힘든가 봐."

나도 남편의 말에 동의했다. 남편은 아이들이 타고 다닐 수 있는 자동차 장난감을 인터넷으로 검색해보더니 말했다.

"헐, 타고 다니면서 운전할 수 있는 이 장난감 자동차, 최저가가 20만 원이 넘는데?"

"뭐? 20만 원?"

나는 비싸 봤자 한 5~6만 원이면 살 장난감이라고 생각했다. 다섯 살짜리 아들에게 20만 원이 넘는 장난감이라니!

"그래도 사주지 뭐. 그렇게 사주고 싶어하는데. 아까 분위기가 거의 우리가 사주는 것처럼 되가지고 안 사주기도 뭐하잖아."

남편은 그래도 사주자고 말했다. 나는 잠시 고민을 해야 했다.

"솔직히 우리 애들도 저렇게 비싼 장난감 사준 적 없는데, 저렇게 비싼 장난감을 꼭 사줘야 돼?"

투덜거리는 내 말에 남편도 고민했다.

"그러게, 난 이렇게 비싼 건지 몰랐지."

"그래 뭐 저렇게 저거 못 사줘서 힘들어하니까 사주긴 사주자."

그러나 나는 사주기로 결정하고도 뭔가 찜찜하고 못마땅했다. 가만히 생각해보니, 이번 부부 모임에 가지고 나온 명품 가방이 지난번 가방과 다른 것이라는 게 떠올랐다.

"이번에 또 명품 가방 새로 샀더만. 그러고 보니 오늘 하고 나온 스카프도 명품 브랜드던데. 그것도 꽤 비쌀걸. 그 집 차도 우리 차보다 더 비싼 거 몰잖아. 우리보다 더 잘 먹고 잘 사는데 우리가 우리 애들도 안 사준 몇십만 원짜리 장난감을 사줘야 할까?"

가만히 생각하니 왠지 억울했다.

"그래도 어떻게 해? 애 아빠한테 돈 많이 못 벌어와서 힘들다고 맨날 남편 잡나 봐. 지난번 같이 한잔 할 때 들어보니 이제 애도 크고 이사도 가야 하는데 모아놓은 돈이 없어서 이사도 못 간다고 걱정이 많더라고."

그 후배는 수입이 일정치 않은 작은 사업을 하고 있다. 비록 대박 사업은 아니지만 안정적인 편이고 많이 벌어올 때는 웬만한 월급쟁이보다 더 벌었던 것으로 알고 있다. 그런데 여전히 집 장만은 못하고 시댁에서 마련해준 집에 얹혀 살고 있는 실정이다.

나는 남편의 말이 끝나자마자 기다렸다는 듯 불만이 터져 나왔다.

"저렇게 나도 못 하고 다니는 명품 가방, 명품 스카프 하고, 우리보다 더 비싼 차 몰고 먹는 것 입는 것 다 우리보다 좋은 걸로 하고 다니니 집 옮겨갈 돈 없는 게 당연한 거 아니야?"

그러고 보니 지난번 그 집에 갔을 때 한 방 가득 아이 장난감과 새로 샀다던 가구가 생각났다.

"쓸 거 다 쓰면서, 아니 우리보다 더 잘 쓰면서 아들 몇십만 원짜리 장난감 못 사준다고 눈물 흘리는 거 생각하면 생각할수록 아까워. 내가 아껴 모은 돈으로 왜 부잣집 도련님 장난감을 사줘야 하는데?”

나는 툴툴거리면서도 마지못해 결제를 했다. 기쁘고 즐거운 마음으로 ‘큰돈 한 번 쓰자’고 시작했던 것이 왠지 자꾸 아깝게만 느껴졌다.

●●● 소비와 저축, 두 마리 토끼를 잡아라

기억도 하지 못할 다섯 살짜리 아이에게 20만 원짜리 장난감을 사주는 것이 과연 아이를 사랑하는 방법일까? 그 20만 원짜리 장난감은 길어야 1년 후면 아이에게는 더 이상 소용없는 장난감이 될 것이며 어쩌면 1년은커녕 3일 후면 싫증 내버리는 장난감이 될 수도 있다.

무조건 허리띠를 졸라 메고 아끼고 살라는 것이 아니다. 다만 돈 1만 원을 쓰더라도 꼭 필요한 지출인지, 어떤 지출이 미래에 더 큰 혜택을 돌려줄지 고민을 해봐야 한다. 만약 그 장난감이 아이의 기억 속에 오래오래 남아 평생 내 아이를 행복한 추억 속으로 데려다 줄 것이라면 그 정도의 가치는 충분히 있다고 생각한다. 그러나 아이 방에 가득한 비슷비슷해 보이는 장난감들을 보면 그럴 가능성은 크지 않을 것 같다.

얼마 뒤, 후배 부부 집을 방문한 나는 아이 방 한쪽에 덩그라니 놓여 있는 20만 원짜리 장난감 차를 보았다. 아이 엄마는 아무렇지도 않게 웃으면서 이야기한다.

“언니, 저거 첨 왔을 때 애가 잘 가지고 놀고 거기 앉아서 밥도 먹고 잠도 자겠다 하더니 한 2~3일 지나니까 재미없나 봐요. 요즘은 자석블

록만 가지고 놀아요. 저게 아이들 지능발달에 그렇게 좋대요. 저도 깜짝 놀랐어요. 우리 애가 만드는 것 좀 보세요."

그렇게 아들 자랑이 늘어진다. 엄마 입장에서는 공짜로 들어온 장난감 자동차를 이틀만 가지고 놀아도 별로 아까운 게 없겠지만, 사준 사람 입장에서는 이틀 가지고 놀 장난감에 거금 20만 원을 투자했다는 게 아까워 죽겠다. 더구나, 지금 가지고 놀고 있는 자석블록은 내가 사준 장난감 자동차보다 훨씬 비싼 수십만 원짜리였다.

아이 방에 가득한 장난감과 책들은 대충 계산해도 수백만 원을 될 듯했다.

'이렇게 해서 언제 돈 모아고 언제 집 사서 이사 가려고 그래?'

친동생처럼 지내는 사이이기에 잔소리가 입밖에까지 나오려고 하는데 그냥 참았다. 만날 때마다 이사가야 하는데 돈이 없어서 못 간다면서 우는 그녀도 어엿한 성인이고 한 집안의 살림꾼인데 내 잔소리가 결코 고맙게 여겨지지는 않을 것이다.

"근데 지난번에 뉴스 보니까 어린이 장난감 대여하는 곳도 많이 있던데, 그런 거 한번 알아보지 그래?"

나는 슬쩍 장난감 대여를 추천한다.

"이 애들 저 애들 막 쓰는 거 더럽지 않을까요? 요즘 장난감은 많이 없을 것 같기도 하고……."

괜한 핑계를 찾는다.

"그렇지 않은 거 같던데? 오히려 깨끗하게 관리도 더 잘 되고 좋은 것들도 많다고 하더라고. 아이들이 이것저것 빌려다 쓸 수 있어서 장난감

값도 아끼고 또 애들도 더 재미있어 하고."

그 이후 얼마 전 만나 이야기를 들어보니 요즘 장난감 대여로 이것저것 빌려다 쓰는 재미에 푹 빠졌다고 한다. 그리고 아이가 싫증나서 안 쓰는 비싼 장난감은 깨끗이 닦아서 중고로 팔았다고 했다(그래도 내가 사준 자동차 장난감은 아이 방 한쪽에 잘 주차되어 있었다).

그녀는 그렇게 생긴 돈을 아이 이름의 통장에다 넣어두고 장난감 값이라도 조금씩 아껴서 통장에다 넣고 있다고 했다. 매번 장난감 빌려오고 가져다 주고, 아이가 쓰기 전 깨끗이 닦는 것이 번거롭긴 하겠지만, 다양한 장난감으로 아이가 더 재미있어 하고, 한번 장난감 대여소 갔다 올 때마다 그 장난감 사는 대신 아끼는 돈을 조금씩이라도 통장에 돈을 넣어 돈 모으는 재미를 알게 되면 그쯤이야 할 만한 일이다.

아이 장난감 값 아껴서 집을 사겠냐만은, 그래도 그것이 작은 시작이 될 것임이 틀림없다. 내 아이를 사랑하는 법은 더 많은 장난감을 사주는 것이 아니라 더 많은 시간을 함께해주고 더 많이 놀아주는 것이다. 아이에게 지금 쓰는 돈의 크기가 아이를 위한 투자인 것 같지만, 지금 아이에게 쓰는 돈의 크기는 미래의 아이에게 큰 영향력을 미치지 못한다. 오히려 30년 후에 아이에게 부담이 되지 않을 정도의 먹고살 경제적인 상황이 되는 것이 아이를 위하는 길이다. 아마 후배네 아이도 기억도 못할 다섯 살 때의 화려한 장난감보다는 나중에 현금이 들어 있는 통장을 훨씬 더 좋아할 것이다.

부모의 욕심으로 아이들에게 무리한 투자를 하는 부모들이 많다. 내 주변에도 '저렇게 아이 교육에만 투자하다가 나중에 어떡하려고 그러나?' 싶은 집들이 의외로 많이 있다. 사립초등학교를 보내며 각종 학원에 남들이 다 가는 해외여행과 해외연수까지, 얼핏 들어도 강남의 사모님 정도 되야 살 수 있는 생활 방식을 쫓아 그대로 살고 있는 사람들이 많다.

하지만 10년 뒤를 생각해보라. 10년 뒤까지 이렇게 아이들 뒷바라지가 가능한 정도의 경제적 여건이 되는지? 사교육에 의존하는 아이들은 커갈수록 더 많은 사교육비가 드는데 과연 그것을 감당할 수 있는지? 충분히 공부시켜서 아이가 대학에 들어간다 해도 그 대학등록금은 어떻게 마련할 것인지? 아이가 좋은 대학을 졸업하고 좋은 직장에 취직한다 해도 나중에 돈 없는 부모 모시느라 부담만 늘어날 것은 아닌지.

좋은 대학 들어가라고 허리가 휘도록 뒷바라지해서 가난한 부모가 되는 것보다 아이들 스스로 공부하도록 내버려두고 나중에 적어도 자식들에게 부담되지 않는 부모가 되는 것이 더 좋지 않을까? 적어도 자식에게 부담이 되는 부모가 안 되려면 내 아이의 교육보다 나의 노후대책이 더 중요하다.

물론 나도 아이들이 공부를 잘했으면 좋겠다. 하지만 남들 하는 대로 무리하게 따라 하고 싶지는 않다. 내 아이들은 학원을 다니지 않는다. 안 보낸 것이기도 하고 못 보낸 것이기도 하다. 아이들이 학원을 다니고 싶어하지 않고 또 나도 아직까지 크게 필요성을 모르겠다. 하지만 피아노는 배우고 싶다고 해서 초등학교 저학년 때 몇 달 보내 악보를 보고 피아노를 칠 정도의 기본은 가르쳤고 영어는 오랜 시간이 필요하기에, 인터넷을 통해 영어책 읽기 프로그램을 하고 있다. 그리고 수학은 하루 한 페이지씩 문제집을 풀게 하고 모르는 것을 물어보면 내가 가르쳐준다. 역사는 남편이 책을 읽으면서 재미있는 이야기로 자주 설명해주려고 애쓰는 편이다. 다른 학원을 다니지 않아서 그런지 피아노학원을 다닐 때도 다른 아이들보다 더 빠르게 잘 하는 편이고 남는 시간이 심심했던지 자기들끼리 놀이도 만들고 책도 많이 읽는 편이다.

대신에 줄넘기나 미술처럼 아이들이 스스로 해야 한다고 스트레스를 받는 것이 있으면 팔을 걷어붙이고 스스로 할 수 있을 때까지 도와주는 편이다. 덕분에 재작년까지도 줄넘기를 하나도 못하던 큰 아이가 이제는 쌩쌩이까지 스스로 연습해서 척척 해내니 그저 대견하기만 하다.

아직까지는 아이들이 어려서 그런지 반에서 공부도 가장 잘 하는 편이고 숙제도 스스로 잘 하는 편이다. 초등학교 때까지는 부모가 시키는 만큼이 아이의 성적이라던데 우리 부부는 애들에게 공부하라고 말해본 적이 없다. 100% 장담은 못하지만 아마 앞으로도 그럴 것이다(잠실 부동산 선배가 "여기 살면서도 그렇게 되는지 한번 보자"라고 했지만 요즘은 선배도 아이들의 학원을 줄이기 위해 와이프를 설득 중이라고 한다).

대신에 나는 아이들이 스스로 공부하고 싶은 마음이 들도록 기왕이면 조금 더 학업 분위기가 좋은 곳에서 공부할 수 있도록 해주고, 스스로 공부하고 싶다고 할 때 돈이 없어서 공부 못 시키는 일이 없도록 열심히 꾸준히 벌고 모을 것이며, 나중에 애들에게 부담되지 않고 든든한

버팀목이 될 수 있도록 우리 노후는 우리 힘으로 먹고 살 정도로 모아놓을 것이다.

그것이 나와 남편이 오늘도 열심히 일하고 알뜰히 돈을 모으고 있는 이유이며, 우리가 부자가 되고자 하는 10년 뒤, 20년 뒤, 30년 뒤의 모습이다.

당신이 부자가 되고 싶은 이유는 무엇인가? 당신의 10년 뒤, 20년 뒤, 30년 뒤의 모습은 어떠한가? 지금이라도 첫발을 내딛고 한발한발 나아가다 보면 반드시 10년 뒤, 20년 뒤, 30년 뒤에 당신이 꿈꾸던 모습으로 살게 될 것이다.

지금 당신이 꿈꾸는 부자가 될 미래의 당신에게 미리 축하의 박수를 보낸다.

돈 좀 모아본 언니는 뭐가 다른 걸까?

초판 1쇄 발행 2014년 6월 12일 **초판 5쇄 발행** 2015년 3월 30일

지은이 권경민 **펴낸이** 연준혁

출판 2분사 분사장 이부연
2부서 편집장 박경순
책임편집 정지은 **디자인** 윤정아
제작 이재승

펴낸곳 (주)위즈덤하우스 **출판등록** 2000년 5월 23일 제13-1071호
주소 (410-380) 경기도 고양시 일산동구 정발산로 43-20 센트럴프라자 6층
전화 031)936-4000 **팩스** 031)903-3893 **홈페이지** www.wisdomhouse.co.kr
종이 월드페이퍼 **인쇄·제본** (주)현문 **후가공** 이지앤비

값 14,000원 ISBN 978-89-6086-689-8 13320

* 잘못된 책은 바꿔드립니다.
* 이 책의 전부 또는 일부 내용을 재사용하려면 반드시
  사전에 저작권자와 (주)위즈덤하우스의 동의를 받아야 합니다.

국립중앙도서관 출판시도서목록(CIP)

돈 좀 모아본 언니는 뭐가 다른 걸까? / 지은이: 권경민. —— 고양 : 위즈덤하우스, 2014   p. ; cm ISBN 978-89-6086-689-8 13320 : ₩14000 자산 관리[資産管理] 재테크[財——] 327.04-KDC5 332.024-DDC21   CIP2014017339